教育部人文社会科学重点研究基地
云南大学西南边疆少数民族研究中心科研项目

云南省高校优势特色学科群建设项目
中国西南民族及其与东南亚的族群关系研究

东南亚民族志丛书　　何明◎主编

他拼之灵：

越南北部边境瑶族社会的形构与型质阐释

TaPhin People's Culture Spirit:

The Studying of Yao People's Social Construction and Model Along the North Border Area in Vietnam

谷家荣　马燕坤　著

中国社会科学出版社

图书在版编目（CIP）数据

他拼之灵：越南北部边境瑶族社会的形构与型质阅释／谷家荣，马燕坤著．
—北京：中国社会科学出版社，2015.7
（东南亚民族志丛书）
ISBN 978－7－5161－6655－0

Ⅰ.①他… Ⅱ.①谷…②马… Ⅲ.①瑶族—社会生活—研究—越南
Ⅳ.①D733.362

中国版本图书馆 CIP 数据核字(2015)第 166985 号

出 版 人 赵剑英
责任编辑 郭 鹏
责任校对 王 斐
责任印制 李寡寡

出 版 中国社会科学出版社
社 址 北京鼓楼西大街甲 158 号
邮 编 100720
网 址 http://www.csspw.cn
发 行 部 010－84083685
门 市 部 010－84029450
经 销 新华书店及其他书店

印刷装订 北京金瀑印刷有限责任公司
版 次 2015 年 7 月第 1 版
印 次 2015 年 7 月第 1 次印刷

开 本 710×1000 1/16
印 张 12.75
插 页 2
字 数 216 千字
定 价 46.00 元

凡购买中国社会科学出版社图书，如有质量问题请与本社营销中心联系调换
电话：010－84083683

总　序

迈向异国田野，解读他者文化

2007年下半年，我制订了开展东南亚民族志研究的计划。两年多来，曾先后到泰国、缅甸、越南等国进行实地考察与洽谈合作，多次向高丙中、王铭铭、麻国庆、袁同凯等专家讨教，与云南大学西南边疆少数民族研究中心有志于此项工作的诸位同人反复讨论，还于2008年与日本国立民族学博物馆塚田诚之教授在云南昆明合作召开了“中国边境民族的跨境流动与文化动态”研讨会，2009年11月赴日本与塚田诚之、长谷川清、松本真澄、片岗树等日本学者研讨大湄公河次区域国家民族研究问题。经过校内外30多位师生的共同努力，《东南亚民族志丛书》今天终于面世了。

在此，我把组织与推进东南亚研究的基本构想和实施体会做粗略介绍。

一　实践与学术：国外民族志研究的价值

许多学科都参与了国外研究，如归属于经济学的世界经济和国际贸易，归属于政治学的国际政治和国际关系，归属于史学的世界史和国别史，归属于文学的外国文学和西方文学理论等。这些学科都运用其学科的理论方法对特殊领域或问题开展国外研究，换言之，研究国外的学科、方法及其学术文本和路径是多种多样的。

人类学/民族学如何开展国外研究呢？当然方法和文本也是多样的，可以采用大部分人文社会科学通常的文献研究方法研究世界民族问题和国外人类学、民族学理论，但作为以田野调查为基本手段和以民族志作为学术核心产品的学科，人类学/民族学的国外研究必不可少，需要到国外做田野调查并撰写民族志。

民族志是以田野调查为基础研究社会文化的方法和学术文本。作为研究方法，研究者必须到国外去，对其研究对象进行参与观察，以切身体验与理解其社会文化、获取第一手的研究资料；作为学术文本，民族志既不是对国外社会文化进行概括性的宏观评价和抽象性的理论分析，也不是非学术性的国外民俗风情的表层描述和感性评议，而是以特定群体或区域为边界对其社会文化进行深入系统的描述与分析，进而呈现与解释特定群体或区域的社会文化的运行逻辑和特征。

因而，民族志的国外研究，无论是研究方法、学术文本还是研究内容，与其他学科和方法的国外研究相比具有明显的差异，也不能为其他学科和方法的研究所取代。其间的差异大体有这么几个方面：一是直接与间接的区别。民族志研究需要研究者“到国外去”与其研究对象直接接触并深入到其社会生活之中，切身感受、体验其社会文化过程，通过与研究对象的互动获取主要的研究资料；其他学科和方法则可以主要通过文献资料开展研究，研究者与研究对象之间具有间接性。二是微观与宏观的区别。民族志研究常规方法是“大处着眼，小处着手”，选择小型社区或特殊群体作为研究焦点，也就是说，要设定研究对象的空间边界和社会边界；其他学科和方法的研究则可以不进行空间边界或社会边界的明确界定，对一个国家或一个大区域开展整体性研究。三是具体与抽象的区别。民族志文本大都包含了有关研究对象的大量事件、人物和细节及其过程的叙事，有的民族志甚至选择了小说式的叙事模式，研究性的分析与解释融会于或结合于具体的社会文化运作过程之中；其他学科和方法的研究成果则主要采取“论证”或“论述”的模式，极少对研究对象进行详尽的叙事，呈现给读者的主要是研究者的分析论述过程，而不是研究对象的社会文化过程。四是主位与客位的区别。民族志研究特别强调从研究对象出发的“主位”视角，力求阐释研究对象如何体验、思考与评价；其他学科和方法并不特别强调研究对象的视角，更多的是从研究者的“客位”角度进行分析论证，占主导的是作者的“我认为”而不是研究对象的“他（们）认为”。此外，民族志研究还具有关注“底层”或“平凡”、研究对象社会文化的整体性等特征。

由此，我们可以说，在国外或世界研究中，民族志是不可或缺的，它与其他学科和方法的研究形成相互补充的作用。

然而，在中国的人文社会科学研究中，人类学/民族学的国外研究是最薄弱的。其他学科都有国际政治、国际经济、国际贸易、西方哲学、世界史、欧美文学等专门研究国外的分支学科，反而以“异文化”研究为特色、因研究“异文化”而创建学科的人类学/民族学，在中国学界却极少对国外进行民族志研究。中国人类学/民族学创建之时正值国家处于积贫积弱、内忧外患交织的时期，救亡图存是国人最迫切的使命，“师夷长技以制夷”成为研究国外特别是欧美最根本的目的，借助西方的思想、模式、方法以及学科解决中国自己的问题无疑是那个时期的“主旋律”，人们无暇也无力关注与解决本国问题并无直接补益的国外社会文化。费孝通和林耀华两位被奉为楷模的大师在国外求学时没有沿着西方人类学/民族学的常规路径调查研究“异文化”，而是选择了研究“本文化”，以家乡民族志作为博士学位论文并成为中国人类学/民族学的经典。他们的这一选择，既迎合了其导师研究“异文化”特别是研究历史悠久的中国的学术志趣，也满足了作为那一代学者的社会理想。“榜样的力量是无穷的”，他们所奠定的学术传统对中国大陆人类学/民族学产生了深远的影响，“家乡民族志”成为国内诸多学者的选择和中国人类学/民族学的特色，“异文化”或“异国文化”研究失去的引路人。20 世纪 50 年代至 70 年代的“闭关锁国”制度选择扼杀了国人向外看和到国外去的欲求与实践。80 年代以后的改革开放激活了与国家制度转型和社会实践直接相关学科的国外研究，而那些不能“立竿见影”地直接解决制度创新、经济增长、技术改进等问题的研究领域则只能“画地为牢”地做国内研究，需要“到国外去”做田野调查的经费支持和制度支持的民族志研究则几乎成为“天方夜谭”而无人染指。

进入 21 世纪，经过改革开放 30 多年的发展，中国经济总量已跃居世界前列，从而成为全球最大经济体之一，越来越深地融入全球性经济、社会、政治体系之中，并占据越来越重要的地位，鸦片战争之后一百多年来中国人“大国崛起”的梦想逐渐变成了现实。同时，各个行业、各个领域都经历了“迈出国门、走向世界”的努力，中国与世界各国的互动比历史上的任何时期都更为频繁，更为密切，更为深入，激发出中国人了解世界的强烈诉求，而且这一诉求呈现出从有什么向为什么、从表层（如国外旅游）到深层、由鸟瞰到细察的演进。国外民族志研究便是应当下中国应运而生的学术探索与实践，其所生产的知识满足的就是中国了解世界新阶段的需求。

从人类学/民族学本身来看，“异文化”或“异国”研究是学科的重要构成部分，也是促进国内研究和整个学科的建设发展不可或缺的基本条件。放眼世界，凡人类学/民族学学科强国（如欧美和邻国日本），无不重视与开展国外民族志研究，无不积累了丰富且高水平的民族志成果。

无论从国家发展战略和社会需求来看，还是从学科建设和学术发展来看，进行国外民族志研究都是非常必要且迫切的。

二　以跨国流动为主线的东南亚民族志研究的依据与意义

“东南亚”指亚洲的东南部地区，包括越南、老挝、缅甸、柬埔寨、泰国、马来西亚、新加坡、印度尼西亚、文莱、菲律宾10个国家。20世纪40年代之前，中国人以“南洋”、“东西洋”或“南海”称之，西方则用“远印度”、“外印度”或“印度群岛”指称。第二次世界大战期间，同盟国军队设立了“东南亚最高统帅部”以指挥这一区域的战争，“东南亚”一词逐渐被广泛接受，成为指称这一区域的通用称谓。

对东南亚进行以跨国流动为主线的民族志研究，既有自然的基础也有社会的基础，既有历史事实的依据又有社会现实的依据，既有学术探讨的目的也有实践应用的目的。

从地理角度来看，东南亚东临太平洋，南与澳大利亚隔海相望，西濒印度洋，南、北分别与“南亚次大陆”（印度和孟加拉国）、中国接壤，是亚洲、非洲、大洋洲三大洲的交汇地区和太平洋、印度洋两大洋的交通枢纽。特殊的地理位置使亚洲和澳洲两个次大陆的人种、族群、文化以及动植物在这一地区交会融合，形成了独特的社会文化格局和自然生态景观。东南亚与中国毗邻，其中越南、缅甸、老挝三国与中国接壤。山水相连的地缘关系把中国与东南亚天然地连为一体，为历史与现实的频繁交往提供了自然条件的便利。

从历史角度来看，作为地处亚洲、非洲、大洋洲三大洲交会位置和通往太平洋、印度洋两大洋的枢纽，东南亚成为历史上中国走向世界的“第一站”和必经通道，先辈们通过“Over land”和“Over sea”两种方式来到东南亚，或驻足于此创业发展、繁衍子孙，或途经此地后继续前行。在东南亚，无数中华儿女“下南洋”、闯世界的足迹举目即是，著名的“郑和下西洋”事件途经东南亚多个国家并在所经之地产生的深远影响至今犹存。他们把中华文化和技术传播到东南亚，又把东南亚人民的思想智慧带回中国，促进人类文明的共同进步发展，定居于东南亚各国的2000多万华人成为东南亚各国经济社会发展的重要力量。

从族群关系来看，东南亚半岛与中国西南为族群迁徙与互动的走廊，形成了许多跨国民族和亲缘民族。在历史上，诸多族群沿着澜沧江—湄公河、怒江—萨尔温江、红河等河流从中国南下定居在东南亚，如从中国湖南、贵州、云南迁入东南亚的“蒙”（苗族）、从中国西双版纳迁入东南亚的泰族支系“泰勒”等，也有东南亚半岛族群北上定居在中国西南边境一带“老缅人”等。泰族、越族、佬族、掸族、岱（岱侬）族、芒族等东南亚民族与中国的壮族、傣族、布依族等同属“百越”后裔，母瑟族、倮族、傈僳族、克钦族、阿佧族、拉瓦族等东南亚民族与中国的彝族、哈尼族、傈僳族、纳西族、拉祜族等民族共同渊源于古代的“氐羌”。在语言上，东南亚半岛国家民族语言主要包括藏缅语族、苗瑶语族（划分有争议）、孟—高棉语族、印度尼西亚语族、马六甲语族五大语族，其中，东南亚的倮、傈僳、阿佧、母瑟、拉瓦、拉祜等民族与中国的彝、傈僳、哈尼、拉祜、纳西、基诺等民族的语言同属藏缅语族彝族支，东南亚的缅族与中国的阿昌族的语言归属于藏缅语族缅语支，东南亚的泰、掸等民族与中国的壮、傣、侗等民族的语言同属于侗台语族（又称壮侗语族），东南亚的蒙、瑶等民族与中国的苗、瑶等民族的语言共同归属苗瑶语族，东南亚的越、崩龙、阿佤等民族与中国的佤、德昂、布朗等民族的语言同属于南亚语系孟—高棉语族。在现代国家建立之前，东南亚与中国西南为族群流动、迁徙与融合提供了广阔的舞台；在现代国家形成之后，尽管受到国家的阻止和国界的限制，族群的跨国流动仍然以不同的方式频繁发生着，如跨国通婚和迁徙等人口流动、物质交换和经济流动、互访等文化流动，等等。总之，东南亚与中国之间错综复杂的族群关系和多重交织的交流互动及其所形成的动人心魄的文化动态为人类学/民族学的研究提出了魅力无穷和数不胜数的研究论题，也为许多民族历史、文化认同、文化传播、社会变迁、民族或族群与国家关系等学术悬案和理论难题的解决或重新解释提供了丰富有力的资源。

从社会经济发展的现实来看，中国与东南亚国家经济合作与社会文化交流的不断密切提出了开展东南亚国家民族志研究的需要。20世纪90年代以来，随着中国改革开放进程的推进和经济的迅猛发展，中国与东南亚国家之间的经济贸易呈现迅速上升趋势。近年来，在东南亚的对外贸易中，中国排第四位；在中国的对外贸易中，东南亚处于第五位。东南亚已成为中国吸引外资的重要来源地，也是中国企业“走出去”的首选地之一。2002年11月，中国与由东南亚十国组成的在政治、经济和安全问题上协调合作的区域性组织“东南亚国家联盟”签署了《中国—东盟全面经济合作框架协议》，中国—东盟自由贸易区（China and ASEAN Free Trade Area，CAFTA）即“10+1”正式形成，这是继欧盟（European Union）和北美自由贸易区（NAFTA）之后建立的世界上第三大区域性经济合作区。2010年1月1日，中国—东盟自由贸易区协议正式生效，标志着中国与东盟国家在相互开放市场、建立密切关系、扩大相互之间的贸易和投资合作的自由贸易区建设全面启动，各国通过相互取消绝大多数产品的关税和非关税措施，开放货物贸易、服务贸易市场和投资市场，实现贸易、投资的自由化等措施推动区域合作与联系迈上新台阶。经济活动的主体是人。中国与东盟国家区域经济的一体化，必将进一步推动中国与东盟国家社会互动与文化接触的频繁与深化。在这一背景下，运用民族志方法对东盟国家的研究，无疑对于消除文化误解、增进互相理解、推动和谐交往具有积极而重要的作用。

三　东南亚民族志研究的困境

在东南亚民族志研究的试验与推进过程中，我越来越强烈地认识到开展东南亚民族志研究的重要学术价值和重大现实意义，但同时我也切身体会到其难度和困境。

困境之一来自政治体制和社会模式等客观方面的制约。东南亚国家之间的政治体制差异巨大，其中一些国家对于外国人在其国内的活动实施程度不等的管制、限制和监控。作为以参与观察和深度访谈为最基本调查方法的民族志研究，进入东南亚国家的基层社会做田野调查面临着难以想象的诸多困难。

困境之二来自研究者队伍学术准备不足的主观方面的制约。中国的许多东南亚研究依靠的是英文文献，而不是东南亚各国的官方语言，其所提供的信息大都比较笼统，对于深入小型社区开展田野调查来说远远不够。东南亚各国的语言在中国都纳入“小语种”的范围，普及面非常有限，掌握者寥寥无几，况且对于从事民族志研究的学者来说，不仅要掌握研究对象的语言，而且还需要掌握研究对象所在国的官方语言，在目前情况下两者兼备者几乎无处寻觅。

为此，我必须坦诚地告知读者，《东南亚民族志丛书》是在上述条件下完成的，必定存在诸多缺陷甚至谬误，因受各方面条件的制约而导致田野调查不够深入细致、文化解释不够准确透彻则是本套丛书普遍存在的问题。但我信奉的做事原则是：有胜于无，先有后好，敲门需砖。因为包括东南亚民族志研究在内的“海外民族志”研究尚处于起步阶段。我相信，随着中国—东盟自由贸易区的全面启动，东南亚国家的整体开放程度将不断扩大，而随着东南亚民族志研究的推进，一批具备从事东南亚民族志研究的学术队伍也将逐渐成长起来。到那时，堪称为“玉”的东南亚民族志研究作品就会涌现出来，本套书的使命也就完成了。

我真诚希望，有更多的学者特别是青年学者加入到东南亚及其他区域、其他国家的“海外民族志”研究队伍中来，因为这是一片有待开垦的处女地，也是一个极具魅力和挑战的研究领域！

何　明

2012 年 3 月

目　　录

导　论

一　族际互动的关系范畴

自有人类肇始，互动就成为人们生活的常态表达。因为互动，人们之间构筑了通行的社会规则，创造了一个个存在边界并按照某种逻辑运作的结构整体。借助系列关系范畴，在特定时空背景下的特定区域中塑造了特定的社会权力关系，以别于社会整体的事实而成为体现一定意识形态和规范共识的生产关系的表征。对族际互动做出考察，能够从中挖掘出人类历史进程中，尤其是在近现代民族国家建立后，作为社会性而不是社会的人类是如何在彼此交叉互动中塑造“自我”与区分“他者”，以及在建构“中心”的同时塑造“边缘”的历史事实与发展景观。这显然是历史必然之趋，也是主体能动性作用之果，更是发展整合之悖。鉴于此，一种近似“二难推理”的逻辑必然艰难地贯穿于人类历史进程，并以不变的节律昭示着人类在某种意义上既是他人行为的对象也是自我行为的主体，在创造历史的整合同时却又变相地肢解了整体的历史，在严守传统“根”范式的同时又不经意地增新了“根”范式的内涵。结果，以致人类社会无法避免地陷入到一种丰富多样的文化形式及盘根错节的社会结构之中。

（一）“本我”与“他者”

如果说人类认识到自己为“谁”，是自主层面的原生态产物，那么，相应地将别人视作是“谁”，却是自主性发挥能动作用的结果。因此，将别人视作是“谁”的过程，便由此加深了自己为“谁”的自主意识、行为及实践。鉴于此种机制，人类在历史进程中并未能将自身囿于某种固定的身份状态，而是需凭借自身的意义或无意识，以及依靠有意识地参与，通过与其他群体的交往互动完成情境界定、观念集结和范式模塑的。

进入近现代，西方工业化生产的世界性延伸，在给世界其他区域，尤其是非西方世界带去西方中心主义支配下的技术信息、知识理念及政治经济的同时，也敲击了这些一直来靠思想意识、文化符号、记忆脉络塑造自主性生存发展态势的非西方社会的稳固性。一种建立于“本我”之上的行为实践，在人为化或非自然性外力挤压下，戏剧性地沉沦到生存的夹缝中。但是，作为“本我”的意识逻辑和行为模式却在抗争及反叛过程中以显性或隐性之势，挑战着外力的强制性及压制性，希望在扭曲的互动实践中重拾应然的“本我”身份，并确保在变化的环境里继续享有和延续该身份。殖民统治及随之而来的反殖民运动，致使“本我”的此番诉求被演绎而达到时代高潮。这样背景下的身份维护，尽管所提供的背景是消极的，却能为精神上层铺垫出适宜的实践台阶。当殖民统治及反殖民运动达到最不可开交状态时，一种突出“本我”行为的力度及将另类于自己的群体视作“他者”的程度几乎达到了同等强度。换句话说，“本我”意识有多强烈，对“他者”的强化就有多深刻。此种状态，一直贯穿于行为主体所处的能动环节中。当西方中心主义遍布四海而将被其所控制的对象视作“他者”并在行为上也如此做时，也就在很大程度上强化了自身在意识及实践上的本我性。可以说，历史上的法越战争、美越战争，在突出西方中心主义的情况下，极大地将越南作为“他者”的面貌完整地塑造了出来。相随其间的是，越南通过一系列的抗击、反叛及推倒西方殖民霸权的方式，又从另一个侧面将原先凌驾于一切之上的西方中心主义“他者”化了。毋庸讳言，这样的对垒性情势，包含着紧张、焦虑、差异、冲突或对抗的因素。纵然西方资本主义向世界的近现代扩展所造成的这种局面明显是由西方某几个国家或部分群体施行放大的结果，它们将自己视作是代表资本主义产业革命队伍或团体来行动，而不顾真正的团体意识或整体局面，将那些对处于“他者”位置的人们的俯视推向了极点，在将自身看成是符合社会系统各项标准的常态化时，变相地将对方——“他者”看成偏离了这种常态。在整个过程中，作为“本我”与“他者”的知识社会学内涵的产生和转换逻辑并未能悄然淡出由西方占主导支配的局势中。

尽管殖民历史看上去多少有些不光彩，给受难方留下了悲烈的记忆与阵痛的现实，却推动了不同区域人们的认识体系及知识逻辑在相互比照中得以呈现出来。在历史场面提供了“本我”与“他者”相互衬托的情景的同时，并使得这种相互性得以“合法”或接近“理性”。虽然通过互动在造就主体角色的同时包含着戏剧性的冲突与合作情节，但是人类因此而实现的行为意识交换和认识结构的产生却是合乎大势而并行不悖的。

也正是在这样的比照中，越南红头瑶族内部确实存在着个体间、家族间、村落间在某些认识和体验等方面的差异，但是在这些差异背后却潜藏着一种“本我”性。这样的“本我”性，是凝聚红头瑶族的纽带，是能超越规则、秩序而存在的无形的意识“集装箱”，是对无序行为的有序节点。借此，红头瑶族内部能实现关系的持续化和连续性，最终达到对红头瑶族社会整体的权力维护及利益捍卫。

由之，即便历史上的利益纠葛早已淡出人类舞台，但是人们在将自己看作是“谁”的过程中，也同时将别人看作是什么样的逻辑的影响并未因历史脚步的远去而销声匿迹。相反，随着全球化进程的日益加剧，这一状况却在不断衍生着，并以新的方式被改造加工、冲淡遮蔽，力图弥补上人类社会曾造出的这一传统罅隙，并最终以崭新的姿态招摇过市，重现往昔的“风光”。因此，从深层的结构看，历史的知识结构很难回避不陷入一种周期性的循环往复之中。

（二）“中心”与“边缘”

如果说，“本我”与“他者”反映的是一种身份识别。那么，“中心”与“边缘”却折射出了一种角色位置。人类的互动不会停止，意味着“本我”与“他者”的身份塑造就没有尽头。关于“中心”与“边缘”的身份位置的塑造也就会持续滋生出源源不断的新姿及内涵，人类行为按照秩序来安排和选择的实践也就不会断然地退出历史舞台，国际政治事件的社会戏剧性也不会因此善罢甘休。尤其是在进入新的时代后，随着人类交往内容和范畴的拓展，全球化、国际化、市场化正在以迅猛之势日渐催生着人类角色位置的突破或转换，直接或间接地将人类重新植入到“中心”与“边缘”无休止的纠结之中。持续性的事理因此获得了流变性的质性定格。

当西方殖民主义对非西方世界展开资源掠夺和政权窃取时，原先依靠本土语言、宗教、历史或其他文化纽带凝结在一起的文化共同体，不可避免地会落到演变成一个建立在西方霸权视角下“合理”的国家机构共同体（殖民主义者圈占地盘，抢夺政权，并为这些“土著人”发明文字、制度、民主、政党等创造性作为就是例子）的下场。西方与非西方之间认知结构与行为实践的差异的人为事实也就不证自明地被凸显了出来。借此，“中心”与“边缘”之关系逻辑像是一种想象性的建构，也符合是一种戏剧性的“人工”产物。假若，越南不遭遇到殖民统治，那么关于“中心”与“边缘”的话题充其量不过是越南本土民族之间，或官方与民间、主体与非主体之间的关于发展定位或者权利分享的一种本土知识体现。然而，历史没有假设。显然，在这一特定时期里，越南与西方“非正常”交往中的压力及其来源，是以时间性构成全面表征的。行为和相互关系的稳定并未能得到应景性的塑造及承续。由此，深层结构确实需要通过逆向结构才能够得以显示出来。二者既是相互变化的动因，也是相互呈现的参照。

进入新的时代，尽管人类的交往更多地倾向于经济理性，但是经济政治化或政治经济化的趋势，并未能使人类摆脱传统机制所发挥的原生性价值。也就是说，某种意义上的“中心”与“边缘”的对垒及“深层结构”与“逆向结构”的比照关系的潜在性延续，极好地明证了人类作为共同体始终在推衍着既定工具和价值模式的普遍性延展。由此，不论在历史抑或现实中，人类在互动交往中因挤压而凸显出来的紧张的戏剧性模式（即冲突），其实既是一种知识构成，也是一种发展秩序。

从另外一个侧面看，越南遭遇西方在一定程度上意味着资本主义和社会主义这两种意识形态的一种选择性较量。“中心”与“边缘”的对垒，能够偏离认知和理解上的狭隘，更能暗示出人类历史进程中包含着的偶然性因素。尽管人们在行为和意识上存在着抵触或冲突，但是限于更大势力支配下的交往只会掩盖体现本土习惯和当地风俗的结构性特点。在这种情况下，处于强势中的人们不是以道德规则来践履认知，而是以戒律来规约行为，并以职责和使命作为决定行动的根本。资本主义试图对社会主义的取缔或覆盖，就是“注脚”。对于此，由具有选择性、强调性或组织性彰显的资本主义在近现代的世界性拓展的“非人文系数”的最大化，在丰富历史构成内容上产生主导功用的同时，也说明了人类历史进程的推演，并没法回避自然的延续与有目的的牵引达到了最为离经叛道时刻的到来。

随着西方殖民统治在越南的崩溃，“中心”与“边缘”的属性也就潜在地发生了转移。随着越南在当今国际背景下寻求合作发展的愿望及行动越发强烈，在一定意义上也意味着其甩掉“边缘”角色进入“中心”领地的愿望也就愈加迫切。对于这种风靡于越南的行为期待，已成为新时期民族国家应对环境安全的战略选择。鉴于此种格局，“中心”与“边缘”作为国际化进程中一种内敛并存的关系结构，二者间的区别更像是象征意义的，而非理性的、真实的。这样的关系结构不存在达到完整或完美的境地，但是特定的历史阶段总在试图做出修正，寄希望于将陌生的东西熟悉化，将异化的东西复归，将主观事件还原为客观历史。

二　族际互动中的他拼模式

自从有了人类，族群的互动就成为一种既定的事实。假定族群是具有重要相同点的一群人在某一领域范围内的聚合，那么该族群与另外其他族群互动的文化形式就可以被当作一个社会科学概念的分析模式。这种模式既体现了互动双方对规范的占有及根据所主张的原则来扩充规范的逻辑，也体现了族群内部将发展职权转换成生存权利的逻辑。

（一）他拼的缘生情境

概念的提炼来自对现实的透视，现实又因概念的表述而获得深刻的意蕴。从实践而来的概念，以及由概念到实践的知识发散，是知识和实践发生艺术性或革命性同步外溢现象的结合。相对于族群内部而言的规则由此产生例外性的延展，而在彰显族群固有的社会形式的形势下，由此也可构拟出族群之间历时性的交往图谱。由越南老街省沙巴县（Sa Pa）他拼（Taphin）村庄名译释过来的概念，确实能较好地折射出现时位居在中越边境的红头瑶族是如何在历史社会进程中衍生出接受性、决定性或非决定性互动特点的。由之，他拼在有利于提高认知质量的同时，也由于其与某种权力中心结合在一起而使认识和了解红头瑶族社会变得异常艰巨。

本研究的田野之地——越南老街省沙巴县他拼村，以其唯美的词音（越南拼音文“Taphin”的汉译音）将生活在这里的红头瑶族的历史和社会进程表现得淋漓尽致。借助汉译音，本研究获得了研究灵感，并赋予这一作为地理概念并没有实质性内涵的地名以新意，为生活在这里的红头瑶族觅到一个表征其内在与外在生活形式的认知概念和价值体系。尽管是因为某种需要而赋予了该词一定的意义，但也不得不令人惊叹这一偶然性的因素是如何巧妙地彰显出红头瑶族的社会进程的。“他”，在意蕴上是“他人”、“别人”、“其他”的意思；“拼”，在意义上则有拼凑、合建、谋成、定制等意思。经由“他 + 拼”这种方式结合而成的概念饱有“他人”“别人”“其他”“拼凑”“合建”“谋成”“定制”之意，是一种不强具有内生性的社会创立模式。这样，他拼所影射出的红头瑶族历史社会，昭示其本质上是一种在远离本我性、内在性，而在他者性、外缘性情境下滋生出的文化模式及社会结构。

在此，尽管概念的提升具有很大的人文主导性或价值主观性，但能就此发掘出人类历史过程中偶然性与必然性是如何巧妙地镶嵌并穿梭于社会化进程而达到善美表征的。鉴于此，理论似乎会在一些意外的地方或略显偏僻的角落出现。与体现红头瑶族漫长经历相随而在的是，“他拼”显然是一个缓慢的智力结合，是一个探索红头瑶族社会现实所必备的启发性工具，是一个趋向增进机会的行为诉求，或许也是包含试错的心境倾向。由之，他拼作为一个弹性的地理概念，在很大程度上是红头瑶族生活历程的影射，其提供了一个表达、转换红头瑶族历史社会进程的推测和洞察维度，并以一个能够透析红头瑶族与时代相埒的概念比较切实地赋予红头瑶族生活状态以近乎准确性的概然性表述。红头瑶族社会模式的形塑也因这一地理概念而获得一个更为广阔的审视视阈，其文化生活也因此充满了灵动的神韵。因之，借由他拼概念，就能够以居住在中越边境上的红头瑶族来切入历史以审视其塑造文化和社会的逻辑，最终达到对人类历史阶段的更为广泛而深刻的认识。

客观事实显然能够通过人们头脑中的隐喻及范式而获得表述的形式及途径。概念的提炼能够重新赋予历史以新的隐喻及范式，社会形式和文化模式很明显不过是靠某一程序而引发的系列“展演”。他拼在构造上无疑是社会和政治意图的表现形式，其在根本上间接地临摹出了人类进程中的知识创造及路径获取。

作为一群生活在中越边境上的红头瑶族，对其展开探索思考，在价值意义上能够达到深刻凝练人类历史发展进程中普适性的结论。当将他拼概念用以审视红头瑶族的历史及现实时，无论在文化模式还是社会形式上显然都能入木三分地体现出一种由“他者”提供的发展机制和行为蓝图所造就的终极结果。这样，红头瑶族的社会发展似乎显得格外特别。鉴于此，一个民族在文化形式和社会结构上更限于是“他者”机制作用之果，显然能够体现出这个民族相较于其他民族而言的一种内在性的缺失。借此，因为某个概念，民族的未来发展能够存在被矫正的极大可能。

尽管，现实中的红头瑶族以极强的统一性——不仅生活形式上一致（包括衣着打扮、习俗庆典、居住格局等），而且在认同上一体（访谈对象，几乎都能将自己与其邻村的黑苗、壮族及更遥远的京族区分一二）——努力将自己与其他民族彻底区别开来，但是红头瑶族在整个历史进程中比较社会化而不是更加单一化的特点却表露无遗。他拼深具缘生性的情境定义从而也就不足以归为偏激而沦为历史的另类。

他拼是一种社会形式。人类面临自然环境的一般能力导致了最初社会形式的产生。尽管普遍的社会化进程在人们之间的互动出现时就相随而在，但是因为流动性，在对自然环境的选择上也处于相应的流变之中。为了满足生存发展之需，人类在对下一个居住区域进行选择时尽管会与最初的形式一致但也未必完全一致。历史上，红头瑶族在迁徙流动中始终保持着靠山吃山、依水造田、凭农生计的传统习俗，但当移居到了新的地域后，红头瑶族却在这些传统的特质上增添了新的特征。在基本的生活习惯未改变的情况下，红头瑶族语言的变化、政治认同的更替、区域亲和力的重塑，在极大程度上改造了红头瑶族社会形式如何在新的区域空间组合发生的知性实践。他拼显然是红头瑶族社会形式的典型塑造。

他拼是一种历史进程。文化能够在内省之中达到外溢效果，而这并非一个短期的行为。每一个文化都以其有界性、紧密性和强制性特征而区别于其他文化，从而造就了文化本身在其社会和领土范围内的排他性。但是，正是因为文化本身具有的内省性和张力性，使其一定意义上决定了社会桎梏走向松弛，以及消除不同文化间存在隔阂的可能性。这种状况对于红头瑶族来说，尤其是在经过迁徙达到新居之地后，在试图不受特定权力网络约束的期待之时，产生了对某种意义上地方分权的抗争。在压制与反压制、剥夺与争取的较量下，红头瑶族最终还是以屈服于大历史格局的形势，而找到应和历史趋势的表述。由此，他拼对于红头瑶族来说显然是一种历史进程的表征。

他拼是一种知识图谱。每一个民族都有塑造自己历史的权利，这是历史赋予的。而历史也可收回赋予民族造就历史的职权，这种结局只有在与历史趋势相悖的情况下才会出现。反过来，也就是说民族是在顺应历史潮流的过程中不断谱写和丰富着历史的。红头瑶族经历了历史变迁而使其文化走向了壮大。在这一过程中，红头瑶族的文化与其他民族的文化在相遇之后滋生了更多的意义节点。尽管这一过程显得扑朔迷离且缓慢愚迟，但是却在普遍意义上终结了一种古朴的单向历史，而开启了人类历史上“去边界化”的共享知识塑造的持久模式。他拼之于红头瑶族就是一幅瑰丽的知识图谱。

他拼是一种辩证逻辑。相异趣的文化能够融会贯通，充斥了小群体与大文化之间的辩证味道。在政治史中，当一方处于强势，必有另一方居于弱势。进入近现代，当政治关系向外辐射达到对一个有领土界限、有人口数量或主权范围的区域覆盖时，“去政治化”的反抗也便由之崛起。当有形暴力产生无声或有声支配时，至少使反抗在仪式性和本质性上都同时趋于极点。民族国家的建立，使得一些具有感染力的历史事件，在爱国情绪高涨时，国内分歧也同步加剧。全球化浪潮的涌动，使一些民族在怀疑其他民族的理解、认识和行为时，却难以摆脱自身经验框架的囿限。他拼终究难以逃脱辩证性的发展境遇。

总之，由他拼所折射出来的红头瑶族社会形式，不仅是社会实力的体现，更是人类进程中某类价值的凸显。尽管红头瑶族在社会化进程中，如同所有的人类群体一样都在丰富和运用着与其经济组织形式相一致的生存技术，并增强他们与其他民族一般文化差异的认识和理解，廓清了红头瑶族潜藏着的将自身小历史与大历史结合起来的生命体认，但是红头瑶族却难以逃避历史定局中的他拼结论，最终使其历史流程图呈现出颇具戏剧性的韵味，而难以使自身躲过陈旧而崭新的、某种程度上的民族中心主义的续接性描摹。

（二）他拼的实践构成

尽管由于探索之需，他拼概念从红头瑶族居住地域之名的汉译中被发挥出来，但鉴于红头瑶族的历史发展，可明证这一概念并非空穴来风，而是根植于其生活实践的浓缩及表述。近现代世界历史的变迁对红头瑶族的影响，极大程度地反映了民族的生存行为在很大程度上难以回避遵照某种设计而展开的逻辑结论。

如果将红头瑶族植入社会历史进程中来考察，便能挖掘出红头瑶族社会行为本身的过程性结构特点。从殖民主义、中越战争、市场经济三个层面来审视红头瑶族社会他拼模式的实践构成元素，有利于理解其是如何在历史发展进程中被创造和被丰富的，也能在一定意义上推翻历史以来按照自我文化模式统一行事的红头瑶族是远离历史宏大叙事规塑的假设。

进入近现代，尽管民族独立和民族自觉日益主流化，但在客观上，由于红头瑶族天然的历史地位和文化属性作用，面对大历史，红头瑶族仍然置于规范有序及自我逻辑的中间过渡阶段，而这样的中间过渡阶段几乎可能导致任何事情的发生。也即，红头瑶族存在被塑造成另外一个整体，以及面临着被改换为其他模样的群体的可能。但是，国际政治以及越南国家政权局势使红头瑶族并不能达到任何随性的可能性塑造。近现代民族国家边界的实体化，尤其是在中越边界明确后，红头瑶族获得越南国民身份的定义后，其原先所面临的这种过渡阶段其实在很大程度上被推向了一端，而向着越南国家倡导的主流模式推进。即便红头瑶族还保留着关于中国本土的“根”文化记忆，也难以抵挡越南作为新兴民族国家在崛起后的发展将其“清理”而使其被消减、被化解，直至被覆盖。由此，当今民族国家尽管朝着民主化进程的步伐在不断推进，但民族被引导性塑造的力度也随之增强，民族作为文化单元曾具有的一套特定逻辑亦因民族国家普适性历史进程而被湮没，最终走向覆灭。当今全球市场化的涌动，为了发家致富，或迎合越南政府对民俗旅游村的打造，红头瑶族独特的文化又成了重要的发展推手。

由此可见，大历史能够覆盖或取缔民族文化，也能再次复兴或激活民族文化。尽管近现代民族国家的力量强大到足以对民族社会进行改造，国家所具有的统一性力量能够直接使民族特性瓦解，然而，即便民族接受了大历史的某种规制，但体现其特质的文化内涵却始终相随于这一民族的生活之中。

1. 殖民主义

历史进化论对人类由低级向高级发展发现的知识贡献在一定意义上为人类发展提供了坚实的理论基石。人类发展到资本主义阶段，对资源的浩劫性需求以及为满足利益愿望的驱动，使偏居于欧洲西部地域上的占极小比率的一小撮国家将触角伸到了非西方社会。在以经济技术、民主理性等权柄勉强地改善非西方世界生存处境的同时（比如，当资本主义到达这些非西方世界时，这里的人们在生产、经济、技术上得到一定程度上的改变。西方确实也认为它们改变了非西方世界，使它们甩掉了贫穷、愚昧、蛮荒、粗野的帽子），却不可避免地使非西方世界难以逃脱灾难的渊薮，更没能在之后很长时间内存在着让殖民者改变策略而达成妥协的较少余地。于此，如果进化论会受到颠覆，应该是从西方国家的殖民扩张启动后而开始的。对非西方世界来说，除了直接利益的受损以及发展基础力、巩固力和实践力的被肢解或被剥夺外，更为关键的是不能分享主权荣誉及真正民主自由丧失的角色尴尬，导致非西方世界俨然陷入了与进化论倡导之势相左的发展深渊。

近现代，当西方在号称为“拓荒”的殖民开垦中，将远离自身的外围区域相应地划为所谓的“远东”或“近东”时（而事实上，对当地人或非西方人而言，既没有“远”的感觉，也没有“近”的概念，相反在很大程度上却是活在一种民族的自足、自觉和自省的意识状态中)，无论意识形态上的差异抑或发展等级上的层次高低也都相应地获得合理性的初步表达。被殖民奴役的非西方人民的本土意识、行动观念、生活模式也就面临着被修正和被改良的下场。西方所秉持和大肆推行的那一套显然是可利用的唯一“矫正器”，是其有效的工具模范典型。而对于非西方人民来说，在丧失政治经济发展权利之后，同时丧失了对塑造规范或控制规则的权力的掌握，并终彻底地沦为了西方权力塑造的表征物。

另外，殖民主义者还以各种尽可能的手段使被奴役人民放弃价值理念及认知实践而尊崇西方殖民统治者所倡导和赋予的将非西方世界变成西方中心主义利益动机驱生出的“新生儿”。这一举措，却为之后民族国家普遍性目标优先于表现型利益的逻辑埋下逆转的伏笔。

从西方殖民越南民族的整个过程来看，为了彰显西方在资本主义世界政治经济运动过程中的法理性，殖民统治者在明目张胆中也不乏造就一系列别无选择的社会安排。这种做法主要是通过给予被奴役的红头瑶族实惠性的好处而达到获其政治支持的目的，并形成抗击越南当局的实际力量。就红头瑶族社会内部发展状况来看，其确实需要弥补生活中的物源、财源的巨大缺口。殖民统治者乘着这一微势，以拯救的形象些许地满足了红头瑶族的需求，发送药物、衣服、食粮等以改善红头瑶族紧缺的生计处境。长时间地，赢取了红头瑶族的倾心。至少在法越战争中，红头瑶族站在法国殖民主义者一边而以抗击越南当局的“正义形象”露面，这不得不说明殖民主义者小恩小惠的大收成的效用性。尽管这些实质性物源、财源在一定程度上确实弥补了红头瑶族匮乏的现实处境，却没能使越南作为一个主权国家在近现代主权荣誉享受中免遭殖民的境遇。主权荣誉、国家权力在越南作为主权国家出现后，显然未能达到全面的散布、施展和享用。这显然是民族国家建设进程中一个充斥着反讽同时也饱含激励的受挫例证。

从学理层面来看，越南与西方殖民主义的这一场遭遇，既是时间性的必然过程，也是结构性的体现。从时间层面看，这是资本主义在特定发展阶段的对资源追逐和市场拓展的国际化产物。从结构性层面看，这是西方与非西方、中心与边缘、主流与非主流、非零和博弈的结局，更是权力主宰下的规范性程序与反这种权力主宰的规范性程序之间冲突的结果。由此，殖民主义在统治越南的过程中，与当地人，尤其是主体民族——京族的直接冲突、对抗，是一种无可选择的“强”与“弱”、“主”与“客”、“内”与“外”的隐喻性对峙的表达形式。

尽管因为西方的入侵，越南的历史进程看上去有几分支离破碎，但是这种情况更像是人类进程中行为观念残片的历时性延续。这一点，为在越南摆脱法国、美国设下的漩涡后不久，反而又以亲昵于以美国主导下的西方国家的方式而使历史显得颇失自觉性这一乱象提供了一个很好的注脚。

上述情况，在一定层面上能够透露出越南是如何通过现实实践来重蹈历史覆辙的，通过它们，也可以了解越南是怎样将历史的碎片重新拼贴在当下的社会进程中的。尽管红头瑶族在一定程度上成为了越南国家的主体角色之一，但尚未能从根本上摆脱被现实定格的命运。即便越南为拉动全民族社会的发展在改革开放上亮出了越来越嘹亮的号子，但是所有民族，包括红头瑶族在内的越南民族并未能在追求美好生活的过程中，避开价值冲突与理性博弈所滋生出的负面因素。因此，对于已摧垮殖民统治的越南当局来说，在之后很长时间内仍然面临着规整国内“秩序”的巨大任务。

2. 中越战争

一直以来，战争在很大程度上是以维护传统安全的需要而发起的。在资本主义世界性普及的早期，西方国家为了掠夺资源和霸占领土，对非西方世界发动了浩劫的战争。经济的政治化在这一时期得到了强烈的体现。民族国家的建立，将维护领土、主权的战争级别推向了高潮。其间，维护权力空间及本土价值的政治合法性成为重大表征。进入新的时代，随着民族国家发展诉求的增强，政治经济化日益转换为国际社会的发展主调，战争也因此而获得了新的行动特点。这显然是人类历史上战争发展的普遍趋势。但是，历史也很可能给予战争别样的注脚。中国与越南特殊的历史遭遇与现代进程，无疑赋予了“中越战争”新的内涵。

回溯历史，中越两国一直具有深厚的交往互动。双方所书写的外交之曲虽未能堪称世界一绝，但也足以为丰富人类历史提供一个片段。

在西方中心主义世界化前夕，古代中国在亚洲的影响体现出了前所未有的核心性和引导力。中国赢得了它作为一个帝国的意识趋向、行为号召和效率效仿中华帝国，一时聚集了世界的注意力。在这种背景下，不仅形式上的“朝贡”体系支撑了中华帝国与世界的关系，同时也从侧面隐射出了中国和世界对各自利益维护的隐喻表达。

进入近现代后，体现中华帝国与邻邦交往机制的朝贡体系，在西方资本主义以各种可能的方式进攻和冲击后，尤其是当殖民统治转换成直接的政权和利益剥夺方式后，建立在中华帝国与邻邦的和谐关系随之遭到颠覆。原先置于此种规范下的每一个主体，无论是中华帝国抑或周边邦属国，并没法完全规避新的规范的约束而让自己置身事外。这不但从根本上影响了这些国家的发展进程，而且也在一定意义上使这些国家的社会互动产生了新的范畴。一种关于“战争”概念的新认识也由此岔入并肢解了“朝贡”体系维系的统一行为结构之中。

如果说，20 世纪民族国家的进程稍晚或提前，会在很大程度上改变现代国际社会的秩序，那么，中越两国在近现代的战争或许是一种想象，而未必就是一种真切的历史事实。相反，正是由于 20 世纪 60 年代民族国家的普遍建立，致使国际政治进程产生根本性的变化。民族国家摆脱殖民统治，实现了主权独立，边界划分，在形塑民族国家基本模式并赋予这些国家相应权利的同时，也使得民族国家增添了一种以申诉权利的方式来捍卫自我利益的途径。纵观历史，中越山水相邻，自古互动频繁，民族感情深厚，发展相依紧续。在生计、生产、生活方式上有很多共同之处，在有些方面甚至都没法区分你我。但是，近现代中国和越南国家主权的获得在改变两国政治现实及前景的同时，也给两国的价值冲突转换成具体的利益问题铺列出了一定的前因。由此可见，民族国家的建立预示着人类行为的进化如同生物机体进化仍然存在着无限可能性，有限冲突的无限放大就是体现。

客观上讲，中越两个民族国家的独立，转换了国际社会的认知视角，也加强了双方的自我认识以及基于领土之上的社会政治实体的认识。对中越两个主权国家来说，其中任何一方都是某一类集合体利益的代表，也是满怀宏图大志的民族国家缔造者。双方各自的统治机构和社会在所属的领土内相互交织在一起。同时，在既定的领土内，中越两国都表现出了能够制定并最终达到整合本国人民、社会组织的认同的权威性规则，并以此达到对国内政治的绝对控制。以至于位居于中越边境

（在中越边界确立后，被划为越南人的那些曾为中国人的民族），看上去更似中国人的越南民族，在中越战争爆发后显然表示出了对越南当局的支持而非倾向于中国。

由此，居于社会政治“重心”的国家，尤其是像中越这样的从殖民统治者手中刚刚夺取政权的国家，其对军事力量的控制，就能确保该国在国际体系中的主导性地位，并决定了该国作为国际体系中的行为体的特征与力量，而对国家安全的关注及认识也就会使其相应地做出符合自身价值利益的诠释。这样，作为安全主体的国家，一直致力于国家建设的努力，就是设法将体现国家安全的主要条件的各种层次的因素集合起来，而使自身上升为根据自我利益行动的功能性单位。领土、政府和社会之间由此也就产生了黏合剂。在此背景下，战争不再是非人类的行为模式，而是领土—政治—社会在国际体系下互构的表现形式。

在中越两国的现代化进程中，双方国家作为特定的行为体，需要人口和领土作为物质基础（物质基础不足以强大，国家发展将受其制约）。但是也离不开彰显国家观念和在公民中赢得合法性的一定形式的制度来统理物质基础。

尽管中越战争在根本上是围绕着边界争端的扩大化而发起的，牵涉到很多具体利益争夺，是安全竞争和权力冲突的体现，但是这种直接的战争冲突更像是一场对规范或规则的捍卫战。中越两国因为边境争端而发生战争，一定意义也是给民族国家的范式发展注入活力的社会过程。这样的“战争”显然能够使交战双方献身于特定的信仰和价值观念之中，而最终使双方必须接受考验。“战争”，在某种意义上也就由从利益抢夺或权益维护转变成为一种价值和实践体系的表征系统。此种转变淡化了“战争”的传统本质，而彰显了民族国家对自身作为共同体维护主权荣誉的价值诉求。由此，在民族国家建立后，战争在形式上是针对主权的利益大战，而内隐里却潜藏着维护“主权”所形成的内部群体摈弃外来规则束缚的行为取向。

通过中越战争，国家显得更像是一种为群体共有观念而努力的非物质机体。经历战争的越南，人民所能享有的从而更像是一种基于特色基础上的角色塑造。为了获得更佳的生存状态，越南国家始终不得不使自身的权力最大化，在维护对外利益的同时，形成对本国人民的内部牵系和塑造。因此，红头瑶族作为越南的民族之一，其角色在当代进程中的形成，除了结构因素的间接作用外，也包含着制度的直接控制。红头瑶族虽然经过漂泊，而在越南境内获得生存的一方之地并转换成具有越南身份的国民，但是这样的物质前提对于越南作为国家共同体的塑造而言解释力度却尚未有普适性的国家共有观念深入红头瑶族内部更具效果性。因此，观念，应该是越南作为国家统一体的观念，或者说将红头瑶族塑造成具备越南国家认同的共同体的观念显得更具价值性、感染力和推进力。于此，如果“观念”使红头瑶族将越南国家视作可信任的对象，那么红头瑶族与越南国家就能达到合作性的发展整合。如果“观念”是红头瑶族将越南国家看作是剥夺其主体性的对象，那么红头瑶族与越南国家的合作性发展就会遭遇束缚。

3. 市场经济

经济发展的国际化普遍趋势，使得人类历史进程在一定层面上发生了革命性的转折。成本、风险、红利，甚至生产链条的环环紧扣，致使任何一个期待发展的国家都没法逃脱被卷入全球化经济体系的终局。当代国际化经济进程导致的此种新兴局面，恰似人类初始阶段乡土层面价值观念和人际关系的复兴。毕竟，人们一方面在创造着新事物，也难免会复归着旧秩序。然而，市场经济的国际化走势，却将不同的角落或国度的人们置入了悖论性的发展境地之中。

进入新的时空，由于信息畅通，交通迅捷，互动紧密，在一定程度上促使红头瑶族对他拚的实践构成越来越产生某种自觉意识，并因之而主动出击以争取在市场化大势中获得角色表达。

从现实状况来看，市场经济无疑给红头瑶族从不同国别的民族身上赚取钱财创造了机会。越南国家政府在最近几年将聚集着红头瑶族的他拚村改造为民俗旅游村。此举，诚然是将城市化大潮引入红头瑶族社会内部，达致冲刷制约其发展的“病诟”，最终带动其走向欣欣向荣的一个“效果图”。

借助民俗旅游工程，他拚村以其独到的魅力很快地将世界各地的游客都吸引进来，给红头瑶族村落增添了流动的人员。于此，红头瑶族也在传统的角色身份外补充了新的表述内容。做导游、开旅馆、办饭馆、营超市、售艺品等，顿时转换成了在此穷极一生的红头瑶族的新兴生计模式。相较于传统的靠种田收谷为主而养家糊口的营生方式而言，红头瑶族能够较易地获得一定的额外收入。显然，是市场经济开辟了他们发家致富的路径，是市场经济奠定了红头瑶族发展的基础。一旦手里有了一定的余钱，红头瑶族便可购买生活用品、看病就医、逛街进城、交友访亲等，在丰富生活内涵的同时，也极大地改善了生活质量。

同时，市场经济也使红头瑶族社会传统意义上的乡土层面的价值观念和行为取向被活化了。民俗旅游的打造，一时之间使红头瑶族意识到本民族历史文化在当代可行性的价值兑现。随着红头瑶族的传统技艺不断被活化而转换为市场产品时，红头瑶族也难免产生痴迷于传统文化的自娱情况，进而导致滋生某种程度上的排外心理，并将其他民族，或外来的东西视作是具有腐蚀性的。如此长久推演，势必会使红头瑶族社会内部陷入潜在的民族自大或民族中心主义情结，最终无力自拔。可以说，在当下，随着越南政府以民族文化拉动市场经济发展的步伐日益加大，像他拼村这样饱含浓郁民族文化特色的区域在被打造成民俗发展品牌的同时，很可能潜伏着将民族具有的自我中心主义、唯我论痕迹、价值武断性认知，或民族作为自然主体固有的历史狭隘性激发出来，进而强化了本来早已就存在的对自身价值范畴的坚信以及认为所具有的文化是最能给予自己安全的认识，这样也潜在地制造了新的社会危机。由此，在国际市场化条件下，红头瑶族对自身安全问题的认识和理解，除了不能抛开越南国家内部在近现代建设进程中的作用外，还需要注意到当今由市场经济主导的国际体系结构以及国家间互动的发展相依机制是如何与其息息相关的。

从另外一个侧面视之，可以认为国际化市场经济在将红头瑶族当作发展主体的同时，也意外地将红头瑶族变成了被动的客体。而作为主体性角色有限的红头瑶族，却很少能在这样的国际化大潮中将这种“主”与“客”的角色地位调和为一种有利于发展的社会协作。尽管国际化市场经济在激发红头瑶族成为“主体”和“客体”的秩序状态上发挥了动力源之效，但是所充斥着的对垒性的身份范畴和意义表征的催生局面也由此变得无法避免。虽然无论是主体还是客体都有利于红头瑶族对自身作为共同体的理解和塑造，但是却没法使其获得一种能够为社会普遍性接纳的稳定的行为机制和价值理念。红头瑶族力图在“骑墙”处境中获得的某种角色定义，显然有悖于当代历史发展大势的趋向。由之，国际化市场经济，这样看似非常理性的、切题的发展角度和进步驱力，也不得不由此面临着就其辐射性做出最为深沉的严肃叩问的危险。

因此，当红头瑶族作为一个集体单元而直面全球市场化时，其行为反应很能折射出当代国际化进程所设计出的某种潜在的可能背景，也正是在这样的背景中，红头瑶族作为历史主体的意义才获得淋漓尽致的展现。在这种状况下，越南国家对于红头瑶族来说，更像是一个存在于国际体系中的基本单元之一。

从异趣于红头瑶族的其他人类主体的角度来看，国际化市场也能改变关于角色定位的认识。市场经济的出现，致使原先那些将红头瑶族社会看成是人类初始状态并异于主流、中心甚至西方社会，以至于就该将红头瑶族社会当作是保留了人类痕迹而列入文化考察的认识，被些许地扭转和遏制了。由于特殊的文化形式和社会模式，历时以来，红头瑶族就被武断地视作遵循了“他者”的生命机制。而国际化市场，却使这一形势反转。当红头瑶族置身于他拼村，操着英语向国内外游客销售手工艺品时，是将自己所面对的对象做了符合非言语符号情节的“他者”社会定义。随着市场经济的加深及复杂化，这种形势正日益蔓延，以致纠葛不止。市场经济，尤其是全球化鼓动下的市场经济，正在使这一情势变得合情理、可接受。全球市场化，显然不是增强了历时以来社会被赋予的格局，相反却是有所削弱了。而以深深嵌入人类体现认知及权术理念的经济技术、社会政治甚至科学命题，在促使某种局势形成的同时，变相地分解了这种局势。

总之，全球化市场经济使处于民俗旅游村的红头瑶族不再躲进自己庭院的木房角落里暗中观察一群群走过的人们，也不再默默接受狂扫过的国际风云无情侵蚀自我。简单的手工艺品销售，相对国际大势而言显得极为平静，甚至有几分无作为的味道。但是，红头瑶族在当今局势下的主体性角色的复兴却暗含了其“无为而无不为”的角色体认的转换。这明显使红头瑶族的历史过往早已没法与之相提并论。如果可把全球化市场经济视作社会知识生产的当代常态形式，那么在结果上所造成的影响将是市场经济正在以更为迅猛之势催使红头瑶族社会萌生出内省的

“分流”意识。红头瑶族试图摆脱自身经验，同时又对自身经验报以热烈愿望的冲动之间的矛盾，隐射着红头瑶族角色身份的塑造始终能够排开必然的刚性而潜藏着任何可能的结局。

第一章

关于“他拼”

第一节 地理方位

越南老街省沙巴县东部他拼（TaPhin）村是本研究的主要调查地点。沙巴与中国云南红河州河口县毗邻，距越南首都河内市350公里。喜马拉雅山脉东部延长线黄连山占据其境大部分面积。全县地域范围平均海拔1600米。境内多高山，年平均气温15.4℃，每年七八月最暖和，十二月和一月最为寒冷，高峰地带常有积雪。1986年，黄连山被越南政府正式列为“生物多样性和文化多样性自然生态保护区”。保护区主体部分都是海拔1000米左右的高山。山区峭壁，多数地方不能行人，是各种珍稀动植物生长的理想场所。在黄连山一带，生物物种随着海拔高低而变化，海拔越高的地方，生长的植物和动物抗寒能力就越强。喀斯特地貌自西北延伸到东南广大片区。山峰正北面，这种地貌特点更为突出，大面积的熔岩地貌顺着湄公河流域延伸到更为宽广的地区。由于植被较好，境内潮湿多雨，年平均降雨量为2763毫米，最高降雨量4023毫米，梅雨天气普遍，常年吹东南风，对当地土壤有较大影响。然而，山中雨露充沛、碧净空灵、云荡雾绕的特殊秀景，成为沙巴人最为珍贵的旅游财富。

沙巴是越南北部较具特点的多民族聚居区。其境内有苗、瑶、壮、傣和京五种民族，人口约6万人。其中，京族占15%的比例，苗族占52%的比例，瑶族占25%的比例，壮族占5%的比例，傣族占2%的比例，余下为其他民族。其实，由于当地多民族构成的民风习俗较具特点，直至1993年10月，长期被法国殖民者占据并禁止外人进出的边境沙巴小镇，才最终作为一个旅游景区向外人开放。时至当下，这里早已成为世界各国观光和民俗体验者步履频往的旅游胜地。

走进沙巴，琳琅满目的地方民族手工艺品充斥着整个街景。极具标志的是乡街到处可见身穿民族服饰、肩背小背篓、手缠挂各种小银器游走的苗、瑶族（苗族居多数）妇女和年轻姑娘，她们游荡在沙巴小镇的每一个角落，眼睛四处瞟视，若是见到有别于自己的“外来人”，便迅速追上去，变换着语言向游客推销自己手中的小商品。一些年仅七八岁的苗族小女孩在母亲的带动下，也会积极加入，跟随游客“漫步”小镇，并似带怜悯地向游人推销手中价值低廉的小手工艺品。其实，多数游客都因她们手中的东西质量太差而不愿购买。但很多时候，为了摆脱这些推销小商品的妇女和孩子们紧紧围追的烦恼，游人们通常都会象征性地向她们购买几件零碎东西以求中止她们的纠缠。但往往事与愿违，刚“打发”完一拨人，走不到几步路，又被另一群人围追上来。而且，见到游人“出手”，这些后来者往往追随得更加起劲。有时，身背小孩的苗族妇女会尾追游人走出两三公里的路程，直到你被迫饱含“怜悯”地掏出腰包有所“表示”，她们才满意地离你而去，重新寻找其他跟踪目标。

从区域性的地理方位来看，他拼村位于沙巴县东部，隔河可清晰遥望划分中越两国国界的黄连山。村庄南面是连接老街市和沙巴县城的汽车公路。基于汽车公路主干道，东西两个方向各分支出一条相对窄小的入村道路。按进村公路里程算，小村距离老街市约35公里，距沙巴县城约10公里。实际上，他拼与沙巴小镇只间隔一座大山，村北有一条可直接通往沙巴的山间小路。相对来讲，山势并不算十分高，因而村民从沙巴抄小路进村，步行一个多小时就可以到达。但现在，踏走山间小路的只是很少一部分人，绝大多数当地人都购买了摩托车，每逢到沙巴赶集，人们都习惯骑摩托车前往。正常生活中，沿小路步行到沙巴的人，买卖日常生活用品的村民居多。笔者在村寨调查的时候，也曾跟随村民步行过小路，从沙巴进出他拼小村。通常，骑摩托车进出沙巴小镇的人，车前车后位置都要坐人和挂带多种买卖物品。一辆摩托车乘坐三四个人并挂满各式包裹的“壮景”比较常见。多数时候，一家人到沙巴小镇赶集，一辆摩托车就解决了全部问题。

从越南行政区划来讲，他拼村隶属于沙巴县行政管辖的一个民族乡。全乡共有6个自然村13个村小组，拥有土地面积3718公顷。其中，可耕地面积247.8公顷。在该乡，苗族和瑶族是两大主体民族。截至2010年12月，全乡共有515户，3972人。其中，苗族278户，1962人，占总人口的49%；瑶族201户，1879人，占总人口的47%；越族30户，109人，占总人口的2.7%；壮、岱等其他民族占全乡总人口的1.3%。他拼村是乡政府所在地，共有4个村民小组，124户，862人。与全乡范围内的民族构成一样，村里主要有苗、瑶两个主体民族。苗族（黑苗）集中居住在西北边，有396人，占46%的人口比例。其余3个村小组均是瑶族（红头瑶族），共有448人，占52%的人口比例。除此之外，由于婚姻关系，村里还有很少部分的京、岱等其他民族。从族源上讲，苗、瑶两族本是同一个文化民族，但在中国的南北朝时期，在历史迁流过程中的客观和人为因素共同作用下，瑶族与苗族逐渐分开，各自成为不同的民族族群。[①] 然而，共居的生活空间并没有彻底割断这两个同源民族相互之间的社会文化交往。相对而言，红头瑶族在数量及文化特色上都比黑苗突出，红头瑶族是他拼重要的村庄符号标志。在沙巴县域，每每提到他拼这个小村子，人们的第一反应就是红头瑶族。而每每提到红头瑶族，人们最先想到的也是他拼村。站在他拼村头，入眼可见二十多户专门为发展当地文化旅游而被当地政府“打理过”的木墙围壁、石棉瓦顶的红头瑶族民居，错落但又稍显整齐地排列两排建造的瑶族木板房，中间空留出一条长长的石子路面，是村民日常生活出入和进村游客闲步漫游的村寨旅游干道。村庄西北方，是一个由17户人家组成的黑苗小村。与其毗邻并由一条常年不断流的小河水区隔的地方是一个有着18户人家的红头瑶族小村。村寨四周密林簇拥的小山坳里，还分居着八九户红头瑶族。

他拼红头瑶族村四面环山，地势西高东低，水资源丰富，三条长年

① 参见尤中《苗、瑶族古代史叙略》，云南大学西南边疆民族历史研究所，1987年9月，第7页。

不断的河流自西向东缓流，于村庄东部交汇之后，伴随下倾的地势，东流进山下的红河主流。三条河流各具特点，偏东南方向的河流源出一口清澈但不见底的深井。井内四季泉水翻溢，在阳光照射下，反射出星状的晶莹水光，将村庄“装饰”成一个较具灵性的小村。西边河流主要由森林密布的山中小溪汇集而成，流势相对平缓，但它在村庄范围内的流经跨度最长，灌溉着村庄周围绝大部分农田。西北方向的河流源出于苗族村民聚焦区内多口地下清泉（在村里，若是村民有需要，家家门前都可以打出清澈的泉眼），沿着村庄北面缓流 300 米左右，与其他两条河流交汇。巧合的是，三条来自不同方向的河流所流经的区域和走势也在一定程度上象征了村庄苗、瑶两族“由合而分、由分而合”的族群演变过程。三条不同的小河于村庄东面汇集，依山势滚滚汇合到跨经中越两国的红河河道，最后经由越南河内市，再东流进入极具包容的无边大海。在“他拼”，苗、瑶是村寨两大族体。这两个曾经为一体的族群，在久远的历史迁徙流动过程中逐渐区分为两个不同的民族族群。迁居越南等东南亚国家之后，吸收多种异国文化，最后经由特殊的地理环境和越南等东南亚国家主流文化而被改造成较具多元文明的跨国民族。时下，移居越南他拼的红头瑶族，早已经是一个完全与水结缘的依山傍水的半山地民族。村庄周围哗啦流淌的清澈泉水，不仅常年浸泡着梯田，而且还生产出种类繁多的鱼、虾。闲时，人们常在溪水下游安置竹篓捕捉鱼、虾，以丰富和提升家庭生活质量。春末夏初，河流灌溉的百亩梯田绿苗初长成，整个小村被“嵌插”在层层青青苗波装点的绿海中。朝阳晨洒，或是夕阳普照，灌满泉水的层层梯田将小村装扮成绝美的仙境。身置村野，遍野的绿色可以洗净人们头脑中累积的俗尘，让你充分占有和自在享受大自然赐予山民的绿色财富。秋时，村庄周围百亩梯田倾野金黄，向世人充分昭示农村的丰收。

第二节　旅游经济

越南老街省沙巴县的旅游经济总体处于相对“下位”的发展阶段。距沙巴小镇不远的坎坎（CatCat）、大弯（TaVan）、老差（LaoCa）及他拼（TaPhin）均是当地政府重点投资建设的乡村民俗旅游村寨。这四个村庄都是少数民族聚居区，虽然村寨拥有丰厚的民族文化资源，但村民在频繁的族际互动过程中，由于受到现代化及其他多元民族文化的影响，逐渐衍生出复杂多样的民族文化心理，文化旅游的发展使村民的经济理性意识更加鲜明。

坎坎村位于沙巴小镇的北部河沿，距离沙巴 1.5 公里。从沙巴北行，步行十多分钟便可到达村口。入村后，沿着 1.5 米宽的青石板路下行大约 2 公里的路程，就可以进入河沿边上居住的苗族人家进行家访。由于坎坎村近距旅游热点区（沙巴小镇），同时又是一个典型的苗寨，当地政府为了提高该村苗族民俗文化旅游的水平，于 2006 年 5 月投资改建和扩修了进村的旅游村道，硬化村庄道路 4.5 公里，整个小村被改造成为一个距离沙巴最近的苗乡民俗文化旅游优质景点。步入小村，沿途挎包的苗族妇女会吹奏起手中的竹笛，展示各种技艺，吸引游人缓步静观，购买沿路摆卖的手工艺品。由于村民沿河流两侧居住，因而进入村口便是绕行而下的弯曲小道。路通至河谷谷底，有一个四季水声哗哗的瀑布景观。这里是该村旅游业的最大亮点。听着瀑布的流水声，伴着清凉的湿风，即便是酷暑盛夏，置身此地，也会让人感到透身清凉。进村游客，不管有多么劳顿，在这里小憩少许，整个人都会备感精神。整个小村被旅游村道环绕，出村庄，需要沿着另外一条小路攀坡而上。由于该村是典型的苗族村寨，一直以来，村寨都延续着砍牛头祭祖的鼓葬节民俗。一些外地游客为了有机会体验苗人的这个宗教祭祖活动，每逢节日，会不远千里会聚到这里，鼓葬节也因此成为坎坎苗村吸引游客的重要旅游文化要素。

大弯村位于沙巴小镇西北部。村庄背靠青山，四周梯田环绕。作为一个行政村，大弯村共有 7 个自然村，3752 人。其中，2 个壮族村寨，1 个瑶族村寨，4 个苗族村寨。2007 年，该村开始发展乡村民俗文化旅游业。配合村寨文化旅游业的发展，当地政府投入大量资金改善村容环境，兴建和翻新中小学校舍。全乡学龄儿童基本上都集中到这里上学，学龄儿童的文化教育得到有效发展。由于最远的自然村距离该村有 22 公里的路程，为了尽可能地方便学生上学，学校在投资新建校舍的同时，充分考虑到学生免费食宿问题。在具体教学过程中，教师除了正常的文化知识传授之外，还通过各种方式向学生灌输孝老敬尊的传统思想。在校学生都有机会获得良好教育。入学儿童路遇进村游客，每每都会互道问好。

从多元化的经济收入来讲，大弯村虽然获得了充分发展文化旅游业的机会，但村民仍然以农业种植为主要经济收入来源，生活水平整体还处于相对比较贫困的阶段。近年，人们为了寻求更多更好的增加家庭经济收入的机会，提高家庭生活水平，很多年轻人到老街、河内以及中国云南河口一带的边境村寨打工。极个别有一定文化和商业意识的人还到中国广东、浙江等沿海发达地区寻找报酬更高的就业机会。在越境务工的过程中，一些越南妇女在边境地区走往亲友或是短期的务工，结识中国河口一带的同族青年甚至年长的中年人，只要觉得有“缘”，就直接外嫁到中国边村。

总体上看，在乡村民俗旅游经济发展过程中，在借助村寨民俗旅游的发展来增加家庭经济收入这个共同意愿的驱使下，构成该村的三个民族主体做出了各不一样的行动，表现出各不相同的特点。壮族种植稻谷。不管是平坝，还是山区，壮族的水稻种植都非常出色。壮族生活的村庄，生态植被较好，遍地是竹林和树木。人们习惯将房屋搭建在溪流或清泉边，房屋建筑主要用木头和竹子。由于房屋结构宽大，大弯村的壮族村民大都经营旅馆，不仅产生了稳定的旅游经济收入，而且利润回报比较丰厚。乡村民俗旅游的发展对壮族村民的物质生活的改善确实起到了非常明显的成效。通常，壮族村民以家庭为单位来经营农家乐，把客人带到家里，让外地游客在家留宿的方式，有利于传播壮族文化并进而吸收外来文化。壮族村民还根据不同游客的普遍需求，不断改善和提升农家乐的服务品质。苗族则以店铺的形式经营各种小商品买卖。其经营的商铺有苗族、瑶族以及当地其他少数民族的服饰、手镯、耳坠等。也有一些以销售日常家庭生活用品为主的小商贩。从大弯村口一直到村委会驻地，沿村道两旁都是形式多样的小商铺。

村里也有几家摩托车修理店。越南沙巴甚至整个越南境内，摩托车都是人们出行时最为主要的交通工具。即使在越南北部少数民族地区，在一些经济条件相对好一点的村寨，摩托车依然是家庭成员外出的主要交通工具。在大弯村，骑摩托车不仅是当地村民来往沙巴小镇时的主要方式，而且很大一部分进村旅游的外地游客（以西方游客为大多数）也乐意在沙巴租一辆摩托车，自己骑车进村旅游。这样的社会背景使大弯村的专业摩托车修理店变得非常有市场。由于村民商业买卖的相互竞争，在村寨旅游发展不到一年的时间里，村里就出现 20 多家专门销售旅游文化商品和当地村民日常生活用品的小商品杂货店。当然，坐居经营小店铺买卖的人，只限于经济条件相对比较宽裕且房屋民居靠近村寨旅游主道的家庭。村寨本身的特殊布局使壮族占据了一定的优势。而苗、瑶两个民族则分居在距离村庄旅游主道相对远一点的地方，由于不具备经营买卖的优势，妇女喜欢追随进村的游客兜售小手工艺品，很少有人经营大一点的商品买卖。她们一般以背着小竹箩，到村里游走推销小商品为主。早上八九点钟出门，在村庄周围四处游荡，寻找游客推销商品，下午五六点钟回家。由于她们兜售的小商品质量较差，基本没有多少使用和观赏价值，多数游客都不愿意出钱购买，文化旅游并未给她们带来想象中的高经济回报。

老差村位于沙巴县城正北方。村庄四周环围层层梯田，村景迷人，虽然这里是游客最喜欢光顾的地方，但走近村庄却没有多少可供游客观赏的文化景点。经营农家乐的壮族村民，在老差村也比较普遍。由于老差村位于坎坎和大弯两村之间，成为外地游客必经的地方。相对于瑶族、苗族来讲，村里壮族的房屋民居较为宽敞，房屋结构也比较合理，比较适合发展农家乐。其实，壮族的民族族性与苗族、瑶族的差异性还是非常显著的。苗、瑶两族喜居高山，壮族则喜欢居住在靠近水源的平坝地区。这种民族传统文化特质使壮族在房屋建筑等方面都相应优越于苗、瑶两族。然而，由于文化旅游内容的单一性甚至“空壳化”，很多进村游客往往都是叹气而返，很少有人愿意重游。游人带着“充分”的想象进村，而走出村寨的时候，最初的想象往往被一拨又一拨追随兜售小商品的苗、瑶族妇女“潮水”给填补。内心早已疲惫至极，无意再回游。壮族村民也并未从经营农家乐的买卖中获得足够的物质财富。地方政府也很少从文化旅游运作的实践中总结出好的富民经验。

他拼村则随着时代变更逐渐创造出民俗文化旅游的阶段性佳境。在他拼村，很早的时候就开始有外人到村野自助旅游。但当初，由于交通条件差，零散进村的人多限于到村里“一走”，游览村寨自然景观，游客的季节性特点非常明显。入户与村民攀谈，来此感受本地红头瑶族生活民风的习俗者几乎不可见。并且，这些人多数是越南本地人，异国甚至异省游人基本没有。然而，尽管零散来往的游人不多，但受他拼村独特梯田景观的吸引，到这里游玩的人一直没有中断。20 世纪 90 年代，随着当地政府积极发展沙巴旅游业，来往他拼村游玩的人开始逐年增多。据当地村民讲，进村旅游的游客在 1996 年前后表现得尤为明显。和其他时期不同的是，从这个时候开始，村里开始有了外国游客。由于村庄独具美景，游人带着想象而入，又怀着满意而离。很多远路人为了能在不同季节充分享受小村异景，轮换着时季数度踏入他拼村。

外来游人的积极入村行动提醒了当地乡政府想象并充分发掘瑶族民俗文化资本的财富生产力。在“有所为”的为政意识驱使下，当地政府在占据特殊山地农耕风光的基础上，开始创造性地发展当地瑶族文化旅游。1997 年，从进村的旅游交通道路得到改善以后，地方政府借助瑶族传统文化创造生产力的设想和先期行为得到不同程度的经济回报。村民见识到这种新生的文化旅游财富，便自发或群体性地参与到地方政府的文化“再建设”行动之中，积极支持乡镇干部发展他拼乡村民俗文化旅游业。文化得到重视，更主要的是传统文化释放出财富价值，村民于是在保持正常农耕的基础上，开始积极主动地利用闲暇“拯救”和保护瑶族民族本有的传统文化或文明。一时间，村里古老久远的早已被废弃的生产生活用品、文献古籍等传承传统文化的各种器物，都得到村民的精心珍藏。与此同时，村民的这种自发行为又反作用地激励着地方为政者更加专注文化旅游富民的创新路子。

时下，他拼村的红头瑶族妇女不仅种植田地，养殖家畜，而且还尽可能多地挤出生活时间绣制各种精美针织品，利用各种机会学习英语，以便能够和西方游客正常地沟通交流。他拼瑶族热情友好，大家总是怀着十分和善的心境结识外地游客。村民常说：“只要你到我们村寨，你就根本用不着担心会被挨饿。不管你是谁，不管你来自哪里，只要你到达我们瑶家，我们就会像亲朋好友一样对待你。”他拼村因其特殊的自然环境和特有的红头瑶族传统文化，为村民构建了发展乡村民俗文化旅游的大好良机。借助外部政策支持和资金帮助，不到十年的时间，他拼村就发展成为一个相对成熟的文化旅游村寨。这种客观外部环境和人为因素的成功发展，大大改造了当地瑶民的文化心理。在传统文化和经济利益双重选择过程中，经济因素占据主要位置。为了借助旅游而获取更多的经济财富，他拼村的红头瑶族妇女即便在寒冷的冬季，也会毫不犹豫地穿上得体的红头瑶族装，扮靓自己，游走小村叫卖各种小手工艺品。

第三节　民居建筑

居山游耕时代，瑶族的房屋建筑只能是适应山区环境的简陋草房。由于没有固定居所，村民为了种植方便，便在山地边搭建起茅棚，全家人都住在里面。这种传统的瑶族民居建筑非常简陋，全木结构，单间式，房屋四周很少开窗。家中没有多少值钱的东西，完全适应频繁迁居的游耕生活。潮湿环境和沉重的生产劳作使他们在生活中养成勤洗澡的习惯。在中国广西金秀大瑶山地区，不管房屋建筑如何简陋，村民都会留出一个洗澡的地方。一些人家的洗澡处就设置在靠近灶房的位置，每日饭前饭后，家里都会烧好大锅热水，供家庭成员洗澡。遇有客人到家，烧水给客人洗澡更是上好的待客方式。他拼村红头瑶族在这方面并不是太突出，家庭内部很多都已经缺乏这个内容。多数人家都通过塑胶桶盛水来冲凉、洗澡。由于频繁迁徙游走，他拼村红头瑶族传统住房更是十分简陋。红头瑶族过去居住在远离其他民族的深山中，不仅村落规模小，而且比较分散，基本上一个村落就是一个家族，甚至一个村落只有一个家庭。一般而言，依深山密林而居的瑶族多就地取材，采用“人”字形棚居建筑式样。居住在坡度比较大的山岭地带的瑶族，多采用“吊楼”式建筑；居平坝地区的瑶族，住房多为土木或泥木结构，与壮、汉族住宅相同。聚居山地的瑶族讲究村寨整体，房屋建筑多为层叠式，幢屋毗连，层次分明。由于住房简单，人畜同室的现象普遍。近年来，旅游业的发展使石头、砖墙、瓦顶式的民居建筑出现在他拼村里。只是由于建盖这类房屋的成本高，数量还比较少，只有经济条件好的人家才能享有。村长盘朝广的农家乐是村里这类房屋的标志性建筑。他拼村红头瑶族民居现在多数是木结构石棉瓦顶式的房屋，也有一部分是木板顶建筑。整个房屋成四方形，一般分上下两层。上层石棉瓦顶，麻袋或是竹箩装粮食都堆放在楼上。一楼住人，左边做厨房，中间堂屋常被隔开铺床。厨房一间有一火塘。家人烧火做饭、取暖都在这里。房屋中很少有楼板，多数人家仅在楼层上简单拼搭几根横木，铺上一些竹片便可。房屋下层住人，并没有严格的房屋分间，多数人家不在屋中垒隔墙。家庭农业生产用具和日常生活用品随处摆放在墙角四周。

瑶族村民喜欢在堂屋内设火塘，家中大事小事都喜欢在堂屋中举行。火塘的位置并不设在正堂屋，而是设在靠近堂屋的左边角落处。一些人家由于饲养的猪较多，还会在靠近火塘的地方设置一个炉灶，不仅满足家庭做饭之用，而且还可以用来烧煮猪食（通常只有一个锅口，煮完饭之后，将换一口锅煮猪食）。没有炉灶的家庭，则就在火塘上安置一个三脚铁架烧火做饭。人们生火做饭的燃料多半是竹片。越南北部边境他拼村附近毛竹林多。平时，人们将其砍伐，晒干之后带回家，备用做燃料。他拼村寨周围生态植被好，村民就近取柴非常方便，平时家庭取暖也都普遍使用木头。农闲时，人们背挎腰刀上山砍林，等到一段时间晒干之后，再把柴背回家里。也有的人家将山中砍倒的生柴用马驮回家里堆放。深居大山里，在土地种植不能保证正常生活的情况下，瑶族边民通常借助良好生态环境赋予的机会进行狩猎和采集，以维持基本的家庭生活。在清代纂修的《梧州府志》中，对瑶族风习曾有“其俗啖血肉”的记述。后来由于人口增长，单靠狩猎、采集已不能满足生活需要，瑶族于是逐渐学会驯养鸟、兽和种植农作物，从而出现原始的畜牧业和农业。然而，自瑶族过上真正的定居生活后，很大程度上缺失了捕猎的场景，加上越南国家保护生态、禁止伐木、捕猎等政策，瑶族在很大程度上失去了维持传统狩猎的生活方式基础。很多传统的捕猎工具由于失去了具体的用途，仅作为祖辈生活的一个符号象征留存于家中。

由于村民延续着大家庭形式，即便是子女结婚，也很少有能力离开父母重建新房，分家立户。堂屋中央摆放着供桌。瑶族认为，祖父母和双亲死后，灵魂到了另一个世界，过着和人间一样的生活，并与子孙保持着联系。因此，子孙后代都要祭祀他们。一般性的祭祖通常由各家各户自主进行，重要的祭祖活动才在族长家举行。瑶族一般供奉九代祖先，隆重仪式只有族长才有资格组织村民具体操办。在许多地方，族长家设有祭供宗族或家族祖先的供台。各家也设有供台，但只能供祖父母以下家庭先祖，也有的人家只供去世的双亲。祖先供台被安置在房屋中央墙上一块木板或小棚子里，上盖茅草或竹笮，两边也有竹笮。也有的安放在一间小屋或中堂的小阁楼上。在师公、道公家的供台旁或前方用绳索或兽皮从上到下吊一个鼓，墙上挂两个竹筒或两幅“大三清”、“小三清”画像。这两幅像只能在举行挂灯、度戒、祭盘王等重要仪式时才能挂出来。供台下的架子存放各种祭祀用的法器。比如，鼓、铜锣、钹、剑、神杖、衣帽和经书等。供台是家中最神圣的地方，妇女尤其是新娘子很少能接近供台。人们认为，祖先的灵魂并不是什么时候都在供台里。平时主要住在“扬州”，一般在每月初一、十五和年节时才来探望子孙。因此，瑶人坚持每月初一、十五在供台上给祖先上香，年节时则隆重祭祀。平时祭祖由家长或长子主持，如果家中无男子，女子以继承人的姿态来料理祭事，但还是要请族中一位男子来主持祭典。[①]总体上说，他拼红头瑶族民居没有规范统一的家庭格局，完全依照房屋大小、家庭人口和生产生活需要而做相应摆设，各家各不相同。

牛、马在村民生活中有着重要作用。山区耕种，早期瑶族游居在山区的时候，土地分散成小块的坡地，牛、马在瑶族的游耕生活中具有非常重要的作用，但由于家庭贫困，很多人都无力购买。很多家庭都饲养着一两头耕牛，骡马则视家庭经济水平而定。瑶族居住在大山里，道路交通条件极为落后，收种农作物，除了用人挑担之外，马驮也是主要的运输方式。由于建房的地方陡峭，家养牲畜的人家普遍建盖干栏式的民居建筑。上层住人，楼下就用来关养牛、马。村民腊曼昌（La Mai Chan）说：“我们主要的农作物就是水稻和玉米。我们也养家畜，主要有猪、鸡、鸭、狗和猫。来村里旅游的越南人还喜欢到村里来买我们家养的鸡、鸭。”在访谈中，腊曼昌的姐姐还告诉我们说：“去年冬天，由于天气寒冷，家里的两头水牛都被冻死了，今年耕种的时候，还得给别人家借用。”近两年，由于旅游业的发展，村寨里牛、马的数量与过去刚定居时候相比有所减少，而且人们养牛马的方式也有所改变，即村

① 参见奉恒高主编《瑶族通史》（下），民族出版社2007年版，第1015—1016页。

民通常在房屋外单独建盖一间木房养牛马。与过去不同的是，村民现已经不将这些家畜饲养在楼下，而是在自家正房左右两边或是离房屋有一定位置的地方重新建房。由于牛、马在村民生活中的作用减小，一些瑶族村民便将房屋下层也改造成生活居室。上层只搭几根横木，简单在上面铺上些竹片来堆放粮食。有的家庭全家人都住在一楼，粮食存放在房屋内的某个角落或是用麻袋装好之后悬吊在楼楞上。牛、马数量的减少使村民的房屋一楼腾出了更大的家居空间，不仅改变了瑶族传统的民居格局，而且也很大程度地改善了村民的家庭生活质量。

第四节　文化习俗

战争交锋使越南丧失了大量的青壮劳动力，以至于和平时期越南连正常发展所需的劳动力都缺乏。所以，越南政府对边区少数民族的人口控制很少干预，国家在人口控制方面表现出的“冷”对待与改善边民生活环境和文化教育的“热”行动使越南北部山区瑶族长时间保持着一种高生育行为。在他拼村，年轻姑娘们十五六岁就结婚，一对夫妻生育多个孩子的现象比较普遍。相对其他民族，红头瑶族生育率低一些。他拼红头瑶族青年男女虽然十五六岁结婚的现象仍是边境村寨普遍的生活事实，一对夫妇生养两三个孩子的家庭占多数群体。苗族妇女背着小孩、身边尾随着几个小孩在街上兜售小商品的现象比较常见。在沙巴小镇，这种场景最为多见。过去，由于生存条件差，婴儿死亡率高，因而父母亲一般都比较溺爱自己的小孩。小孩子从生下来到学走路和讲话以前，都会受到父母的细心呵护。小孩能走路和讲话后，大人就任其跟其他小孩子玩耍。瑶人很少打骂小孩，他们认为小孩灵魂不守舍，打骂会将灵魂吓跑，导致孩子生病甚至夭折。小男孩六七岁稍微懂事时，大人会让他跟着干些活儿。女孩则会跟着妈妈或姑嫂学习刺绣，帮助烧火煮饭、洗衣、洗菜、喂鸡等，尽可能地做一些家务事。孩子们还在这些过程中耳听大人们唱歌或讲故事，旁观村寨里的宗教仪式行为，从而领会各种社会知识，逐渐加入地方性社会生活群体。

他拼村是中国瑶族长期迁徙流动到越南之后才逐渐形成的村落，与中国滇东南地区的瑶族边村一样，很多村民至今仍保留着记叙先祖盘王英雄事迹的《盘王券牒》以及自家祖辈族人迁徙流动中各种事实遭遇的《信歌》。共同的生活遭遇使迁徙流动越南北部边境的红头瑶族仍然保留着瑶族固有的传统文化特质。由于瑶族迁徙流动经常以家庭（族）单位的团体形式进行，因此经历过很多事和懂得各种生活技能的老人通常都比较有威望。过去传统意义上的石牌制性质的民间族规在瑶族社会文化生活中依然起着很大作用。村寨家族人在很大程度上都听从于族长，依照族长的意思来打理村寨事务。为了更大程度地保有族群认同，尽管在迁徙流动过程中遭遇多重异族异境文化改造，但红头瑶族始终依靠传统服饰来鲜明标识自己的族群身份。尤其是红头瑶族妇女，在衣着穿戴方面，非常注重红头巾头饰。不同年龄时段，头上的红头饰均有不同的特点。红头瑶族这一族称，根本性起源于瑶族妇女们的头饰。而从男性的角度来讲，尽管不能从服饰文化特点上明显体现出自我族群身份，但他拼红头瑶族男性则完整地保留着有效标识成年礼仪的“度戒”活动，以彰显自我文化属性。过去，他拼红头瑶族男性不“度戒”，意味着根本不懂基本的生活礼仪。不“度戒”的男子，不仅在村寨里被人看不起，而且还会受到姑娘们的耻笑，很难娶到媳妇儿。和云南东南部地区的瑶族一样，他拼红头瑶族男性的“度戒”年龄仍然依据《大同书》里的方式来进行推算和择选，冲犯年岁是不能举行仪式的。相比较于中国边村，越南北部瑶族地区主持“度戒”仪式的师父更具“法力”。在滇越边地的瑶族村民看来，越南法师主持的仪式活动更加“灵验”。有的时候，近距越南坝洒、他拼一带的云南河口边境村寨，还会到越南请大师父过来村里操办自家成年男丁的成年礼。

现代化和全球化迅猛浪潮的推进，使得越南北部边境瑶族传统的仪式文化受到很大程度的改造。按照瑶族传统，乡村社会生活是一个有“鬼”的世界。人们坚信，人的灵魂永存，生者世俗性生活中充满的各种“不确定性”都由“彼岸”的灵魂掌控着。然而，瑶族并不视道家“肉体成金”的理念为其终极慕求。他们认为，人的肉体本身是“臭皮囊”，人死之后必待肉身腐化才能实现人神之间的跨越，进而完成“此岸—彼岸—此岸”世界的轮回。这种族群文化心理最终创生了瑶族“二次捡骨”的葬俗，死者离世后，被暂时性安葬在村庄公墓地。时隔三四年，家人再去酬请法师开棺捡骨，择地安埋。然而，在乡村民俗文化旅游有序发展的过程中，随着世俗化观念逐渐占据红头瑶族的思想意识，尤其是遭遇西方法国殖民者长时间的殖民改造，红头瑶族的丧葬习俗也发生了较大程度的改变，仪式过程和具体环节交织着多重文化元素。近几年，由于当地政府依托红头瑶族独有的传统文化，积极发展他拼乡村民俗文化旅游业，多重外来文化对红头瑶族传统文化的改造的力度更加强劲。滋生并充斥红头瑶族村民意识的物质工具理性，较大程度地影响着红头瑶族村民曾经纯净的文化信仰。在中越边境地区，外出务工的青年男性，对祖辈传习的这种传统文化习俗已经慢慢看轻，不再非常感兴趣或者说遵照长辈话语来按部就班地履行自己的成年礼。而一些依循规矩操办男性成年礼的家庭，仪式活动早已经转置出不同的象征内涵。人们十分看中自家男性的成年礼，饱怀基于“风光”的仪式典礼来增光家屋“脸面”的异样心态。在这一点上，滇越边境两地生活的中国和越南瑶族边民都具有充分的相似性，即传统的“度戒”仪式已经发展成显示家族地方社会地位的“夸父”行为。人们因循传统，结构性地重复“度戒”法事仪式的背后，寄托着家人彰显和获得区域社会高位人格的内在心理。

第二章

“元”社会

第一节 越南瑶族履历

一 越南瑶族族源：基于历史事实的考释

从根源上讲，“瑶族不是越南土著民族。”[①] “越南瑶族是中国瑶族这条大河中源远流长的一支。”[②] 越南北部的苗瑶语族、藏缅语族、汉语族包括华族和山瑶族等诸多民族都是从中国迁移出去的。[③] 瑶族最初是一个“王不管、官不辖”的自在民族，世代生活在不受国家管制的“千家峒”，国家力量长期没有机会在瑶族生活的地域空间真实体现。直至元代，中华古代封建统治者都一直没有完成对瑶族的绝对统治。汉族统治者实现“天下一统”的国家大志和瑶族“拒绝被统治的艺术”交织在一起，从而使持续不断的瑶汉冲突成为国家建设进程中的重要内容。明朝中后期，虽然广西大藤峡瑶民大起义失败了，但瑶族并没有因此而心悦诚服地归顺到封建统治者创设的国家框架之下。失去正面抗争汉族封建统治阶级势力的力量之后，瑶族沿着南岭山脉退隐到深山里，凭借险峻的山势躲避帝国统治者试图施与他们的特殊“待遇”，最终形

---

① 邓群、盘福东：《瑶族文明发展历程》，广西人民出版社 2008 年版，第 136 页。

② 乔健、谢剑、胡起望：《瑶族研究论文集》，民族出版社 1988 年版，第 4 页。

③ 参见［日］塚田诚之、何明主编《中国边境民族的迁徙流动与文化动态》，云南人民出版社 2009 年版，第 409 页。

成“南岭无山不成瑶”的居山游耕分布格局。历史更迭，瑶族借助近距或接壤越南的中国贵州、广西、云南边境，逐渐迁徙流动到越南等东南亚国家，成为真正意义上的跨国民族。

越南北部边境瑶族同源于中国西南边境瑶族是一个不争的社会事实，但相关于瑶族迁徙越南的具体时间和过程却一直处于争辩之中。学术界较为集中的论说是，瑶族是在宋朝前后迁入越南的。其实，宋代以前，越南一直都是中国古代的一个地方郡县，交趾完全属于中国，一直接受中国封建王朝管辖。交趾国是从原始社会部落联盟阶段向封建社会过渡过程中产生和发展起来的。史载，秦统一六国，在越南设置交趾郡。公元前111年，汉武帝灭南越国，在此地设置了南海、苍梧、郁林、合浦、交趾、九真、日南、珠涯、詹尔九郡。其中，交趾、九真、日南三郡在今越南北部和中部。九郡之上设交趾部，委派刺吏统管。西汉时期，交趾敕吏部共管辖七个郡县。其中，交趾郡为现在的越南河内市；九真郡为现在的越南清化省西北部；日南郡为现在的越南广宁省西北部。①

其后，历史变更使作为中国封建王朝重要组成部分的南部交趾郡逐渐演变为宗主与藩属的关系。从宋代起，历元、明、清，共计四个朝代，越南与中国封建王朝一直保持着友好的藩属关系。在这个关系历程中，越南作为中国藩属国，并不存在所谓的清晰国界，瑶族在其生活地域自由流动。《交州外域记》说：“交趾昔日未有郡县之时，土地有雒天，民恳食其田，因民为雒民。设雒王、雒候主诸郡县，县多为雒将，雒将铜印青绥。”《广州记》说：“交趾有雒田，仰潮水上下，人食其田，名为雒人。有骆王、骆候。诸县自名为骆将，铜印青绥，即今之令长也。”《南越志》说：“交趾之地，颇为膏腴，从民居之，始知播植。厥土惟黑壤，厥气惟雄，故今称其田为雄田，其民为雄民，有君长，亦曰雄王，有辅佐焉，亦曰雄候，分其地以为雄将。”日本学者后藤均平先生认为，红河下游的人们（雒民），很早以前就在北部湾潮水涨落而使河川水位时升时降的自然环境中开垦水田（雒田）而生活。因此，在那里存在着已经掌握了灌溉设备而管理并支配土地的酋长（雒将）。

① 参见尤中《中国西南边疆变迁史》，云南教育出版社1987年版，第8页。

这些土地支配者们，都是汉朝政府任命的官吏。[①] 越南学者也认为，“土地有雒田，其田从潮水上下。民悬食其田，因民为雒民。”[②] “雒民是各个公社里的神人，他们耕种共有的田地（雒田），并向国家交纳一部分剩余产品。”[③] 在早期，土地名义上属于以雒将为首的各个氏族和各个村社，雒将把土地交给蒲政，蒲政再交给各个族长、家长使用。但农民受地必须向雒将献纳谷米和物品，雒将、雒候开始剥削氏族成员，占据氏族成员的劳动成果，并将其中的一部分向中原王朝贡纳。[④] 这样来看，关于瑶族在宋代才进入越南的观点，其依据并不十分充分。从久远的中华封建帝国开始，在越南地区就应该有瑶族先民的足迹，只是由于没有一个真正统一的族称，因而考证瑶族族群的生活迹象缺乏充分可信的史籍资料。

定位瑶族在元朝中后期进入越南的说法虽然有可证史料记载，但相对而言，其史料记载并不及定位瑶族在明清进入越南的史料充分。具体来讲，学界认为，瑶族大致在明永乐四年（1406）前后进入越南，到明末清初的时候，其迁徙流动的进程加快。明朝中叶，居住在广东西部山区的瑶族开始向广西迁徙。进入广西后，他们有的居住下来或在广西境内迁徙；有的继续往前走，一部分进入越南，一部分进入云南，然后从云南迁入越南、老挝；再继续往前走的一部分，于清代中晚期到达泰国北部。20 世纪 70 年代，分别迁徙流动到欧美各国。[⑤] 张有隽先生基于各种资料分析认为，瑶族在 13 世纪至 14 世纪进入越南的证据比较充分。一是明朝时，广西已逐渐成为瑶族聚居中心；二是明永乐四年（1406）广西瑶族已有奉调进入越南的事例发生；三是从现在掌握的越南瑶人族谱来看，他们进入越南最多的只有 16 代，以每代 25 年计算，约 400 年的时间，相当于明末。其余大多数只有 9 代、10 代，约 250

---

① 参见［日］后藤均平《越南古代时期的村落社会》，《历史学研究》（特集号），1977 年。

② 越南社会科学委员会：《越南历史》（第一集），北京大学东语系越南语教研室译，北京人民出版社 1977 年版，第 24 页。

③ 同上书，第 37 页。

④ 参见刘稚《略论越南的封建土地所有制》，《东南亚》1984 年第 4 期。

⑤ 参见奉恒高主编《瑶族通史》（下），民族出版社 2007 年版，第 941 页。

年，已是十七八世纪的事了。[①] 明清时期，由于遭遇封建统治阶级的政治压迫和经济剥削以及瑶族刀耕火种游耕生产方式和自然灾害等方面的影响，瑶族后来便更加有规模性地向中国广西、云南、贵州等地以及越南、老挝等地迁徙，并由此形成“大分散、小聚居”的分布特点和众多的民族支系。由于频繁的流动，瑶族人口分布中心也逐渐由湖南南部移到广西，广西因此成为全国瑶族人口最多的地区。长期的迁徙流动加快了瑶族和其他民族的融合，并使瑶族最终走出国门，进入东南亚各国，成为世界跨境民族。[②]

其实，更为确切地记录瑶族迁徙流动迹象的史料还可以从瑶族民间收藏的各种《祖图》《族谱》《盘王券牒》以及《信歌》中获取。在瑶族迁流越南的过程中，复杂的生态环境使其不同族系以及不同民族之间逐渐形成了经济互相依存和文化互相影响的民族关系。流动迁居时岁，土地对瑶族有相当程度的约束力，土质优劣直接影响到瑶族社会生产生活的各个方面。从各种相关瑶族迁徙流动的文献资料中可知，瑶族在选择游移地点前，往往会先派人寻找生产生活条件较好的地方（多在农闲时进行）。寻得好地方之后，他们还要寻找一块认为有利于人丁和六畜兴旺的地方为落脚点。然后，再由一两房人家先迁去那里安居，住一段时间。如果该地确实物产充足，土壤适于耕作，他们便带口信给原住地的家族和亲友，报告他们的生活情况。如果新居住地理想，他们的亲人便按照信中所指引的路线，一路寻找去相会，迁往新发现的地方安居。[③]

1956 年，杨成志先生和黄钰先生从广西金秀大瑶山调查搜集到《交趾曲》，其中清楚记录了原住在广西恭城县盘瑶迁往交趾洪水洞、万言冲以后，写信歌回广西邀约族人赴交趾安居的事实。《信歌》中这样写道：“一遍（片）乌云四片慌，大朝众娥共商量；齐共商量了，渐了受（就）离乡；得见大朝官反烂，十分难住又难安；出路无盘费，

① 参见奉恒高主编《瑶族通史》（下），民族出版社 2007 年版，第 962 页。

② 参见玉时阶《明清时期瑶族向西南边疆及越南、老挝的迁徙》，《中国边疆史地研究》2007 年第 3 期。

③ 参见范宏贵《游耕不定的越南瑶族》，《中国民族报》2004 年 4 月。

也（衣）着走交枝（趾）；坐落大朝多愁忆，年年辛苦那罗离；也无收，夫妻男女泪双流；不如齐到交趾国，逍遥快乐那罗离；不奈何，铜钱又着铁钱磨；齐心行到交趾国，黎殿京上那罗离；去求官，求得官多立县门；众人立州又立县，做官做府那罗离；得太平，多见瑶官立县门；大朝申酉年间出贼盗，劫村劫寨那罗离；不太平，人民告状入州门；官府出差捉贼盗，贼人走散那罗离；害人丁，有理无钱审不清。”张有隽先生据此推测，从广西恭城县迁往越南的这支盘瑶，其时间在同治九年（1870）以前。主要的原因是，这些年“官以烂”、“出贼盗”。当时正值太平天国运动爆发，两广、湖南各地人民风起云涌反抗清王朝，贼盗也趁机劫掠，瑶族人民不堪动乱苦难，背井离乡迁往越南。①

越南河江省瑶族地区流传的长篇叙事诗《邓行》和《盘大会》，也记录了瑶族从中国迁徙越南的过程：“瑶人生来无田地，流落深山到国外；甲寅乙卯天大旱，无奈离乡到越南；丙申丙卯来看地，土壤肥沃风雨调；戊午己未共讨论，庚申辛亥做船筏；一同相约到越南，身离天朝心惦念；瑶王赐书十二家，同心一致到越南；十二家族四上路，四个家族到越南；留下八个在广东，四家先行留印记；《过山榜》为后人证，到时返回再对照；千年返回故乡土，瑶族八族来对照；书印对上才认宗，书印不对亲不认。”越南老街文化厅厅长陈友山组织编写的《瑶族民间古籍》，也有很多《信歌》清晰记述了瑶族迁徙越南的原因、时间、路线以及具体生活情况。越南山阳县良善乡杨文情家的《家谱》记录：“进入越南前，在中国广西省南宁府思商州居住过五代。”安山县中安乡盘文廖家的《家谱》记录：“进入越南前，生活在中国广东省钦州府廉州县（现属广西）。”越南占化县土平乡冯张寿家的《家谱》记录：“原先住在云南富宁，到越南后住在占化州，至今已八代。”越南黄疏非县湖头乡团结村 66 岁老人邓金照讲：“家祖原先生活在云南，迁入越南后住在湖头乡已九代。”湖头乡光荣村 78 岁老人赵贵清清楚记得：“家祖是 1874 年从云南进入越南的。”中国云南河口县瑶族民间收藏的《路祖图》记载说：“瑶族主要沿三条路线迁入河口，即从广西

---

① 参见张有隽《瑶族向海外迁徙的原因、过程、方向和路线》，《广西民族学院学报》2003 年第 1 期。

进入交趾（越南），居住若干年后回迁入河口；从广西进入云南经砚山、文山、屏边进入河口；由广西进入云南经富宁、广南、砚山、文山、马关进入河口，至今已有240余年历史。”中国云南河口县坝洒国营农场的邓玉福保存的《祖路图》也记录了其家祖的流迁过程：“家祖原住湖南千家峒，除从事农业外，还冶炼白银，后分迁到广西乐昌府、桂林府、柳州府和云南临安府，从云南迁入越南一段时间，最后回迁到河口。”瑶族民间珍藏的这些史料是丰富的。范宏贵先生根据瑶族《过山榜》推论出越南瑶族从中国迁居越南的大致过程。他认为，最早的一批是在13世纪从中国广东、云南由陆路进入越南的，先在广安、凉山、高平中越边界一带，然后再转移到其他地方；第二批是白裤瑶和贺瑶，于15—16世纪，从中国福建、广东的水路和陆路迁居越南；第三批是窄裤瑶和钱瑶，于16世纪从中国海南岛乘船迁到越南，途中遇到台风的袭击，一些船漂泊到越南芒街，另一些船漂到越南清化省；第四批是青衣瑶，17—18世纪从中国广东迁到越南芒街，再转进到安沛、老街一带；第五批是18世纪从中国云南省迁到越南老街的红头瑶族，从中国广东、广西迁到越南高平、河宣的钱瑶、红头瑶族；第六批是19世纪末20世纪初迁到越南的，称为罗刚瑶，意为最后来的瑶族。①

从瑶族具体的族系来讲，山子瑶是迁徙流动最为频繁的群体。学者们也根据山子瑶民间收藏的古籍资料，推断出其迁徙进入越南的大致路线，即从广东肇庆府罗旁山进入广西玉林州，再经灵山县进入钦州、防城，或上思州、宁明，然后进入越南广宁省或谅山省。其中小板瑶（山子瑶另外一个称呼）进入越南的路线是：从广东博罗进入广西廉江、钦州、防城，而后进入越南广宁。大板瑶的一支从广西桂林南下到宁明，进入越南谅山；一支从广东潮州迁到广西防城，再进入越南谅山、广宁；另一支从广西都阳山南下到宁明，再进入越南谅山。② 这些移居越南北部边境的瑶族通过《信歌》《祖路图》等民间文本，有效识记和保持着族群身份，从而构造出了一个属于自己但又富有多重意境的

① 参见范宏贵《中越两国的跨境民族》，《西南民族历史研究集刊》（5），云南大学西南边疆民族历史研究所编印，1984年9月。

② 参见奉恒高主编《瑶族通史》（下），民族出版社2007年版，第947页。

生活空间。

二 国民身份的获取：从越南民族识别谈起

越南与中国有着极为相似的民族问题。构成越南国民主体的许多民族与中国西南边疆民族具有相似甚至相同的族属特征。自20世纪以来近一百年的时间里，越南在完成国家统一和争取民族国家利益的艰难历程中，除遭遇南部统一战争之苦外，还先后与法国、美国、日本、柬埔寨和中国有过战争交锋，国家持续的内乱和攘外很大程度地培养了越南人的领土防范意识。因此，和平建设时期，为稳固边疆和保护边地，代表越南社会主义国家利益的统治者更加注重发展建设边境民族地区。但为了更科学有效地发展经济和建设边疆，在充分认识国家构成实体成员的基础上，更加有效地科学推进，因而进行民族识别成为当时的越南政府最为重要的一项国家需要。

越南的民族识别工作，也是分阶段、分步骤进行的，大致经历了四个重要阶段。第一阶段是1959年以前进行的各种基础性工作。这个时期，由于越南对其民族的整体情况缺乏明确的认知，国家在进行民族身份识别时，通常按照当地民族日常生活中的习惯称呼来划分和定义民族称谓。第二阶段是1959—1972年。这个时期，越南虽然公布了全国民族的总数和具体名单，但国家并没有明确提出划分民族的科学标准，识别出来的民族称谓缺乏科学性。1959年，越南中央民族委员会民族研究室编纂并出版《越南的少数民族》一书，首次公布了越南民族的族称和人口数量。当时，越南统计公布的少数民族共有63个，加上主体民族京族，越南共有64个民族。但这次公布的民族识别相关数据，属于比较初步的调查，并没有对每一个民族做出具体的解释。第三个阶段是1973—1979年。在这个时期，越南政府参照了苏联、中国以及其他民族国家关于民族识别标准，结合越南民族的客观实际，确定了民族识别的具体标准。1973年6月25—30日，为了响应和积极支持全国民族调查，越南中央民族委员会、民族学研究所、河内综合大学民族学专业工作者联合召开会议，深入讨论了越南民族成分问题。同年11月8—10日，越南政府再次召开地方民族代表会议，征求确定民族成分的意见。这两次会议在越南民族识别工作中具有极为重要的地位。它确定了越南北方的民族成分和民族识别标准。越南民族研究所的一些专家认为，确定民族成分是依据语言、文化生活特点、民族自觉意识特征。这三个问题密切相关，互相统一。一个民族如果人数少（上百），符合这一标准，必须承认它是一个民族，以后发展了，群众有什么认识，可随其自然。一个族体的人不论其人数少或多（上万），只要与其他族体的人有共同的标准，那么，这两个族体的人仍然是一个民族。民族学研究所的部分专家还认为，在确定民族成分时，必须坚持执行慎重、稳妥、不急躁的方针。[①] 其后，越南共产党和政府同意了上述识别民族的标准。越南民族学研究所将这两次会议的主要论文汇编成《关于确定越南北方少数民族的成分问题》一书，大大方便了学者们更好地交流。随后，越南组织了大批民族研究专家开展民族调查。然而，由于当时越南南方没有解放，国家并没有对南方民族进行全面调查。第四阶段是1979年越南实现南北统一之后的民族识别调查。这个时段，由于对南方各民族进行实地调查研究的条件成熟，越南政府结合前期民族调查经验，修正了识别民族标准，同时修改了过去公布的数字和民族称谓，正式组织开展全国性的民族识别调查。1979年3月2日，由于有了科学的民族识别标准，并且有前几年积累的经验，越南在广泛调查的基础上，根据语言特点、文化生活和民族意识三原则，正式向全国公布了越南官方的民族称谓，确定到1978年12月31日为止，越南共有54个少数民族。

第二节　生计转型：从“游耕”到“定居”

瑶族之所以在中国的帝国时代有机会外迁到越南生活居住，和中国古代传统封建政治制度以及中越两国曾经保有的宗主国与藩属国关系甚为密切。中越两国曾经模糊的国家边界为迁流瑶族边民在边境地区很大

---

① 参见越南民族学研究所《关于确定越南北方少数民族的成分问题》，河内社会科学出版社1975年版。

程度地留置出了地理空间。在迁徙流动中，游耕不定的瑶族由于惧怕与其他大民族交往，经常通过传统文化来保持自身族群身份，以至于族人很少远离族体。但随着中越两国藩属关系的终结，瑶族迁居越南北部边境的外在条件也就随之消除。即使在越南北部边境极端不适宜人居住的深山区，也很难再有多余的土地、森林资源供移居瑶族边民自由垦种。这些客观的生活环境和现实存在的国家规则完全袭夺了中越边境瑶族依靠长期保有的族群意识和熟人关系而自由迁居的机会，不能再有自由“过山”的可能。在这种背景下，公民性在瑶族社会中的重要性开始凸显。由于缺乏国民身份，移居越南将会被视为“难民”，因而中越边境地区的瑶族最终只能选择定居。定居下来的瑶族，随着其后的越南民族识别而获得合法的公民身份，从而在越南拥有了真正属于自己的法定生活空间。

一 传统的“居山游耕”

在过去居山游耕的流动生活中，瑶族男女生产劳作分工并不明显，也基本没有太多季节性变化，采集、狩猎和渔业是瑶族惯常的生活内容。历史上，越南瑶族主要经营刀耕火种农业。尽管从1970年开始国家推行“定耕定居”运动，从那时起，瑶族定耕定居的人逐渐增多。但据统计，1970年，越南20万瑶族人中仍有17万人过着游耕游居的生活。1995年，52万瑶族人中仍有23万人过着游耕游居生活。尽管游耕游居的人口从85%开始降低，但仍有45%，即将近一半的瑶族过着游耕游居，亦即刀耕火种的生活。瑶族流动居住在滇越边境山区的时候，由于适合人居的平坝地区早已经被当地的原住民族占有，他们最终只能到林深树密的高山地区寻找居地，生活环境极为恶劣，需要不断地开荒种植才能维持基本生活。因此，腰刀、锄头、犁头是人们生产生活中最为常见也是最为重要的劳作工具。瑶人在坡地耕作中十分注意山地的选择。他们选择的山地一般在老林里，尽管土地成小块状，但由于多年覆盖腐殖土，部分地方的土壤较为肥沃，可耕作四五年。一些瑶人也喜欢选择竹林地开垦，认为竹林好放火，而且烧得尽，草木灰多，烧山时还可以形成一层薄土和草根，十分有利于所种植的农作物生长。在老林和竹林少的地方，人们也开垦那些曾经被多次开垦过的山地，但这种山地只能使用两年左右的时间，并且庄稼也没有上述两种山地长得好。在许多地区，这种山地人们往往只是用来种植红薯、木薯、棉花、蓝靛和其他杂粮。①

瑶族为了能够在贫瘠的山野中尽可能地获取可以种植农作物的土地，砍林烧荒成为人们生活中的重要内容。在他拼村，砍刀是一家人的重要工具，基本上每家每户都有，家里有多少个劳动力就会有多少把砍刀。通常，越南北部山区瑶族所使用的砍刀，刀口比较窄，但刀柄却普遍都比较长。使用的时候，人要呈半蹲状，双手紧握刀柄，顺着地势砍树削草。由于缺乏自主打铁的技能，他拼村民使用的砍刀基本上都是从老街市场上购买回来的。在过去，由于没有身份地位，山上的瑶族为了能够得到一把腰刀，需要支付数倍的代价。他们要用多张兽皮才能与周边集市的小商贩交换到一把砍刀。如果碰到比较圆滑的小商贩，他们所购买的刀具质量还不一定能够得到保证。有的时候，瑶族觉得中国边境集市的刀具更好，他们也把兽皮、药材等山中独有的产品拿到中国边境集市上与中国边民交换。

在迁徙到越南北部边境初期，刀耕火种是最主要的生产方式。人们每到一个地方，便放火烧山，利用草木灰肥力来点种玉米，广种薄收。美国当代著名政治人类学家詹姆斯·斯科特（James C. Scott）认为："农民家庭不仅是个生产单位，而且是个消费单位。根据家庭规模，它一开始就或多或少地有某种不可缩减的生存消费的需要。为了作为一个单位存在下去，它必须满足这一需要，以稳定可靠的方式满足最低限度的人的需要，是农民综合考虑种子、技术、耕作时间、轮作制等项选择的主要标准。"② 在越南北部山区，大多数瑶族都从事刀耕火种的粗放型农业，玉米是村民最主要的农作物。山地一般在头年八九月至次年一月选定，次年一二月至四五月烧垦，先后播种玉米、旱谷等作物。谷种在头年收割时留好，或捆绑起来晾在厨房阁楼上，播种时才取下脱粒。

① 参见奉恒高主编《瑶族通史》（下），民族出版社2007年版，第964—965页。

② ［美］詹姆斯·C. 斯科特：《农民的道义经济学：东南亚的反叛与生存》，程立显等译，译林出版社2001年版，第13页。

瑶人普遍采用棍子戳孔播种办法。播种时往往是一男一女，男的走在前头，用一根棍子戳孔，女的从挂在胸前或腰部的篮筐里取出种子准确地撒入孔穴里。播下的种子不必盖土，等到下雨，孔口的泥土会自然盖上。而在钱瑶、红头瑶族居住的一些地区，人们则采用撒播方法，即在平整好的土地上均匀撒下种子，然后用锄或钉耙刮一次，让谷种掺杂于土中。农历六月初，谷子长到二三十厘米时，进行第一次除草。六月底至七月中旬，谷子长到四五十厘米，进行第二次除草。谷子从吐穗到成熟，经常需要人看守，防止兽害和鸟害。收割时，用禾剪把谷穗一穗一穗剪下，绑成捆，放在地里晒干，再挑回家贮藏。越南瑶人在种植谷子时，常在旱谷地稀疏地套种包谷、蔬菜、瓜类、豆类，除草时边拔草边拔菜。为了使杂粮、蔬菜有好的收成，他们还开发些山地种植绿豆、花生、芝麻、木薯等，有的还种植芭蕉芋、葛根、桄榔树。这些植物的淀粉可以补充家庭生活食粮。在越南高平、谅山、河口、宣光、北岗、太原各省的高山地区、石灰石山腰地区或无水、缺水的狭窄山谷地带，形成了一种石山大耕的传统模式。这是一种较为发展的农业生产类型，人们耗费劳力，在稍为平坦的地方，用犁、耙、锄，挖掉石头、树根，平整土地，并用石头筑成埂或堆在一起，把地围起来，防止水土流失。①

然而，在深山中种植农作物，由于经常遭受虫类以及各种兽类的破坏，收成并不十分理想。随着土壤肥力下降，同一块土地种植的农作物，其收成一年不如一年。因此，单靠仅有的传统农耕，薄收食粮，山区瑶族很难维持正常家计。由于经济贫困，生活只能解决温饱问题，根本谈不上发展养殖业，家庭成员生活所需的肉食品就只能通过狩猎或是渔猎的方式来满足。事实上，山区瑶族地区的生态环境较好，非常便利于瑶族狩猎、采集或是捕鱼等各种副业活动。一些地方的瑶族甚至不种地，仅仅靠狩猎也能勉强维持生计。当然，狩猎不只是增加肉食，改善生活，它还能起到保护庄稼的作用，并且狩猎也是一种消遣活动。狩猎有个人狩猎和集体狩猎两种。工具有火绳枪、弩、箭等。瑶族常在傍晚或早晨鸟兽吃饱归巢或出去觅食时单独出去打猎。个人打猎一般只打到

---

① 参见奉恒高主编《瑶族通史》（下），民族出版社 2007 年版，第 965 页。

各种鸟、山鸡、貂等，有时也会打到斑鹿。遇到野猪、鹿子等大型或较难猎获的野兽，人们会组织起来集体狩猎。集体狩猎人数不定，有时全村人都参加并有分工，有的追赶，有的指挥猎狗，有的把守隘卡，所得猎物平均分配给每个人，打死野兽的人可多分到兽头和四肢用来回家祭祖。现在由于森林减少，许多大型野兽不复存在，很多地方已经没有集体狩猎，个人狩猎也不能经常进行。有江河溪流的地方，捕鱼业比较发达。渔具有罟、网、筌、板、罾、竹笼、鱼钓等，也有用弓、枪射鱼，或用毒树叶毒鱼。捕鱼主要是自食，很少出卖或交换。除了鱼，瑶人也捕龟、虾、蟹、螺、蚌等食用。在游耕经济中，瑶族生活艰难，野菜、竹笋、山薯、槟榔粉、芭蕉芋根、各种山果，不仅为瑶族提供日常副食品，还帮助他们度过饥荒。香菇、木耳、砂仁、紫梗、生油粉、藤子以及各种珍贵药材更具有较高经济价值。[①] 在越南沙巴县他拼村，经常能够见到一些人家的墙壁或是墙脚处挂（摆）着大小不一的铁夹。有的人家铁夹多，为了防止孩子们随意玩弄，还统一用袋子装起来挂在相对比较隐蔽的位置。早些时候，他拼红头瑶族很多人都会使用火枪，由于经常扛着火枪到山里打猎，男人多数是用枪好手。红头瑶族除了用火枪之外，还常在山中浅埋铁夹子或挖深坑的方式来捕杀猎物。捕到猎物后，如果短期内吃不完，村民往往将其肉切成大块，浇上食盐，挂在火塘上慢慢吃。猎物的毛皮，红头瑶族常把它拿到山下集市交换大米、油、盐等生活用品。一些越南学者认为，游耕生活不稳定，人们饱一餐、饿一顿，天灾年景歉收吃野菜充饥，缺穿少盖，饥寒交迫，疾病多发，人民生活困顿。越南“八月革命”胜利，尤其是抗法战争胜利，随着水田生产的发展，瑶族定耕定居增多，生活有所改善。但他们的水田多半是由坡地改造而成的梯田，尽管瑶族根据水田耕作的需要，购置犁、耙等农具，修建水渠，更换生产节令，注意改进耕作技术，但由于这些水田土质欠肥沃，有的地方水利设施少，受旱涝威胁，有的地方水田泥多水深，或石子、石头多，耕牛无法耙，只能驱牛下田踩泥，每公

---

① 参见奉恒高主编《瑶族通史》（下），民族出版社 2007 年版，第 968 页。

顷产量只有28担，约合1000公斤。[①]

二 定居后的越北山区瑶族

反抗中国封建统治者失败之后的瑶族，族群遭遇了被压榨甚至被迫害的灾难，产生了惧怕与其他大民族融合的族群心理。此外，瑶族迁居越南时，土地肥沃的山脚平坝地区大部分均已被原住民占有。因此，界分国家边境的深山茂林便成为瑶族的理想生居地。然而，不管瑶族如何主动疏远泛地域空间内的地方大民族，其日常生活所需用品（如农具、油、盐等）仍不能完全脱离山下的民族，与周边山下的一些民族仍然存在着一定形式的生活往来。随着山居瑶族的结识面扩大，其社会生活空间开始向山下民族村寨延伸。与此同时，社会制度的更替使越南封建统治阶级的民族歧视政策彻底消除，新生的民主国家利用和创造条件帮助各边境民族致富。在这种社会背景下，瑶族与周边民族结识交往面都得到泛化，群体性“出山”的欲望增强并逐渐成为瑶族的集体行动。离开大山，瑶族在一定程度上失去了狩猎和采集的生活机会。为了维持和提升家庭生活质量，瑶族开始挖掘山下留存不多的山地种植农作物，告别游耕而过上定居生活。

越南他拼村民的土地基本上都是在先辈族人过上定居生活之后，自主开垦出来的。但关于村民何时迁移越南以及何时移居山下，即便是村里上了年纪的老人也没有清楚记忆。可以肯定，他拼先辈族人建村立寨的生活知识没有发生在这代人以及上一代人身上。如果村里八九十岁老人的父辈亲历过，那么由于生活的连带关系，他拼红头瑶族老人们也很可能会借助父辈们的话语而拥有一些这方面的记忆。可见，村民缺乏关于村庄具体的历史知识，其主要原因还是由于时代久远，现在的生活主体根本没有机会亲历这一段历史。在村寨里和村民访谈时，他拼红头瑶族常有的话语是：“听老辈人说，寨子最初不在这里，老祖宗们以前都住在山里头。”村民还告诉我们说：“时间早了，这个事情，现在的人

---

① 参见［越］阮克颂等：《越南的瑶人》，梁红奋译，《民族研究参考资料》第18期，贵州民族研究所编印1983年版，第34—35页。

甚至包括上一代人都基本上并没什么具体印象。”村庄生活主体没有关于村寨的清晰口述，红头瑶族文化记忆中空缺着村庄建村的具体史实，村里也没有存留有形或无形的物质和非物质文化遗产可供鉴析。基于这样的地方，或许可以直接映射给我们这样一个可能的社会历谱，即瑶族村民告别深山到地势相对平缓的地方生活也是一个十分缓慢的推进过程。最初一些人抱着试探的心态下山，经这部分人实践而获得理想的生活方式之后，山上瑶民才再下山一批，陆陆续续，前后很长一段时间，方才萌生出山下定居的信心，并最后完成群体出山的行动。离山，生活空间变化，但瑶族在调整传统生计方式的过程中仍然具有强烈的族群意识。经由了长期的下山过程，瑶族才最终在山下平坝地区创造出村寨聚落。

直至20世纪70年代，越南老街省的一些瑶族仍过着迁徙不定的游耕生活。其传统的居山游耕生活需要广阔的地域空间供其选择，随着人口增多，这种背景条件丧失，尤其是当瑶族耕种的山区地力减退之后，他们不得不选择山区环境相对好的地方生存。但是，与很多边境一样，滇越边境地区多是高山，供人们自由选择的机会并不多，而山下的很多地方又都被当地原住民占有，瑶族最终只能向这些原住民租种田地或是重新租垦原住民山地，在耕种三四年归还所有者土地之后，再迁居异地。

20世纪80年代中期，越南革新开放，经过长期迁徙的瑶族逐渐从山上走出来，开始沿着山下水源比较好的地方开荒辟壤，定居生活。他拼村村长盘朝光说：“过去，村里人一直是刀耕火种，种完一座山，再种另一座山。后来，政府把田地分给我们瑶族，不允许再随便开荒‘号’地，大家才固定下来住。”瑶族使用的生产工具（如犁耙）很大程度上受边境其他民族影响。互动交往过程使他们最终选择了适合于山区，并且效率较高的“一人一牛抬杠”的牛耕方式。“瑶族生活水平是较低的。但到1988年（越南）革新开放，允许私人承包经营土地等项政策的实施调动了农民生产积极性，推动了定耕定居，促进了水田生产发展。根据近年调查，在实现了定耕定居的瑶族地区，人们普遍种植水稻，并推广高产良种，一年两造生产已走上轨道，稻谷产量大幅增长。人们即使不毁林开垦也有了足够的粮食，而且还有余粮来发展其他产业，增加家庭收入，个别地方的瑶人开始走向富裕，买了汽车、机器进行生产。”[①] “‘八月革命’前，白裤瑶、长衣瑶、钱瑶、卢岗瑶、谷门瑶等支系已经转为依靠水田农业为生。‘八月革命’尤其是抗法战争胜利后，水田生产日益发展。到1970年前后，开展定耕定居和农业生产合作运动，瑶族各支系的水田生产都有不同程度的扩大。”[②] 1988年，越南转换体制，允许农民承包经营土地，瑶族地区的经济结构发生了新变化，水田生产规模逐渐扩大，技术水平提高，产量也获得增加。瑶族居住分散，村寨小，土地宽阔，畜牧业较发达，饲养大小牲畜、家禽不少。长期定耕的瑶人，尤其是红头瑶、钱瑶、窄裤瑶和长衣瑶的畜牧业更为发达。水田、定耕山地或土耕石山都需要畜力，故饲养耕牛就更得到重视和加强。在土山、丘陵和茅草山区，人们善于饲养水牛，而石山也就是土耕的地区则优先饲养黄牛。有的地区，一户饲养十来头水牛或黄牛，有的还更多。现在有的牛群达百头，还有增多的可能。畜牧业越发展，则越能为他们的栖地和其他地区的农业提供更多的畜力，尤其是为平原地区供应耕牛。饲养的大牲畜还有马，一般在山腰和高山地区发展，有的一户饲养三四匹或更多。主要用于运输和供瑶人骑用。有的地方还养羊，但不多。养羊不费工又好照料，能供羊肉、羊奶。养猪在瑶族中很突出。没有一户不养，每户少则三四头，多则三四十头，也有的养五六十头，其中除了母猪、小猪之外，还有十多头五六十公斤至一百五十公斤的大肥猪，并分大小厩养，庄稼收割后及播种前，常常进行放养。[③]

和其他民族一样，他拼红头瑶族的生产生活也有显著变化。他拼红头瑶族的土地有旱地和水田两种。水稻和玉米是村民最主要的农产品。水田主要在村前，常年都有水流，可种植水稻。旱地主要集中在村庄西北面的缓坡上，虽土地呈小块状，但土质肥沃，种植玉米，籽粒饱满，村民主要用来种植玉米、土豆、红薯等山地农作物。村民户

---

① 郑霸保：《越南瑶族在1970年至1975年的社会经济情况》，《瑶族文化和社会的发展：现在与将来》，越南国家社会人文科学中心1998年版。

② ［越］阮克颂等：《越南的瑶人》，梁红奋译，《民族研究参考资料》第18期，贵州民族研究所编印1983年版，第33—34页。

③ 参见奉恒高主编《瑶族通史》（下），民族出版社2007年版，第968—969页。

均拥有田地15亩左右。粮食不仅能够保证家人正常生活，且每年用于出售的数量也很多。卖大米是村民一项重要的经济收入来源。由于田地宽敞，水稻种植完全能够满足人们生活，因此村民种植旱地作物多用来养猪。村民几乎每家每户都养猪，猪崽在村里繁衍自销，多的人家养六七头，最少的人家也养一头（保证春节宰杀，提炼猪油维持家人生活）。圈养和放养是瑶族的两种主要饲养方式。猪食多半都是青藤和面煮熟之后再喂。由于熟食喂养生猪，猪长得较慢，较耗费人力、物力。另外，家家户户都养牛，一些经济相对富裕的家庭会养四五头牛。生活中，人们还以家中拥有的耕牛数量来衡量家庭的富裕程度。村寨丰富的水资源使村前村后的梯田都常年有水流浸泡。每年秋季水稻收割之后，村民出于便利放养牲畜，才会故意堵住梯田入水口，放干田里的水流后，为放养家畜留出更多的地域空间。

2000年以后，随着他拼村乡村民俗文化旅游的发展，当地政府越来越重视改善村寨的交通和生活环境，村民的经济生活水平得到一定程度的提高。在与外来民族的交往过程中，红头瑶族开始购买小型拖拉机来耕地。相对于牛耕来讲，这种机械的使用，大大提高了耕种速度。最重要的是，农闲时节，不用再像养牛一样，家里要有专门的劳动力负责放养牛，农忙时节耕种完之后，将其放置在家里，人们就可以腾出劳动力去做更多的事情。因此，小型拖拉机普遍受到村民的欢迎。2002年，村里还只有两户人家拥有。现在，30%的村民都购买了专门用于耕种田地的小型拖拉机。田坝地势平坦，红头瑶族村民现在多数都采用拖拉机耕地，而小块状的缓坡山地，依然靠牛耕来种植。尽管现代化的耕作机械已进入红头瑶族的生产生活，但这种现代化技术并没有完全将传统的生产工具代替，牛耕虽然减少，但始终没有脱离瑶民生活，养牛耕地仍然是村民一项重要的家庭事务。只是相对于过去养耕牛的现象来说，牛耕被机械耕作替代了一大部分工作量。由于当地政府平整了村寨和农田道路，加上摩托车和农用车的出现，很大程度上减少了过去那种用马驮、人背来搬运水稻、玉米等农作物的现象。村民现在都不喜欢多养家畜，尤其是骡马在村民生活中的作用降低，养马的现象已不多见。随着红头瑶族定居、捕猎环境的缺失，加上地方政府发展文化旅游，村民完全失去了捕猎的场景。但作为祖辈生活的符号象征，很多人在家中至今仍保留着曾经的家庭劳作用具。

第三节 族长制知识

一 抗争中的瑶族民间村社制度：石牌制

石牌制是中国瑶族在攘外和安内的双重背景下建立和完善起来的民间村社制度。在明朝统治者派兵大举进攻大瑶山的时候，瑶族已经不能再依靠松散的瑶老制来维持传统生活秩序。汉族封建统治者的强势镇压力量使大瑶山不同瑶族群体产生了强大的向心力，迫切需要一套完整的制度形式来内聚和组织瑶民抗击。瑶族根据社区经验，按照习惯法，以自然村落为单位召开村民大会，推选出熟悉大瑶山地理环境、作战有方、社会组织能力强的人选担当村落石牌头人。头人和村民协商订立石牌条规，组织瑶民对抗汉兵。以村为单位建立的村落小石牌，实质上是一个家族石牌。它的出现，使“家”的利益扩大到“族”的利益。村民推选出来的村落石牌头人既是族长，同时又是带领瑶民作战的军事首领，非常有利于团结瑶族群体力量。为了保护瑶民的整体利益，人们将石牌制组织扩展到更大的区域范围，在更加广泛的区域空间建立地缘石牌制度，家族利益进一步上升到更大范围的族团利益，石牌制凝聚的力量更加强大，当地人都尊称头人为“瑶王”。

明清时期，广东大藤峡瑶山一带的瑶族和其他民族一样，已经产生了私有观念。瑶族群体武装抵御汉族封建统治者，在很大程度上也是为了维护各自的私有利益，只是由于有了汉族这个共同对抗的行动目标，不同的瑶族族群才团结在一起，个人和单个族群的利益转化成大瑶山瑶族的整体性利益。瑶民起义失败，这种私有制观念表现得更为明显。很多瑶族为了保全本族力量，不得不进入山险、林深的深谷地带，依靠险要的地势得以生存。最初，人口相对稀少，先进入大瑶山的瑶族辟荒垦地，生产自救，逐渐过上了稳定生活，成为拥有土地和森林资源的大山主人，也就是大瑶山瑶族俗称的“山主瑶”。后进山的瑶族，由于没有多余的土地和林场再供选择，因而，他们只能租种“山主瑶”的田地维持生活。这些人“种地还山”，过着朝不保夕的游耕生活，人们普遍称这些瑶族为“山丁瑶”。

生存环境的改变和私有利益的驱使，使瑶族族群之间划分出“山主瑶”和“山丁瑶”这条较为明晰的社会界限。“山丁瑶”不但没有自己的田地可以耕种，而且就连上山打猎、下河捕鱼的机会也没有，甚至死后连安葬的地方都得向“山主瑶”买或通过后辈家人做工换取。这种客观存在的剥削与被剥削关系，使“山主瑶”和“山丁瑶”之间经常发生矛盾冲突。“山主瑶”除了向租地为生的瑶族收租外，还会不定期地到家里“打火油”，即到“山丁瑶”家里吃喝玩乐，欺压妇女。万不得已时，这些游耕在大山里的“山丁瑶”便联合起来对抗。人口增加，村落组织扩大，“山主瑶”亲属群体之间也会产生矛盾纠纷。当他们的家庭或族团内部发生矛盾纠纷时，一般由村里做事公道、为人正直的家族族长协商解决。参与判案的人不断积累经验，从中归纳出一些共同的规则。这些代代相传的办事规矩逐渐制度化为人们共同遵守的戒律，最后成为定立新石牌时的主要依据。

瑶族依靠“瑶老制”维持村庄社会秩序的时候，瑶老的分工各不相同。瑶老有天长公、头目公、先生公、烧香公、掌庙公、放水公等层次。其中，天长公是最高首领，由各房族老人轮流推选担任，一年一换，永不能重复任职，其主要的职责是调解村民纠纷，处理盗窃事件和组织村民抗击外来侵略的民族；头目公作为天长公的助手，每两年更换一次，协同天长公选择农事活动日期、召集村民商讨议事等各项事务；先生公重点负责主持各种丧葬仪式；烧香公和掌庙公主要负责宗教祭祀活动；放水公则负责掌管灌溉、村民饮水的分派管理。这些瑶老并不脱离农业生产，由于他们管理村内事务花费不少的时间和精力，村民每年以户为单位送给他们一二斤大米作为报酬。尽管瑶族生产力水平低，但是在瑶老们的有效带领下，大藤峡一带的瑶族男耕女织，衣食无忧，既不需向封建统治者交租纳粮，也不受瑶族群体内部高低贫贱的困扰，过着地道的小农生活。大藤峡起义失败之后，瑶族不得不退隐深山，形成“无山不成瑶”的分居格局。山多地少，林深兽患，生活场域的变化，松散的“瑶老制”便不能维持正常的社会生活，特殊的地域空间使瑶族必须紧密协作生产才能自救。这样就需要形成一套完整有序的社会制度来组织生产，这是石牌制出现的一个首要原因。另外，退居大山的瑶族，减少了与山外汉族的社会交往，阻断了瑶族日常生活用品的来路。在这种情况下，为了能够得到基本的生活用品，山内的瑶族允许做小买卖的汉族进山。瑶族和周边地区的汉族形成了一个简单的利益交换网络。瑶族一般用各种山货和他们交换食盐、油等生活必备品。但是，大瑶山里的瑶民和汉族长期斗争冲突，瑶汉之间积怨较深，瑶族对汉族仍具有普遍的仇视心理，因而，瑶族急需制定相关条例保护进山小商贩的人身安全。这样，瑶族便订立新石牌，将这些由瑶族群体制定的规约规范化为石牌制律。

总体上，在中国的帝国时期，山居瑶族依靠自身形构的民间武装的力量继续与汉族封建统治阶级进行间接对抗。“石牌制终究是以民族文化的面目出现，它的产生应该具有自己本民族特殊的社会原因和背景。”① 在中国的帝国时期，生活在中国南岭山脉一带的瑶族，通过“瑶老制”制定明文乡约，有效维持着生活、社会秩序，大瑶山成为一块编户之外的特殊地域。但中国的封建统治者并不愿见到在自己的管辖区内出现管制“空白”，为了能够将大瑶山瑶族纳入统一的势力版图，中国的封建统治阶级多次派兵攻打大瑶山瑶族，试图在大瑶山瑶族地区设置封建行政机构，有效完成对大瑶山瑶族的控制。早期的中国，大部分少数民族地区都处在封建土司制度的统治之下。清初，清政府在湖南、广西瑶族地区设置了“瑶长”、“瑶练”等行政职位，企图利用这些新设置的统治机构，把“王不管、官不辖”的大瑶山瑶族完全归并中央。当时，尽管大瑶山瑶族族群间存在着一定的矛盾关系，但又遭遇着被封建统治者残酷镇压的共同困境，生死共存的“链条”把大瑶山瑶族不同族群紧紧连在一起。及至民国中期，为了加强和巩固对瑶族的统治，广西国民政府在大瑶山设立了相当于县、区行政单位的化瑶局、分化局和设治局。后来，国民政府又将这些组织机构改设成区、乡、村三级行政组织，建立保甲制度，对大瑶山瑶族采取“分而治之”政策。新中国成立后，瑶族获得解放，共同的经济利益需求化解了瑶族与瑶族、瑶族与汉族之间历史遗留的各种矛

---

① 莫金山：《瑶族石牌制》，广西民族出版社 2000 年版，第 21 页。

盾。随着社会交往空间的扩大，瑶族已经不可能局限于家庭和村寨这些狭小的生活场域。为了能够满足和扩大物质利益需求，瑶族突破族群边界开始进行广泛的社会交往，共同构造并维护着有序的区域性社会秩序。

二 “过山瑶”民间村社制度：族长制

在抗争中国的帝国统治者以及地方民族矛盾纷争的多重社会意境下，没有占有土地资源的过山瑶以家族、宗族甚至村寨形式继续沿着不被其他民族知晓的深山僻野迁流，直至进入到越南、老挝、泰国等东南亚国家。日本著名瑶族研究专家竹村卓二先生认为，所谓“过山”这一名称，不是指瑶族某一个别的亚种族，而是在瑶族诸集团中，总括移动性特别突出的集团，以生态环境的特征进行分类的名称。从文献上看，1800 年，即清嘉庆五年所撰写的《广西通志》（卷二七八）有“义宁县瑶有三，一曰盘古瑶，伐木耕山，土薄则去，故又名过山瑶，能汉语”的记载，“过山瑶”一词最早见于文字，大概始于此。这一条材料很适当地抓住了特点，说明“过山瑶”是典型的刀耕火种移动耕作民族。他们并不固着于一地的土地，在适应所处环境的同时，几个世纪以来，一直扩散于从华南到东南亚北部的广阔的山地地带。[①] “瑶族游耕迁徙往往以血缘关系为纽带，由家族中的一家或几家进行，全寨或数寨集体性游移情况也时有出现。发生这类情形多是因为兵祸天灾和疾病对人们生活的影响。单家独户的游移比较少见，兄弟叔伯几户一起联迁比较普遍。”[②] “历史上瑶族的迁徙，常常是在族老、村老的带领下有组织地进行的。”[③] 因此，由迁徙而自然结成的村寨多数是同一家族或宗族的人，族长在村民迁徙或村寨日常社会生活中起着重要作用。家族或宗族迁徙流动的具体路线、族群内部纠纷、新居地环境资源的分配和

---

① 参见［日］竹村卓二《反映过山瑶起源与发展的盘瓠神话和渡海神话》，《西南民族历史研究集刊》（6），云南大学西南边疆民族历史研究所编印，1985 年 12 月。

② 黄钰、黄方平：《瑶族》，民族出版社 1990 年版，第 19 页。

③ 奉恒高主编：《瑶族通史》（下），民族出版社 2007 年版，第 949 页。

占有，等等，均由族长集合家族成员商议解决。大宗族包括许多宗族，他们存在于瑶人居住的每个地区，并在社会生活中起着重要的作用。从前，每个宗族有若干大家庭，后来可能有四五户至二三十个小户。由于游耕不定居，所以居住是根据该地区刀耕火种的发展情况而定。许多宗族迁徙后各自建立一个村寨，或者集中在某个村寨的一角，然而，也有的分散居住在若干村寨，甚至相隔四五十公里之远。虽然相隔远了，可是，由于他们拥有许多传统的共同要素，关系仍然非常密切，非常团结。[①] 事实上，“过山瑶”在迁徙流动过程中建立的村庄规模一般都比较小，10户左右的人家组成的村寨居多，同一村人便是同一族人甚至同一家人，村事就是家事。因此，村寨协商民主基本上可以说就是族（家）长民主。族长的话语权非常有效地嵌织在村寨中，村庄秩序的存在因族长的权威而得以创建并有效地维持着。

族长是由宗族里各家户主民主推选产生的，拥有很大程度的家族权威。在一般情况下，族长家里置有祭祀宗族的“雄楼”。重要节庆、吃新米饭或村里经常性地有人患病，族长就要召集村民举行全村性的祭祖仪式。祭祖期间，无论远近，族人都要带着酒、肉和一小包大米到族长家里聚餐。有的时候，家族人分两处进餐。一处是男子，另一处是妇女和孩子。饭后，大家自由邀请家族人中的兄弟或亲朋好友唱歌跳舞，祝愿健康、村寨平安、庄稼年年丰收。村民建户醮祭、举办婚礼、分家财等许多仪式场合，族长也是必须在场的重要人物。村里有贫困或患难家庭，村民要尽力资助，送粮食相帮。族长和宗族成员都希望每个人生活好，团结一致，子孙满堂。多灾多难的人家和孤儿则被安排与别人或是族长家一起生活。人人希望本宗族的首领有才干，能说会道，有社会地位，能作为大家生产、生活的“顶梁”靠山。

“过山瑶”在迁徙流动中创生的族长制有别于中国广西大瑶山地区的石牌制。石牌制产生在定居生活的瑶族聚居区，是在集合多瑶族群体（比如，跨越家庭、村寨甚至宗族边界）民意基础上产生的。除有效发挥维持村庄正常社会秩序之外，它还具有重要的军事功能。石牌头人不仅在处理村民纠纷时拥有权威，而且还具有组织村民抗击汉族封建统治

---

① 参见奉恒高主编《瑶族通史》（下），民族出版社2007年版，第984—985页。

阶级的军事才能。瑶族长期抗争汉族封建统治阶级的武装力量都是在石牌头人组织下完成的。然而，越南北部边境过山瑶村寨的族长制则不同。族长本身是受大民族排挤和剥削的对象。族长更多是带领族人寻找“出路”的人。族长与族人一样，共同经历着被大民族袭夺生存空间的生活遭遇。族长所拥有的权威，很多情况是建立在其年长和村民自发内心尊敬的基础之上。他并不具备组织族人抵御他族的侵害或抢占他族山区资源的能力。从历史上看，瑶族迁居越南北部边境，虽然跨越国界，但他们并没有获得到平坝地区自由耕种的生活机会，平坝地区良好的地域生活环境早已为那些地区的本地民族占有。迁徙越南的“过山瑶”依然没有脱离贫困的处境。迁居生活使村民的宗教祭祀活动变得更加重要，族长也因此成为村民祭祀先祖、寨神等仪式的主持者。“过山瑶”在迁徙过程中为了保有本族身份，热衷于珍藏各种古籍读本，族长往往是民间古籍的主要收藏和解读者。因族长的存在，村民的宗教文化需求得到满足。人们这种心理诉求的满足又很大程度地缓解了大家因贫困而产生的无奈感。因此，尽管物质条件在越南北部山区比较匮乏，但瑶民却拥有相对富足的文化生活。

族长制对越南北部边境地区瑶族的生产生活产生的影响是巨大的。在他拼村，族长权威还可以从村民与村长的默契关系上表现出来。在他拼，村长盘朝广家的房屋建筑以农家乐的形式更好地将瑶族传统文化呈现给外地游人。和其他村民不一样，尽管村长的妻子也是当地瑶族，但她不像其他红头瑶族妇女那样，身穿瑶装，追随村里的外来游客兜售小手工艺品，她每天精心经营着自家的农家乐，收入是那些游村妇女所赚的数倍。当然，游人主要是进她家里喝茶歇坐，真正留宿的人并不太多。红头瑶族妇女尽管有时会寸步不离地追随入村游客兜售小商品，但如果走到盘朝广家门口，她们是从来不会进其家门的。即便已经和外地游客建立起相对较好的话语关系，她们也不会打破这个规矩。通常，她们会在家门口找一个适当的位置耐心等候。村长与村里这些卖小商品的妇女们形成了一种非常默契的关系。事实上，这种关系或者说秩序的形成是在传统生活知识基础上创生出来的。村长在过去多半都是有声望的族长，特殊身份的维持以及村民的心理坚持，使得村民极有可能产生远离权威的这种无意识行为。

第四节 越中边民信仰及传统仪式的同质性叙事

越南北部边区瑶族是从中国迁徙出去的跨境民族，清晰的族群记忆一直是瑶族迁徙流动中维系共同体的关键因素。尽管现代化力量使越南北边境瑶族在族际互动中相当程度地吸收了异族文化，但现代化进程并没有完全融合并消除瑶族恒质性的“根”文化。挪威著名人类学家弗里德里克·巴斯认为：“群体的族群边界虽然也有相应的地理边界，无疑我们更应注重的是社会边界。如果其成员与他人互动时该群体认同保持不变，这就包含了确定成员资格的标准和标志成员资格及被排斥在外的方式。族群不仅仅或无须建立在排外边界的空间上，他们得以维持下去的不同方式需要加以分析，这不仅需要一次性地吸收成员，而且要不断地表述和证实。”① 迁居越南的瑶族为了能够更好地记忆历史和保有族群身份，各种传统知识的同质性叙事出现在中越两国边境瑶族地区不仅必然，而且非常必要。

一 盘瓠与盘瓠神话

虽然意识强弱不同，但瑶族均有盘瓠崇拜的文化心理。“在瑶族关于远祖的神话传说中，影响至为深远者，要数盘瓠。”② 关于盘瓠神话，瑶族民间有很多类型的记忆“版本”，但大体内容基本一样。瑶族民间流传的盘瓠渡海的神话故事说：

> 瑶族的祖先从前居住在南京附近，由于王朝的更替，在洪武帝即位的时候，社会形势非常不安。汉人的盘剥日益酷烈，加之天灾

① ［挪威］弗里德里克·巴斯：《族群与边界》，高崇译，《广西民族学院学报》1999 年第 1 期。

② 张有隽：《瑶族远祖盘瓠传说再研究》，《广西民族研究》2004 年第 4 期。

连年不断，他们进退无路，徘徊在死亡线上。最后，终于决心离开故土，另向他方寻求新天地。此时，也有汉人与之同行。他们分乘与自己姓的数目（十二或九）相同的船，渡过大海，但遭遇风暴，一部分同伴被淹没。他们徒然无望地在海上漂泊了几个月。这时，他们想到创造神盘皇具有威灵，于是在船内向天祈祷，以求保护和救援。结果，神意所使，得以安全达到彼岸。获保的十二姓（九姓、六姓）祖先，为报答盘皇，便修建庙宇，供奉祭品，焚香磕头，发誓要永远奉祀先祖。这之后，才真正确立了瑶族姓氏。瑶族先住在广东省韶州府境内各县，后来才又流动到其他地方。

历史文本记的盘瓠神话，在《后汉书·南蛮西南夷列传》中记述的内容最为全面和最为权威，其中写道：

昔高辛氏有犬戎之冠，帝患其侵暴，而征伐不克。乃访募天下，有能得犬戎之吴将军头者，购黄金千镒，邑万家，又妻以少女。时帝有畜狗，其毛五采，名曰槃瓠。下令之后，槃瓠遂衔人头造阙下，群臣怪而诊之，乃吴将军首也。帝大喜，而计槃瓠不可妻之以女，又无封爵之道，议欲有报而未知所宜。女闻，以为帝皇下令，不可违信，因请行。帝不得已，乃以女配槃瓠，槃瓠得女，负而走入南山，止石室中。所处险绝，人迹不至。于是女解去衣裳，为仆鉴之结，著独立之衣。帝悲思之，遣使寻求，辄遇风雨震晦，使者不得进。经三年，生子一十二人，六男六女。槃瓠死后，因自相夫妻。织绩木皮，染以草实，好五色衣服，制裁皆有尾形。其母后归，以状白帝，于是使迎致诸子。衣裳斑斓，语言侏离，好入山壑，不乐平旷。帝顺其意，赐以名山广泽。其后滋蔓，号曰蛮夷。有邑君长，皆赐印绶，冠用獭皮。名渠帅曰精夫，相呼为殃徒。今长沙武陵蛮是也。

《搜神记》卷十四“蛮夷条”说：

高辛氏，有老妇人，居于王宫，得耳疾，历时，医为挑治，出顶虫，大如茧。妇人去，置以瓠篱，覆之以盘，俄尔顶虫化为犬。其文五色。因名盘瓠，遂畜之。时戎吴强盛，数侵边境，遣将征讨，不能擒胜。乃募天下有能得戎吴将军首者，赠金千金，封邑万户，又赐以少女。后盘瓠衔得一头，将造王阙。王诊视之，即是戎吴。为之奈何？群臣皆曰：盘瓠是畜，不可官秩，又不可妻。虽有功，无施也。少女闻之，启王曰：“大王既以我许天下矣。盘瓠衔首而来，为国除害，此天命使然，岂狗之智力哉？王者重言，伯者重信，不可以女子微躯，而负明约于天下，国之祸也。”王惧而从之。令少女从盘瓠。盘瓠将女上南山，草木茂盛，无人行迹。于是女解去衣裳，为仆竖之结，着独立之衣，随盘瓠升入谷，止于石室之中。王悲思之，遣往视觅，天辄风雨，岭震，山，云晦，往者莫至。盖经三年，产六男，六女。盘瓠死后，自相配偶，因为夫妇。织绩木皮，染以草实。好五色衣服，裁制皆有尾形。后母归，以语王，王遣使者迎诸男女，天不复雨。衣服斑斓，言语侏离，饮食蹲踞，好山恶都。王顺其意，赐以名山，广泽，号曰蛮夷者。蛮夷者，外痴内黠，安土重归，以其受异气于天命，故待以不常之律。田作贾贩，无关儒，符传，租税之赋；有邑，君长，皆赐印绶。冠用獭皮，取其游食于水。今即梁汉、巴，蜀、武陵、长沙、庐江郡夷是也。用糁，杂鱼肉，叩槽而号，以祭盘瓠，其俗至今。故世称“赤髀，横裙，盘瓠子孙”。

在越南，盘瓠先神和胡志明主席这个意义上的“真神”交织在瑶族传统观念意识中。盘瓠是瑶族观念意识中的祖神，但越南封建统治阶级“净化”边境使迁徙越南的瑶族遭遇被驱逐甚至被杀害的灾难，及至胡志明主席带领越南国民战胜腐朽、暴戾的封建统治者，进而重建新政府之后，越南瑶族和其他民族一样，才获得了新的生活“早春”。当时，胡志明主席认为：“越南各民族都为越南革命胜利贡献过积极力量，对革命做出过重要贡献，所有民族都应该一视同仁地对待。”胡志明主席的政治定义使得越南境内的各民族获得了平等的生存权。在瑶族观念意识里，得益于盘瓠先神的“护佑”，瑶族方才获得了胡志明主席时代的真实认可。可以这样说，是胡志明主席这位“真神”使瑶族在越南获得了延续生命的机会。随着社会文明的推进，瑶族传统观念意识交织进了各种理性思维，人们更加相信当下现实，这在一定程度上弱化了观念中的神权护佑。他拼红头瑶族村民信仰盘瓠，但现在并没有每年都举行祭祀活动。村民普遍热衷于在家里悬挂胡志明主席神像，也一定程度地收藏了盘瓠神像。

二　宗教仪式中的神职人员："师公"、"道公"

道公和师公均是瑶族宗教仪式中的主要神职人员。越南瑶族的宗教人员主要是师公、道公两种。前者主持还愿，后者主持打斋超度。有些人身兼二职，红头瑶族、卢岗瑶的师公就是道公。蓝靛瑶、青衣瑶师公、道公往往分开，也有身兼二职的。越南瑶族和中国瑶族一样，男孩子一般六七岁开始在父、兄或师公指导下学认汉字。挂灯"度戒"后，聪敏好学的，即跟师父学习经书和做法事，协助念经书、罡步斗，或演奏乐器，日子久了自己能够独立做法事才算出师。这时要置备一套经书、法器、道服及神像挂图。[①] 道公善道家的各种法术，而师公通识道家的各种文理。师公常使用的经书有《请圣经》、《颂圣经》、《求丈经》、《相庙经》等文本，内容有讲述盘王先神远古时期的各种遭遇，但更多是颂赞盘王先神对瑶族子民所做的大功大德，借以让瑶族子民永远牢记先祖恩德。在很多宗教仪式活动中，由于仪式分工过程和内容不同，师公和道公都需同时在场。

仪式是否灵验主要依靠投"窖"决定。"窖"是师公举行宗教活动时经常使用的道具，主要有竹窖和木窖两种。用木头来制作"窖"很有讲究。人们认为，木匠师傅做好的木窖需经师公念经作法之后，才具有灵性。铜铃是祭祀仪式时师公必备的法器。瑶族认为，铜铃能发出神秘的声音，具有招魂驱鬼的功能。师公作为人神沟通的桥梁，既代表人向神祈愿，又代表神向人许愿。在仪式过程中，他们需要穿着道教色彩浓厚的法衣。他拼瑶族村寨至今仍流传着几种关于师公法衣的说法：

---

① 参见奉恒高主编《瑶族通史》（下），民族出版社 2007 年版，第 1009—1011 页。

相传，很早以前，瑶族地区有很多女祭师。一天，一个瑶族人家，有人生了大病，家主便迅速请来女祭师到家里为病人驱邪消灾。可不巧，刚到家里的时候，女祭师肚子突然疼痛难忍，随后生下一个小孩。她不得不离开这家人，并让丈夫来给这家人主持法事。由于抚养孩子，一段时间后，那位女祭师便忘记了很多经文。丈夫平时又经常跟随她外出为别人作道，记住了很多经文。由于生活艰辛，随着孩子成长，女祭师更没有太多时间出门去给村民做法事了。久而久之，其丈夫便逐渐替代她为村民作法。由于最开始穿的是女式法衣，因此这种习俗在瑶族地区代续沿袭，便成了今天男性穿长长法衣主持仪式的习俗。

——村民赖沙婉（Ly Sai Van）口述

很早以前，只有女性才能为村民举行“度戒”仪式。因为在瑶族地区，男性人数相对较少。但有一次，一家人要举行一场重要的仪式，但当地除了一位身孕九个月的妇女之外，再没有其他合适的人选。家主极力邀请她到家里作法。不得已，她也只能勉强出门做法事。但意外的是，仪式过程中，妇女生下一个孩子，因此仪式同样只能由其丈夫替代。从那以后，就开始由男性穿女性法衣做法事。

——村民赖美昌（Ly May Chan）口述

瑶族生活中，由于妻子经常外出替别人做法事，丈夫很无奈。一天，他便用红头巾背着孩子下田干活，但孩子年纪太小，无法抓紧父亲的背膀。父亲于是将红头巾系得紧紧的，干活过程中孩子什么时候被勒死了都不知道。从那以后，瑶族村寨决定改由女性在家做活，男人外出帮别人作道。尤其是女人，专门负责照看小孩并操持家务。该习俗沿袭至今，就成了瑶族男人穿着女人的衣服到村寨为人们做法的生活习俗。

——村民朝苏梅（Chao Su May）口述

三　记忆历史的群体性祭祀：“跳盘王”

越南北部边境地区的瑶族多数认同盘瓠是其最为至上的先祖。绝大部分人家都供奉着盘王神像，在度戒、跳盘王以及层次不等的祭祀或庆典活动中，人们都要祭盘王。当然，也有单独祭祀盘王的村寨。通常，人们每三年祭祀一次盘王，有的地方也实行每三年一轮进行大祭。第一年称为“落庆节”，第二年称为“还愿节”，第三年称为“大会节”。在实际生活中，各家族还根据本族人情况，举行一些特殊的做法。有的五年，有的九年，有的十二年、二十年或更长时间范围内举行一次。[①]在越南他拼村，很多人家里都布置有神龛，每逢节庆，家人都要烧香祭拜。据村里的一些老人讲：“早些时候，家里或村里举行的祭祖活动，每年都有。平时生活中，以家庭为单位的小祭，更是频繁得很。”久远的过去，受外族排挤，在生活空间被挤压进大山和族人势单力薄的情况下，瑶族更多地把生活希望寄托在族群共识的盘瓠先神护佑上。生活越是遭遇挫折，这种心态便越强烈，家庭性的祭祀活动便越频繁。同时，瑶族为了能在艰苦的深山环境（多猛兽、土地少而贫瘠）中生存，往往以家族为单位搬迁异地，为了能够更加有效地聚合家（族）力量，在极端不利的自然和社会逆境中生存发展，人们往往热衷收藏记录家族历史以及族群历史迁徙的各种典籍文献，从而更加有效地增强瑶族的祖先信仰意识。举凡遇到生产歉收或是生活困难的年岁，瑶族都会把解决困难的出路寄托在“盘王”这个“灵验”的祖神之上，祈望盘王施恩护佑，摆脱灾难。

瑶族祭祖时，用来作为主要祭品的大猪非常讲究。祭猪不仅需要全身透黑的毛色，而且养猪人家必须儿女双全、人财两旺。过去，为了祭祀盘王，平时生活中人们就会事先喂养两头黑猪作为祭猪。一头祭盘王，另一头祭祀其他神和各家家祖。祭猪要单独隔开饲养。为了不让外人尤其是陌生人看见，往往把猪关养在比较“隐秘”的猪圈里饲养。平时，养猪人不得打骂它，不管它怎样吃，瘦、肥都不能嫌弃。当然，

---

① 参见奉恒高主编《瑶族通史》（下），民族出版社 2007 年版，第 1017 页。

一些地方的瑶族祭盘王，除了专养的这两头猪外，还要宰杀很多家里的猪来供祭。管事的人用一个本子认真记下每次祭祀所宰杀的猪的头数，包括杀掉的、出售的、借给亲戚及死去的或被老虎吃掉的。祭典进行过程中，这个统计数字需要“报告”给两位照管畜牧的神，然后再“交给”盘王。大祭后，往往三四个月的时间内不允许村民养猪，即便是养种猪都不行。

在祭祖活动中，村民要供奉各种各样的祭品。索洛维约夫认为：“在人们和民族的普通生活中祭司的任务主要是贡献祭品。祭品保持着上帝与人之间基本的现实联系，给人洗刷罪孽，祝圣，把人的自然生活本身变成隐秘的但与上帝的实体进行着实际的交流。”① 祭前的几个星期，人们便开始酿酒。酒分开装进两个瓮里（一瓮祭盘王，另一瓮祭家祖和其他神），藏于供桌后面的房里，或者就放在供桌下面，但要盖严不让旁人看见。同时，家人需准备足够的米、水、蔬菜。糯米糍粑是最为主要的献祭品。糍粑必须在正式举行仪式的前一天晚上备办好，并且要专门做几个外形较大的用来供奉盘王。除此之外，祭品还有鸡、烟酒、纸钱、香、粽子、豆腐、五谷、竹子、桶、锅、菜刀、雨伞、香皂、毛巾、牙膏、牙刷、白菜、西红柿、花椒、芹菜、蒜、猪肉、鱼、鼠肉、鸡蛋、花生、米粉、面条、苹果、柑、梨等多种常用食品。

越南瑶族祭盘王，首先要请三位“师公”来摆设供坛。师公到来之后，先在祭祀场地洒“法水”，清除不干净的东西。如果是小规模家庭式的仪式，主家还需在屋内四周墙壁上贴“符”，以“镇安”家庭。中国广西瑶族祭祀盘王不仅有正规的开坛仪式，而且法场较为神圣。仪式前，村佬向天鸣火枪三响，接着鞭炮齐鸣，族佬、寨佬、师公等人齐跪神像前，供奉事先准备好的猪头、糯米粑、鸡肉、酒等祭品。大师公面对神像，低头默祷，众人虔诚敬拜盘王先神。伴随锣鼓、唢呐声，身着法服的师公绕祭场烧香念经，“通报”天神。开坛时，旁人不能随意进入法场，更不许外人在法场周围随意拍照。入坛者，如果自知身不“净”，则需事先用茶水“净身”，征得主持仪式的师公同意，才能进入

---

① ［俄］索洛维约夫：《神权政治的历史和未来》，钱一鹏等译，华夏出版社 2001 年版，第 200 页。

神坛。大瑶山瑶族认为，盘王是保护子民的先神，如果不事先“净身”进入神坛，对先神不敬，就得不到盘王的庇护，祭典就不可能“灵验”。

祭祀时，越南瑶族会事先在法场中央单独立起一个供坛。为了便于仪式有序进行，人们常将一个高30厘米左右的大铜盘架用作供台，上面分别摆有一头猪、一碗水、一碗米、一些黄白纸锞、一瓶酒、几个小盅以及几双筷子。中国广西大瑶山瑶族也有单独设置供台的习俗，即在法坛中间摆放一个小小的竹楼。竹楼是临时搭建的“新房”，分上中下三层。上层摆放一头小猪、公鸡、糯米粑等祭品，中层置放生活起居用品，最下层则摆放各种生产工具和“关养”的大小牲畜。祭品旁边放有一个香炉。炉中燃烧的香木发散出缕缕青烟，香气四溢。越南瑶族祭祖时，供坛两旁对放着两条板凳，三位师公和三个成年男子轮流地唱祭词，叙述开天立地和洪水灾害的事迹、葫芦故事、盘王事迹以及瑶人迁入越南的过程等。供祭的食品主要有烤松鼠肉和各种肉食品。在中国广西大瑶山瑶族的祭祖法场，在“尚篓”正前方也同样摆放有一张法桌，桌上有经书和法器。大师公端坐法桌前方，念经“交流”祭祀盘王。神坛入口处，高挂着一个为山中孤魂野鬼临时制作的小竹篓（瑶语称“大眼雷”）。竹篓中放有少许的酒、肉和纸钱。安坛时，大师公左手持“开山刀”，右手拿铜铃，口颂经书，手摇铜铃念唱。二师公和三师公带领徒弟分别站立在“尚篓”和“外篓”前面，跟随大师公虔诚念经。香木青烟四起，整个法场充满神秘气息。跳盘王仪式中有一个重要的交牲环节。瑶族认为，只有师公交头牲完成，献祭的物品、行为、场所等才能圣化。

从开始到结束，在场参祭的每个人都需要严格遵守禁忌。比如，“师公”和参加仪式的每一个人都必须吃斋；忌吵架；夫妻不能同居；男女不能混坐在一起；不得说不正经的话；回家时对此仪式不得议论嫌弃，或是暗中责怪。同样，在中国广西金秀大瑶山瑶族的祭祖仪式活动过程中，所有的祭品都需安排专人来筹办。瑶族称负责此项工作的人为“咒竺”。仪式过程中的“咒竺”，即使年老体衰，不能亲手宰杀牲畜，也要做一个象征性的动作，然后让村里年轻体壮的年轻人来替他完成。“交牲”的时候，村寨里各家各户都要自备少许米酒、饭、菜送到法场

“看望” 自家祖先。仪式期间村民送来的所有筵食都装在神坛的簸箕里祭祀家祖。

越南瑶族祭祖，师公会安排三对十三四岁的青年男女（三男三女）分成两排对唱瑶歌，以歌道谢盘王恩德。一位年龄四五十岁的妇女坐在门槛上，面向屋里唱经，请盘王保佑本家族和家中的子孙。中国瑶族祭盘王时，木叶师娘会吹奏木叶缓缓入场，豪情奔放的黄泥鼓舞者跳进神坛，众师公齐唱盘王大歌，一群身穿瑶装的小女孩在一位年长者的带领下走入神场。在瑶族传统观念里，童贞小女孩的出场预示着瑶家在盘王的庇护下后继有人，香火不灭。女孩刚进入神坛，围观的男女老少便高声放歌，跳起欢快豪放的白马舞、蝴蝶舞、穿针舞。村里的几位道公在神场边表演各种特技，有的人不时从嘴里喷出红红的火苗，仪式进入高潮。

在越南，在祭祀接近尾声时，师公起身烧黄白纸钱，为盘王和家祖返回另一个世界送行。这个时候，所有的人会聚集到院里，六名青年男女不停地唱饯行歌。中国广西大瑶山，盘王诸神欣赏完歌舞表演之后，仪式活动接近尾声。这时，村民在众师公的带领下，开始送神回仙境。大师公起身，手持“开山刀”步行在前，村民排成两路有序随后，踏着鼓点，舞唱出村。众人走到“外婆”时，大师公停步，念经作法将各路野鬼“送走”，让其永远离开瑶村。之后，大家随众师公走出寨门，向天地鞠躬敬拜，礼送盘王祖先离开，保佑子孙后代平安幸福，村民安康吉祥。众人随师公送离先神返回村寨的时候，师公刚一进寨门就非常欢喜地向村民回告盘王“许诺”的各种恩德。欢呼声中，大家慢慢散走，整个仪式结束。

四 象征成年的传统仪式：“度戒”

“度戒”是瑶族男性成长过程中的一个重要成年礼。在他拼村，不管家境如何贫困，男孩长到 15—20 岁的时候，做父母的都要筹集物资和钱财，为孩子举办成年礼。通常，哥哥在弟弟前举行仪式，这是瑶族村民普遍遵守的规矩。瑶族认为，男性只有经过“度戒”，才能享有村寨社会生活各种权利。一旦举行了这个仪式，男性就被视为成年。假如一个人年龄很大了还没有度戒，他仍被视为与孩子们没有多少区别的人。在瑶族社区，只有通过“度戒”的男性才可以结婚。更有意思的是，在他拼红头瑶族的村寨，只有通过成年礼的男性才有资格担当村干部或是组织家庭成员祭祖。瑶族认为，男性身份是仪式中的多个先神赋予的，没有通过成年礼仪式的人将不能“对话”他们的祖先，对他们的后人有很多负面影响。红头瑶族还认为，成年礼象征着一个人“重生”。“度戒”是瑶族通向地狱的“通行证”，只有“度戒”的人，死亡之后才不会受惩罚，并真正“归属”到祖荫之下。

越南瑶族也称“度戒”为“赐敕”、“过法”。“过法”有不同的级别：第一级为挂三盏灯，第二级为挂七盏灯，第三级为挂九盏灯，第四级为挂十二盏大罗灯。经过不同级别“度戒”的人，其在神灵世界中的地位以及世俗社会中的地位均有所不同。级别越高，地位越高；级别越低，地位越低。当然，随着级别的增高，参与人数以及主持仪式的师公就越多，花费的钱财也就越多。其实，即使是规模比较小的仪式（三天）也要宰杀两三头猪和数十只鸡。最大的仪式（十二天）则要宰杀数头猪和数百只鸡，需要很多人备餐，花费很多的劳力。他拼周边地区的红头瑶族村寨，由于经济生活贫困，许多人只举行挂三盏灯仪式。越南北部地区的瑶族并不是所有的家族成员都可以做挂十二盏大罗灯的仪式，多数人家只能做到挂七盏灯或九盏灯的仪式。挂完三盏灯后，再经过挂七盏灯仪式，瑶族男性便有资格充当师公或者道公。

他拼红头瑶族度戒的过程与中国西南边境瑶族基本相似。有时，五六个瑶族青年男性同时进行“度戒”，仪式活动就比较复杂，需要很多人花费多天时间做准备。各户都捐献点财物（尽管家里没有人“度戒”），当然，主要是家中有人参加“度戒”者。这对每个青年都是必要的，是本宗族的共同荣誉。如果某一个宗族没有进行“度戒”的男青年较多，则经常会被人们“说闲话”。人们会说“这个宗族不会办事，是不发展的宗族”等。由于人们把宗族当作各户人家生活经营好的靠山，所以有的人家还通过特殊仪式脱离人数少的宗族，加入人数多的宗族。有时也有人加入女婿的宗族或者上门女婿加入妻子的宗族。当然，按照瑶人的风俗，度戒的男子是不得到女方家上门的。

在越南北部瑶族地区，度戒仪式的主持人多数是道公（也有师公参与）。他们和受戒人一样，在举行仪式之前要做很多准备工作。正常情况下，一个完整的仪式需要两天两夜。一般都是从早上九点钟开始，一直持续到第二天晚上。在仪式过程中，受戒男孩身穿的衣服接近道公的衣服，即内穿齐脚跟的白底衫裤，外套齐大腿的连衣披衫。仪式通常在自家堂屋内进行，四周都点着油灯，油灯围着红色、粉色的灯罩，屋内挂有各种神像，整个屋子具有神秘庄重的气氛。他拼村民说：“只有男人才能去布置仪式场地。仪式进行过程中给油灯添油、上香等，都只有男人才能去做。瑶族传统文化认为，女人每个月都有生理问题，身体不干净，所以不能到法场做这些工作。”村民谭陈梅（Tan Chieu May）还讲述了很多关于仪式活动中必须遵守的禁忌规则。比如，主持人在主持仪式之前两个星期不能和妻子同房，仪式活动期间就更不能和妻子有性关系。他的妻子不允许到现场，也不能下厨房做饭，需待在家中，找其他人照顾他的生活；不允许任何女性接近仪式场所，女性只能在远远的地方观看；仪式后的三天，师公仍不能和他的妻子同房，只有等三天过后，所有的生活规律才恢复正常。仪式过程最重要的禁忌是瑶族女性没有资格参与仪式过程中的关键环节。在他拼红头瑶族村，虽然各种传统仪式活动均发生了异化，但“度戒”仪式的本真特质仍然保有。在仪式活动中，红头瑶族女性除了备办仪式过程的祭品和众人食品之外，主要参与表演一些娱人娱神的生活性舞蹈。事实上，不仅越南，在中国广西的一些瑶族地区，这种瑶族妇女不参与“度戒”的宗教仪式活动现象到现在都仍很好地保持着。

在“度戒”仪式中，参与法事的师公会教男孩学许多做人的规矩。受礼人必须牢记并遵守很多宗教教规，不害他人，惠帮他人。受戒者要象征性地接过三盏油灯。他拼红头瑶族男孩举行成年礼仪式并不像中国西南边境（麻栗坡、马关、富宁）瑶族那样，“度戒”的时间一般都限制在十三岁前后，村里一些个别的人，为了能够得到更高的社会地位，会在不同年龄段举行不同的特定仪式。仪式后，他将得到一个法名，这个名字将跟随他一生。也就是从这个时期起，他才可以参加一些具体的仪式活动。师公赋予受戒者法名的时候会严格遵循父子连名制形式。在中（滇）越边境瑶族地区，这种因“度戒”连法名的形式常因族人频繁的迁徙流动而出现跨越中越两国国界的现象。中（滇）越边境瑶族村寨，常因男性法名而构建起一套更为亲密的亲族关系。边境瑶族村寨举行一定规模的“度戒”活动，异地、异国的亲朋好友都会受邀前来庆贺，不仅亲近了中（滇）越两国边民的亲戚关系，而且还有效地交流了两国边境民族地区的宗教文化。传统仪式活动中的经常性往来使两地边民有效延续的传统仪式呈现出极为相似的文化特征。仪式主持者使用的经书内容、诵经方式以及仪式过程都很相似，因此，边境瑶族边民常相互请师公到异国作法。

第三章

“开化”他拼

第一节 殖民实践

一 法国殖民越南的因由及过程史实

法国殖民越南主要是出于国家发展战略需要。与其他殖民国家一样，法国最初以宗教传播的形式制造武力侵越的借口，进而为其实现殖民侵越创造条件。邵循正先生认为：“法越关系之历史，乃自异域传教会时代，进而为东印度公司时代（1680—1787）矣。然越南地瘠民贫，商业不振，而兵连祸结，所在多矣。又君相残暴贪索，任意杀戮教士，封闭会堂，驱斥商人，没收货物。外人宗教经济势力，即极发达，经一朝一夕之摧残，可使暂然无余。教士、商人无时无刻不在危险之中，故多思假政府之力量，以为其后盾。适法失印度。国中论议亦多取偿于越，以期失之东隅，收之桑榆。宰割越南之计，于是始萌。”[①] 越南阮朝末年，越南封建统治者禁止法国天主教在国内传播，法国殖民者借故制造事端，结果使许多越南同胞殉教受害，引起非教徒和教徒之间分裂不和。越南国内的禁教行动被法国侵略者所利用。及至越南顺化朝廷，法国殖民者采用各种手段和阴谋，使越南封建王朝对教徒实行恐怖政策，落入法国殖民者的既定计划，越南最终完全陷入被殖民的

---

① 邵循正：《中法越南关系始末》，河北教育出版社 2000 年版，第 29—30 页。

境地。

事实上，法国殖民者大力发展对印度支那的侵略，有其更为深刻的原因。普法战争失败，法国被迫向普鲁士赔款。及至法兰西第三共和国时期，法国资本主义迅速发展起来，当时西方资本主义国家正值从自由资本主义向垄断资本主义过渡时段，西方国家的主要行动就是占有和扩大新的殖民地。普鲁士胜利之后，德国获得统一，随后成为一个资本主义强国，从而在欧洲大陆上给法国树立了一个强大敌人，使西方各资本主义国家不能再齐头并进发展。因此，自战败之后，法国就立下复仇大志，加紧侵略和扩大殖民地。

19 世纪后期，法国殖民者开始侵越。当时，正值欧美各国开始进攻中国的时期，法国殖民者在西方列强的侵略过程中占有明显优势，越南阮氏政权根本无力对抗并捍卫越南国家主权。英法对华第二次鸦片战争期间，法国开始武力侵越，越南南部六省随后沦为法国殖民地。接着，法国殖民者经由西贡出发沿湄公河探测通往中国的航路，发现湄公河上游澜沧江不适于航行后，便转向越南北部，企图利用红河入侵中国。1873 年 11 月，法国派安邺率军百余人侵袭并攻陷越南河内附近城池，越南封建统治者阮福时立即请求驻越边境保胜地（今老街）的中国人刘永福率领黑旗军协助抗法。12 月，黑旗军在越南河内城郊大败法国，击毙安邺，法军被迫退回到越南南部。1874 年 3 月 15 日，在法国侵略者的压迫下，越南被迫与法国在西贡签订《越法和平同盟条约》，同意向法国开放红河流域，给予法国殖民者在越南北部自由通商等多种权益。1875 年 5 月，法国殖民者照会清政府，意在争取让清政府承认该条约，试图排除中国在越南的影响。1882 年 3 月，法国政府命海军司令李维业指挥军队二次入侵越南北部，占领河内边城，继而乘兵船沿红河流域进行侦察，直到河内西北部。1883 年 3 月，法军又攻占越南北部的产煤基地和军事要地。越南封建统治者多次请求清政府派兵救援。1883 年 5 月 19 日，刘永福率黑旗军在怀德府与法军决战，李维业及副司令卢眉等三十余名法国军官、两百余名士兵被击毙，法军被迫退回河内。然而，法国殖民者利用李维业之死，竭力煽动全面侵越战争，增兵越南，成立北越舰队，加紧攻击黑旗军，以军舰进攻越南中部，直逼越南都城顺化。1883 年 8 月 25 日，法国殖民者迫使越南政府再次签订《顺化条约》，最终取得了对越南的“保护权”。

其后，中国成为法国占有越南的最大障碍。1883 年 9 月 15 日，法国政府向中国提出一个解决越南问题的方案，即以划出一块狭小中立区的办法使中国撤出驻越军队，承认法国对整个越南的殖民统治，并向法国开放中国云南金平县蛮耗为商埠。此举，其实质是法国殖民者创造打开云南门户的条件。清政府完全拒绝了法国侵略者。鉴于中越两国的特殊关系和法国侵越给中国造成的严重威胁，以左宗棠、曾纪泽、张之洞为代表的主战派，力促朝廷采取抗法方针。但掌握清政府外交、军事实权的李鸿章却一意主和，清朝最高决策机构举棋不定。在军事上，一面派军队援助越南，一面又再三训令清军不得主动向法军出击。在外交上，既主张抗议法国侵略越南，又企图通过谈判或第三国调停达成妥协。1883 年 10 月 25 日，法国东京海域分舰队司令孤拔，受命为北越法军统帅。12 月，孤拔下令向红河三角洲中国军队防地发动攻击。1884 年 2 月，米乐继孤拔为法军统帅，法兵增至 16000 人，图谋侵犯北宁，筹划给中国军队更大的打击，从而迫使清朝统治者完全屈服。当时，清朝政府在越南北宁一带驻军约 40 个营。3 月 12 日，法军进攻，越南北宁失守。6 月，法国政府与越南订立最后保护条约。清廷得悉前线军事挫败的消息后，以撤换大批疆吏廷臣掩饰败绩，全面改组军机处，并授权李鸿章与法国代表进行和谈。1884 年 5 月 11 日，李鸿章与法国代表在天津签订《中法会议简明条约》，完全承认法国对越南的“保护权”。1885 年 4 月 4 日，因清廷急于结束战争，摆脱越南问题的困扰，清朝政府随后与法国签订《停战协定》。6 月 9 日，李鸿章与法国公使巴德诺在天津签订《越南条约》，除对勘划中越边界、滇桂边境通商等问题另作规定外，中国在该条约中承认越南由法国“保护”。这样，在顾全清王朝“体面”的模糊文字中，清政府终结了与越南的宗藩关系，正式放弃对越南的宗主权，不仅承认越南沦为法国殖民地的现实，而且还在略占优势的前提下作出让步，向法国开放中国西南门户。

二 “被殖民化了”的越北边民

越南被法国殖民近半个世纪，法国文化对越南饮食、服饰、宗教信仰、民居建筑、生活礼仪、婚礼、丧葬等各方面都产生了显著影响。在越南沙巴小镇，基本上所有的房屋建筑都是法式建筑风格。距离沙巴小镇不到一公里，位于小镇西面的公墓地，也全部都是西方天主教的陵园风格。法国殖民者在1859年武力攻占越南南部后于1884年占领越南北部。此后将近半个世纪里，瑶族和越南其他民族遭受法国殖民者的统治。为了统治瑶人，法国殖民者在各地包括最遥远的偏僻地方都建立了他们的统治机构。村寨有洞长、甲长、耆日，乡里有正副曼长。对于瑶族人口众多的县份，知州往往是由其他少数民族来担任，殖民者又增设官职，管理全州高山地区的瑶人和其他少数民族。[①] 但在瑶族从中国向越南迁徙的过程中，越南北部山区的少数民族，由于居地区隔（高山、峡谷）以及共同的族群遭遇使他们养成了“不喜与他族结交”的族群心理，因而殖民文化对苗、瑶族山区民族的影响并不大，边境瑶族并没有明显的殖民文化态势，瑶族较为刚性地保留着完全适应居山游耕生活的“根”文化。对于“法国”这个他们过去从未识认的西方霸权者，瑶族更是避而远之。因而，那些身居在高山地区的瑶族，在遭受被排挤和压迫的生活背景下，更加注重保持本族传统文化。为了识认和保有族群身份，他们都会用心地珍藏《族谱》、《家谱》、《信歌》、《评王券牒》等记录祖先迁徙和恩德的古籍读本。[②] 在他拼，红头瑶族民居没有任何形式上的西式建筑特点，只是在红头瑶族传统民居建筑基础上有所改进。当然，生活上的空间区隔和双重厌恨心理，与越南京族相比，法国殖民文化对他们的影响相对比较弱。当边境瑶族的“陋习”（越南京族持此种看法）遇到被法国殖民文化近乎彻底改造的越南主体民族“审阅”的时候，山区瑶族便会被他们视为一群“不得分”的蛮夷之众。笔者赴越南他拼红头瑶族村调查途中，空闲时曾与老街市里的一些市民攀谈，很多城里人都说：“哦，他们山上的人很好，说真话，身体好，走路快，住在山上。但他们不洗澡，不讲卫生，孩子多，落后得

① 参见奉恒高主编《瑶族通史》（下），民族出版社2007年版，第978页。

② 2009年，越南老街省文化厅为了更加有效地保护和传承瑶族文化，将收集整理瑶族民间古籍列为一项重要的抢救民间非物质文化遗产工作，计划结集出版15卷本的大型图书，目前已出版两卷。

很，不够文明。”这种说法代表了大多数越南人对山区少数民族的观念。法国是一个极富浪漫主义色彩的礼仪之国，越南被法国长期殖民统治，越南人的生活习惯都早已经“西化”，重学识、贵礼节、崇尚道德。在越族与瑶族之间，一种文化深受西方殖民文化的彻底改造，而另一种文化则依然保持本真文化传统，文化持有者之间往往对“他者”文化有不同的理解。从这个角度看，在一些城市人的眼里，山上的苗、瑶族“不洗澡，不讲卫生，孩子多，不文明”的说法，似乎也就具有了一定意义上的所谓的民族偏见的合理性。

三 见证殖民史实的“遗产”

法国殖民越南近百年时间，沙巴被法国殖民文化彻底改造成交织着越南主体文明和越北边民自有文化色彩的社会空间。当然，法国殖民者先登此地，主要还是因为当地独有的气候环境。法国殖民者为了能够在侵越的疲惫中建造一个完全属于自己的文化和社会空间，他们以沙巴为据点，遵照法国文明在当地修建房屋修建教堂，从而在沙巴这个异乡异境构造出一个殖民者“熟悉”和充分享有的生活空间。由于法国殖民越南的长期性，在宗教文化的深刻影响下，越南本土文化经受法国殖民文化改造之后，在沙巴境内逐渐被法国殖民文化占据主流。现在，根植于沙巴的殖民文化不但没有因时间而弱化和消逝，相反，还加重了沙巴地域生活空间的殖民色彩。在沙巴小镇，除了时时呈现在人们眼前的规范的法式建筑，象征西方天主教文明的宏伟教堂亦经久不衰，而且沙巴乡街的饮食文化也充满着法国风味。

越南的沙巴小镇因法国殖民文化色彩的保有和当地独有的自然环境，在法国殖民者退出之后也迎来了世界各地的游客。旅游文化事业的勃兴，让越南本土的商客乐于往返小镇，借助沙巴小镇这个更多因殖民文化而生产出来的旅游场景而致富本己。越南沙巴的旅店、西餐厅、超市（只有小镇入口处有唯独的一家）以及临街商铺的商人多数是越南河内、老街等外地的越南人。当然，这些商人经营的商铺（主要是有固定店铺的坐商）为了能够满足游人的多重需要，他们除了销售本地的特色文化产品（比如，各种苗族风格的挎包、银器等）之外，还会销售越南主体民族的服饰及日常生活用品。因殖民文化而产生的旅游业也为当地民族展示和出售手工艺品创造了良好的平台。

进入他拼村不远处有一座法式教堂。虽已破旧，但其现存的宏大建筑构架向人们传递了威严、霸道的法国殖民者形象。教堂修建于1935年，由法国传教士雷蒙德（Ramond）设计。建筑年代几乎与法国殖民入侵越南的进程同步。宗教是法国殖民越南的重要手段，法国因国家战略的需要而侵略越南，抢占竞争空间和资源的初选方略就是宗教。事实上，法国殖民者真正得以在越南本土施展殖民暴力的借口缘起于法国传教士在越南受虐的人造事实。法国统治者实现殖民越南的目标之后，仍没有忘记或说放弃利用宗教方式来改造越南国民。

任何事物的新生都建立于需要的基础之上，越南他拼教堂与沙巴教堂都经历着近乎同样的历史遭遇。沙巴境域远离越南本土炎热潮湿的气候环境，独特的地理位置和优越的气候环境使还未踏上越南国土的法国殖民者就早已垂涎。伴随着法国殖民越南进度的推进，沙巴逐渐变成了法国殖民者的理想的“第二生活空间”。沙巴原生地民族因法国殖民者的到来而被迫让出当地的社会空间和一定的地域空间。为了将这个通过武力手段而获取的地域空间改造成适合于本己的社会交往空间，法国殖民者不仅需要“移植”西方文化，而且还需要在沙巴这个殖民地创造一个文化异地再生的良好环境。为能从更具战略意义的高度和思想意识的角度来彻底改造越南国民，进而为法国殖民者服务，“教堂”这个神圣的建筑便因国家需要而出现在越南老街沙巴镇和他拼村。

在法国殖民者于越南“大有作为”的时期，西方天主教文明以这两个教堂为最大的文化传播体，在沙巴和他拼村都以“显”文化的形式出现在当地人的日常生活之中。借助传教士而播散出来的天主教教义的合理性逐渐占据了当地人的思维空间。在这种“合理性”的大殖民文化背景之下，沙巴人逐渐忘记了法国传教士的殖民目的，意识中逐渐扩大的合理性教义文化使沙巴人开始主动采借和吸收西方天主教文明。沙巴和他拼教堂因当地人的参与开始变得更加“艳彩”，教堂更加积极地发挥其殖民功能。

然而，在越南取得抗法斗争的根本胜利，法国殖民者退出越南后，在沙巴和他拼教堂中扮演重要角色的宗教人员也因环境的改变而失去再继续依靠教堂来为国家（法国）服务的条件。法国宗教界人士走出教堂，空留下两座“宏伟”建筑。昔日热闹、多彩的教堂开始安静。尽管如此，法国殖民者在当地种下的殖民“种子”已深入人心，天主教教义的合理性使当地曾被殖民文化改造过的越南边民不能轻易从殖民宗教文化中逃离出来。所以，沙巴教堂里直至今日仍延续着法国殖民者的殖民文化“香火”，教堂里依旧有人按照法国殖民者传授的“技艺”，年复一年地礼拜着。但是，在他拼教堂，因没有集中的人员来往，当地人在教堂里延续一段殖民文化之后，便开始放弃。教堂空置，随着时间和风雨的侵蚀，最终落魄成当下的凋景。

从国际环境来讲，19世纪中期至20世纪中期，越南并没有像诸如泰国等东南亚国家那样，有幸逃脱受西方国家侵占和掠夺的命运。在这个主要由西方国家掀起的国际行动中，越南先后遭受了法国、美国的武力改造。殖民时期的越南，由于国家“无作为”，因而其国民被迫按照西方国家（法国、美国）的文化逻辑来生活。外在被迫的文化调适本身是一件非常痛苦的心理煎熬。国家遭遇的困境使越南国民在殖民者的暴力和有目的的“怀柔”下生存，延续着近乎绝望的生活。

从越南国内环境来看，国民遭遇的这种“待遇”并没有使越南北部山区的少数民族（苗族、瑶族、壮族、傣族、彝族等）免受法国殖民者的奴役。对于那些从中国西南地区迁徙到越南北部山区的少数民族而言，他们的生活待遇更为悲惨！西方殖民国家开始付诸殖民行动之后（在殖民行动之前也曾发生），越南国家的封建统治者因他们是异国族群，不仅对他们另眼相看，而且对他们另眼相待。因此，从越南北部山区少数民族自身来看，理论上讲，他们对越南（尤其是当政的官员）和西方殖民者都不可能产生友好的心理认同意识。只是由于客观的地理环境、越南北部山区客观的自然条件、为了创造理想的幸福家园等原因，在和平时期，他们祖辈怀有的抵触情绪才随着时间的推进，在越南当政者“富民固边”、“勤政为民”等多种口号和行动的改造下开始慢慢弱化。

第二节 全球化背景下的越南国家行为

在全球化背景下，遭遇了战争及被殖民之后的越南政府，不得不重新调整国家建设意志，开始推行积极的、全方位的革新开放政策。越南的国家举动使生活在越南北部山区的瑶族逐渐转变了躲避异民族的传统心理，与其他民族自由频交成为瑶族普遍的生活面向。越南国家高层充分肯定了越南各民族团结抗争外来殖民者的积极行动和重要贡献。为能更有效地平等国民的权利和义务，维护越南北部边疆安全，越南政府最终做出充分巩固发展边疆社会的国家惠民行动。

一 国家建设历程中的新结点："革新开放"

由于中越两国曾经历过边郡、藩属、"同志加兄弟"等密切关系，中华传统文化的影响以及中国曾经对越的无私帮助，使走出战争漩涡之后的越南开始加紧进行社会主义经济建设。20 世纪 80 年代中期，在中国改革开放推进近十年后，越南也掀起"革新开放"实践，开始大力发展国家经济，尤其注重边区经济社会建设。

越南政府重视边区发展的国家意志与越南建构国家的历程有着重要关联。从久远的历史来看，越南先后遭受法国、美国以及日本的殖民侵略，并且还主动交恶中国和柬埔寨，积弱了国家整体实力，使国家丧失无以计数的鲜活生命。仅仅是抗美卫国战争，越南就有 200 多万青壮年奔赴沙场，死亡和伤残人员占绝大多数。1940 年 6 月，日本将侵略矛头指向印度支那，以种种借口胁迫法国于同年签订军事协定，使法国同意日军进入红河以北地区，并将越南河内、海防和金兰湾三地出让给日本。占领越南之后的前几年，日本仍在这些地方保留法国的殖民机构，并借以掠夺越南自然和社会文化资源。据不完全统计，1940 年—1945 年五年时间里，日本从越南共掠夺走大米 359 万吨，从法国东方汇理银行拿走大量金钱，仅 1943 年，就砍伐森林 30 多万立方米。1975 年，抗美卫国战争结束，越南又出兵柬埔寨，并与中国交恶，耗费巨大军资，使得国内粮食急剧短缺。其实，在抗美卫国战争取得胜利后，越南本应休养生息并及时进行经济建设，但越南当局却沉湎于做印支霸主，把大量的人力、物力投入侵柬战争。在当时仅有的五千多万人口中，越南动员了一百多万青壮年入伍。每年军费开支占财政支出一半以上。经济凋敝，债台高筑，物资奇缺，人民生活极端困苦。越南人均国民收入由1976年的241美元降到1983年的189美元，外债达60多亿美元，成为有名的“世界乞丐”。城市居民每人每月口粮从抗美卫国战争时期的15公斤降到1983年的9公斤。许多老百姓因不堪其苦而流落异邦，涌向世界各地的越南难民达一百多万人。1978年—1979年，仅从越南进入中国云南文山边境的难民就有11864人。

战争结束后，客观的社会环境迫使越南不得不转变国家意志，积极发展经济。1986年12月15日，越共组织召开“六大”，掀开了越南“革新开放”的序幕，由此成为越南社会主义发展历程中重大的历史转折点。在经济上，大会提出“正确对待各种不同经济成分”的主张。在工业化、社会主义改造、管理体制等方面都提出许多富有创新的观点和政策思路。在思想上，大会明确指出：“胡志明思想是马列主义创造性运用于越南实际的结果，要在胡志明思想的正确指导下全心建设新社会。”越南积极发展与世界各国的经贸关系。1988年，中越关系逐步改善，以边贸为先导的中越贸易开始活跃。越南对发展与中国的边贸较为重视。1988年，越南把农产品和消费品的边贸出口列为优先发展项目。1989年，越南政府先后出台调整汇率、越盾贬值、控制进出口补贴、下放外贸权以及放松外汇管制等措施来发展与中国的边贸。1991年，中越经贸合作委员会成立，随后签订了贸易、经济、航空、海运、铁路、文化、公安、海关、科技、避免双重征税、保证商品质量和相互认证、汽车运输等20多项合作协议。同年，越南颁布了《关于转口贸易的暂行规定》和《关于贸易货品出口税率表的细节规定》。1991年11月，中越两国政府签订《关于处理两国边境贸易的临时协定》，两国政府在边境地区各开放了9个出入境口岸。1992年，为了规范进出口贸易，越南又颁布《越南进出口税法》。1997年，越南发出实施边境少数民族地区“区域中心”综合开发政策。在加快边境地区建设的政策环境下，越南决定给予政策优惠以更快的步伐建设边境口岸经济特区。

与此同时，越南共产党和政府还高度重视北部山区经济发展，采取多种优惠政策改善和提升边民生活水平。1989 年，越南政府下发并实施《关于山区社会经济大发展的若干政策主张》和《关于山区社会经济大发展的几点政策主张的决议》两大政策。1990 年，越南共产党“七大”之后，又采取更加有效的边境民族帮扶发展政策。国家首先把解决民族问题作为最急迫的政治任务之一。从中央到地方设立民族工作机构，积极研究和出台重大的民族政策，加强对民族工作的领导，积极发展边疆经济文化。在越南共产党中央，国家民委主任参加国会常委会，中央政府设有规格高于部级的国家民族与山区委员会。在地方，尤其中在边疆少数民族的乡村，国家设有专职的工作人员。国家根据纲领性文件《关于山区社会经济大发展的几点政策主张的决议》，具体制定边远山区开发扶贫规划，对边疆民族地区实施更为具体和特殊的扶持政策。比如，深化农村改革，巩固农业基础地位；投资改善农田水利设施，推广农业科技；大力发展边境经济区，积极吸引外资开发边疆资源，建设基础设施发展社会事业；实施消除贫困工程，边境农村实行休养生息政策；农业土地时间延包 20 年，土地使用经营权为 50 年；林业土地延包 50 年，土地使用经营权为 70 年；边境小额贸易税费全留地方使用，大额贸易税费留一半给地方使用；推进区域中心建设，游耕游居的民族实现定耕定居；重视改善县乡基础设施，由国家投资、农民投劳，项目建成后交给基层政府管理；免征农业税、屠宰税，农特产品在生产环节上免征农特税；农民可获三年低息贷款购买生产资料；对特别贫困的农户，无偿提供耕牛、种子、种苗、畜种和生产工具；保护少数民族的语言文字，在越北边境沿线村庄免费安装卫星地面接收站和中波发射台，每户边民发一台收音机；对初中少数民族学生实行减免优惠，免课本费和学杂费，吃穿费用自理，在招生录取方面照顾 2 分（越南实行 10 分制）。越南莱州、河江两省从 1994 年起实行边境学生免费入学，从小学到大学的书费和学费均免，对考取中专以上学生实行吃、穿、住、医全免费；提高边境教师待遇，教师月工资上调 5 万越盾（约合人民币 30 元），工资水平超过内地，每年报销两次探亲差旅费，在边疆工作三年可无条件调回内地；政府在县设卫生中心站，在乡建卫生站，在自然村有卫生员。卫生中心站向下属卫生站和卫生员提供技术和药品。乡与大村的卫生站医务人员属财政在编人员。5 岁以下儿童实行免费治疗，5 岁以上可酌情减免治疗费。对民族特困户与边境沿线边民实行免费治疗。边境地区提倡生一胎，最多两胎。免费发放避孕药具及做相关手术。近年来，越南政府每年用于边境地区的医疗费用达 5500 多万美元。做好自发移民的安置。政府将移民管理纳入计划的范围，使自发移民的数量明显减少。对居住环境恶劣、确实需要搬迁的居民，由越南政府确定和规划搬迁地点。因财力有限，政府确定“迁移的省出资金，接纳的省给土地”的指导方针，偏远落后地区则设立经济发展基金，以便解决移民搬迁的费用。

越南政府尤其重视培养边疆少数民族干部和知识分子，对支边干部实行待遇优惠。从乡村到县省政府和议会，乃至中央政府及国会均有少数民族干部，国会代表中不仅有人口较多的岱依、侬、泰、华等民族的代表，也有人口较少的克木、俄都等民族代表。在越南军队中也有不少少数民族干部。越南政府允许边境地区的干部从事经济活动。越南老街省允许干部经营种植业和养殖业，国家无偿提供 50% 的种苗、畜种资金，并可享受低息贷款。省、县的干部学校每年分批对边境地区的干部进行培训，食宿费由国家补贴。每年选拔优秀的民族干部到高一级学校深造。注意提高少数民族干部比例。越南河江省所辖 4 个县除县委书记为京族，县政府的其他主要领导都是少数民族。

1996 年，越共“八大”指出：“民族问题具有重大的战略意义。从今至 2000 年，用更加积极稳妥的措施解决三项主要目标，即灭饥减贫，使各族人民、高山区人民的生活稳定得到改善，体质健康；扫除文盲，提高民智，尊重并发扬各民族优良文化的本色；在高山区建立政治基层组织和干部、党员队伍，使各级组织纯洁并坚强。”2001 年，越共“九大”强调：“要发挥全民大团结的力量，完好地实现各民族平等、团结互助和共同发展的政策。”在这个时期，越南政府进一步加大对边境地区的扶持力度，政策覆盖面更宽，既充分照顾到边民生产生活、子女教育、医疗保障和扶贫救济等现实问题，相当程度地满足了边民需求，又从税收返还、投资优惠等方面综合考虑边境地区发展经济的现实要求，对发展边境经济、提高边民收入、稳定民心都起到了非常积极的作用。

二　国家权力“实在场”：护边惠民的越北边地实践

国穷民富是对越南的整体性认识。这种情况在越南南部六省尤为明现。越南国家公共行政的能力与国民自我作为的能力构成很大反差。越南南部精英占有很多财富资源，生活中常为“己”做出许多行动，而国家却因“缺财”很少能为国民创造较为理想的公共空间。贯通越南南部省区便捷、快速的跨省际通道至今还没有建成。当然，这种现状的长期存在，不是国家“不作为”，而确实是国家缺乏“作为”的资本。然而，越南北部山区却有别于南部六省区。由于越北地区很多少数民族聚居村寨直接接壤中国，中越两国关系（由藩属到国家、由友好到交恶）的历史变革使越南政府作出“特惠边民”的国策，即使在国家不富裕的前提下，也尽可能地惠边待民，以此来培养边民的国家意识，进而实现护疆固国的根本性意志。越南北部边区为政者的从政为民意识的巩固和强化，不仅使国家惠民政策能通过他们有效地落实到边区，而且边区干部还配合中央政策，充分挖掘和利用北部山区资源，为国家政策在边疆“作为”铺垫出良好的政策实施环境。

越南北部边境民族地区，这种情况比较普遍。但北部边境多是经历过战争的陆地边疆，脆弱的生态环境经受人为的战争破坏之后，很难在短期内得到恢复，边境民族的生活十分艰难。越南政府为了转变国家面临的困境，决心护边守土以保证边疆领土的完整性。自 20 世纪 80 年代开始，越南国家的工作重心就开始逐渐转移到遥远的边疆民族地区。与战争时代不同的是，越南国家在这一时段的富边行为是通过发展而不是战争的形式来推进的。尽管越南经历过多次战争，国家财力极其贫弱，但越南政府还是采取了很多惠边政策以帮扶边境民族快速发展经济，借以增强边疆少数民族的国家认同感，从而达到安边的国家意志。

越南老街省便是国家边地帮扶建设的一个典型。多样的边境贫困民族以及清晰的国家战争记忆不仅使越南政府重视老街北疆建设，而且地方政府在国家惠民护边历程中的主动性也非常高，不仅国家的各种惠边意志能够有效“下乡”到地方，而且地方各级干部都会充分帮助边境民族地区发掘和培养新的生产力要素。越南老街省的惠民政策具有

“草根性”，很多惠民行动是直接针对边地的实际情况来确定的。比如，提高边境乡镇的农产品价格，对特别困难的地方边乡免费发送广播转播器、汽车；对近邻中国边境的村寨，通过地方政府特殊补助的形式降低甚至免费发放生产生活用品；对直接接壤中国边境一公里左右的村寨，帮扶它们以减少1.5%—2%的贫困户；每年援助边民建房、排查和修复简陋房屋工作要落实到乡镇干部个人头上；边村援建卫生室；给农民免费开办农业科技培训课；向村民免费发放20种报纸、杂志；参与种树保护森林的村民，每种一棵都会获得一定的资金补助；投资建设村寨文化住房，拨付专项资金保护边村文化遗产。国家富边意志使很多越北山区民族村寨获得了受助发展的多重机会。在他拼村，由于获得国家和地方政府科学有效的帮扶性规划改造，社会经济文化得到了快速发展。截至2011年，村里已有1家摩托车修理店，7家民族工艺品店，1家瑶族木鼓制作小作坊，1家娱乐室，3家生活用品杂货店。

20世纪80年代，经受近百年战争之后的越南深刻认识到教育在国家发展中的重要作用。政府制订出教育发展的中长期计划，在全国普及发展十二年义务教育。在中越边境地区，越南更是把十二年义务教育作为政府工作的重要任务，教育扶持力度非常大。为了更为有效地鼓励边民送孩子入学，越南国家政府还对边区有孩子上学的家庭给予各种教学补助。比如，边境村寨有孩子上学的家庭，免费发给家里一头耕牛和50公斤农作物种子，孩子上学的一切费用全免；子女上大学不必通过严格考试，等等。不仅如此，国家还以自然村庄为单位，给每一个村庄都拨付专款改善或重新修建教学楼房，并配备相应的教学设备。

通常情况下，越南边区小学和中学教师的福利待遇较好，国家有专门的山区教师工作补贴，很多自愿到边境民族地区执教的老师，其工作积极性都比较高。2010年4月，笔者到越南老街省沙巴县大弯、坎坎、老差及他拼等边境民族村寨调查，无论是与在当地执教多年的老教师还是与刚上岗的青年教师谈起，他们对现有的工作环境和经济收入情况都感到非常满意。几个老师还认真给笔者讲解了自己的教学计划，并展示他们认真、细致的备课文稿。由于教师每上一次课都会书写大量的黑板字，所以，教室一角通常都摆有一个小水盆。每次上课之前，学生都会轮着往盆里装上满满的一盆清水，以方便老师课后洗手或是清洗教学用具。

瑶族对孩子的教育，除正规学校教育外，家庭教育同样占有非常重要的位置。他拼红头瑶族村最常见的家庭结构模式是主干式家庭，家庭主要由一对夫妇、未婚子女和祖父母组成。夫妻两人是家庭核心成员，在家庭经济社会生活中扮演着重要角色。日常生活，孩子都听从父母的话。艰苦的山区生活环境大大限制了人们的社会交往空间，很多边境民族地区的入学儿童在正式上学前都不会讲越南话。因此，刚入学的孩子都要学习一段时间的越南语。有的地方，孩子未到上学年龄，父母就把他带到学校跟班学习越南话。

越南北部山区焕然一新和宽敞明亮的教学楼与村民低矮简陋的民居建筑形成了鲜明对比。

他拼村有苗族和瑶族（红头瑶族）两个主体，由于孩子在正式入学之前必须进行双语教育，地方乡镇干部为了能够更好地服务于学校教育，便在村里新建了两所学校。一所位于村庄西南面（瑶族学校），另一所则位于村庄西北面（苗族学校）。建于 2003 年的他拼村瑶族学校，主体教学楼分上下两层，红黄色格调，是村里最具代表性的标志性建筑。和其他村寨一样，每个教室内都挂上一幅胡志明主席的头像画。学校教育包括小学和初中两个阶段。在校学生人数有 200 多人。在他拼，学龄儿童的入学率达到了 99%，除极个别的孩子因自身生理因素不具备正常上学能力之外，村里基本上所有的孩子都有享受正规学校教育的机会。两个学校稍有不同的是，位于西南面的学校由于来往的游客较多，学生与外地游客沟通交往的机会比较多，学生在培养的过程中逐渐养成尊客爱老、礼迎四方游客的外向型心理。而村庄西北面学校受教育的学生，由于没有充分的机会与外地游客结识，相对而言，族群本有的传统文化在学龄儿童身上表现得非常明显。笔者入村调查，和该校的学生接触时，很多苗族孩子都是因“羞涩”而借口走开。不同的是，由于常有外地游客往来他拼村，村庄西南面的标志性学校建筑往往也是游客们乐于光顾的地方。为了方便学生与游客交流，学校还特意在校园里搭建起一个专供外客到访时休息的凉亭（蘑菇状）。学校正前方摆有一个募捐箱。进到学校的游客多少都会有所“表示”，自愿为他拼村教育的发展做点贡献。若是课余时间，有游客群往，学校老师还会组织学生唱起歌曲，特意为募捐者的行为举行表演。孩子们都会主动向你走近，嘴里一个接一个“Hello!”不停。在这里，孩子们不是借口远离你，而是心悦地走近你。

乡村民俗文化旅游的“就地”发展对他拼红头瑶族文化教育发展起着很大作用。尽管村民对孩子具有各种各样的愿望，但大家普遍的话语是：“村里读过书、有能力的人都出去了，有份属于自己的正式工作，生活得比我们好，希望自家的孩子也能像他们那样有前途。”因此，红头瑶族村民并不愿意保留山区这种传统的生活方式。这种思想观念的转变主要得益于当地旅游文化的发展，尤其是在旅游文化全球化之后，基于人员流动加快，外地游客的新文化对他拼红头瑶族的影响而产生的。传统时期，他拼红头瑶族流动性并不大，家庭成员的社交范围多数限于有血缘关系的亲属群体。在这种相对狭小的生活和交往空间里，学龄儿童甚至是红头瑶族青年，由于缺乏广泛的社交群体，因而，他们之间不可能有更多的异文化交往。孩子们在家庭或是亲戚来往的生活空间里，传递信息的语言以及通过语言传递的生活知识都“似曾相识”。在这种“熟人”空间里生长出来的文化仅适合于地域空间的“元文化”。这种“元文化”因其解释力的空间范围狭小，而曾被“他者”（文明人）认为是“落后”“野蛮”等。乡村民俗旅游的发展有效扩大了红头瑶族村民的社交空间，使他拼红头瑶族村交织进各种异于本地的多元文明。这种多元文明交织的生活空间（边界已经变得模糊）对他拼学龄儿童的影响也非常明显。旅游旺季，教师们动员的专门为游人举行的各种仪式表演或是游人与孩子们的单方交流，使得很多在校学生都能用简单的语言和外来游客进行简单交流。借助这些语言交流，他们接触了很多异国（族）文化，在其意识中逐渐产生了向往异地的心理。这样，即使今后正规的上学谋业或到访他国的设想未能实现，他（她）们也不会循着父辈的足迹，徘徊在原生长地。异域交往和社会生活强烈充斥着他们的思维，进而促使他们在未来的成长过程中做出更加积极的跨境（群）社会交往行动。

这些较具实质性内容的举措对越南北部山区的教育发展具有很大的推动作用。越南政府过去忙于应对战争，无暇顾及教育，那时候，越南北部山区的教育设施非常落后，国家投入的教育资源在很多地方几乎成为空白。中（滇）越边境村民都是操同一种语言的同源民族，并且很多都是经常跨越国境往来的亲戚。这种特殊的社会背景使一些越南边民将学龄儿童寄宿于中国亲戚家或跨越边境到中国边境村寨的学校上学。但2001年之后，中国政府为了节约教育资本，将一些边远山区学生人数较少的学校合并，推行“试点并校”政策，这不但阻止了越南边民送孩子越境到中国受教育，而且由于越南国弱但教育资源投入却优于中国边境村寨的社会事实，使得中国边境地区的一些少数民族逐渐滋生“不认同”国家的民族心理，很大程度地弱化了中国边民的国家认同感。中越边民本是同一个民族，中国强于越南，但中国边民很少享受到国家发展带来的真正的实惠，造成中国边民的心理失衡和失落。此外，中国边境地区自然条件恶劣，加上长期以来中国对边境地区的扶持力度不够，致使多数边民生活水平仍然在温饱线上徘徊，没有充分享受到中国改革开放和经济建设的成果，在一定程度上弱化了中国边民的国家优越感和民族自豪感，导致心理不平衡和失落感。为了转变这种现实，中国政府也曾经做过一些尝试。比如，采取对中国边民实行耕种和基本生活补助政策。在麻栗坡老山一带，由于当地曾是中越两国交战时的主战场，20世纪80年代中后期，中国地方政府为了维护国防安全，防范越南边民随意入境中国，便鼓励国境线上居住的中国边民大量种植草果、茶叶等经济作物，并承诺给予一定的资金补偿。当地村民的积极性很高，积极踊跃在边境上开荒种地。然而政府在实际运作中不但没有给予村民相应的资金补偿，而且一些村民在开荒种地过程中触雷致伤、残、亡的现象也很难得到合理补偿。边境民族地区人际关系资本化现象也比较突出，诸如以上这种承诺得不到兑现的事情，对弱化边境民族的国家意识具有强烈的刺激作用。

三　乡民关怀：“有作为”的地方乡绅

经过越南政府近二十年的改造，相对于越南内地省区而言，直接接壤中国的越南北部边境民族地区，“民富”已逐渐成为事实。这一成功改造边疆的背后，除越南国家正确的行动导向之外，越南地方干部也发挥了极为重要的作用。据调查，带领村民富边的地方干部，其经济收入并不低，除正常工资收入之外，还有高于内地 20% 的边疆补贴等各项福利。事实上，高经济福利补偿还不是主要的推动力，乡村干部的工作积极性主要来源于在边境工作过会有更多的机会向大城市调动。这本身是越南国家一种创新性的为政策略。边境特殊情况决定了在边区生活的边民对国家政治中心甚至地方省城都十分向往。生活群体住的边缘性决定了越南国家“高管”不可能全面熟悉边地，地方边民很难有合理的渠道表达利益和文化诉求，“地方”区隔“中央”，信息的断层常使越南国家不能有效地“作为”地方。

他拼村地方政府的旅游“在场”行为体现在很多方面，不仅常有专门负责管理的乡村（镇）干部在村里“出场”，而且还有一些呈现在村庄的实体性旅游文化产品。他拼村是乡政府所在地，村干部除了做好本乡范围的民生工作之外，其工作的重点集中在他拼村。近年，上级政府举财力为他拼村修建起宽敞舒适的学校，而且还硬化村道。当然，他拼村的国家帮扶不仅仅表现在标志性的乡政府大楼以及这些可以让人们实观的村社实体，而且还扩展到从“文化”的角度来培养红头瑶族增收的旅游资源。在当地政府的积极帮助下，他拼村建立了妇女联合会。与越南河内市非政府组织合作，外请一些手工艺专家进村培训红头瑶族妇女的手工刺绣技能。赖美晨（Ly Mai Chan）是他拼村妇女联合会主任。她每天忙于村寨旅游项目的开发，让外地游客在文化社区里更真实地了解红头瑶族传统文化。她积极联系非政府组织帮助和改善他拼村文化旅游环境，鼓励村民送孩子上学，也负责宣传计划生育政策。她说：“一些家庭已经生养了 10 个孩子，孩子多得超出了家庭抚养能力，非常不利于地方发展。”地方政府还在他拼村新建了卫生院，但医院显得相对比较冷清。瑶族多是山居生活，很少生病，即使生病，三两天也会自然病愈。平时生活中，很少有人到医院里看病。如果家里有人生大病，万不得已的时候，才到老街市治疗。在过去，村寨里很少有因生病而主动到医院治疗的人，所以各种药品对瑶族人的身体治疗都能产生很好的效果。重病之人经过正规医院治疗，基本都能痊愈。除此之外，乡镇干部每天都安排有专人负责查看村寨情况，与村民积极寻找旅游文化中存在的问题。游客往来他拼村收取的门票收入，基本上都用于村寨的基础设施建设。

他拼村既是当地政府特意推新发展出来的一个乡村民俗文化旅游村寨，同时也是周边各少数民族交易农产品和日用品的场所。过去，每逢集市时期，外地做生意的小商客就驱车进村，周边山居村民人挑马驮下山，会集到他拼村里完成双方都满意的交易。当然，这种原生的地方集市场景本身也是乡村民俗文化旅游的一个重要组成部分，一定程度上说也是吸引外地游客的旅游亮点。但由于没有相对固定和集中的商品买卖交易场所，分散、脏乱的集贸市景非常有碍观瞻。2010 年 4 月，当地干部结合规划，在他拼村西部位置新建了一个专供周边村民进行农产品交易的集贸市场，总共占地面积为 800 多平方米。为了匹配文化旅游，房屋构建充分尊重地方民族特色。石凳奠基，上立木柱环围整个场地，上盖茅草，四周横木加固，留出商品卖场。整个卖场呈蘑菇状大棚，虽然构造简单，但却倍增了他拼红头瑶族的朴素感。这个他拼村新生的景观成为游客进村时最乐于驻留的地方。在平时生活中，苗族村民若是家里有多余的时鲜蔬菜或山采的珍稀菌类食物，都会拿到这里卖。前来购买的人多数是当地乡干部以及村里经营小买卖的外地坐商。每逢集日，这里则成为热闹的商品购销和相识远亲旧友的聚会场所。

可以说，他拼村是一个能真正满足周边村民家庭生产生活用品买卖的小集市。过去，良好的地域生态为村民大量伐木、建造房屋提供了较好的机会，因此他拼红头瑶族民居多是木板搭顶的结构，纯木结构的房屋建筑完全是当地特殊环境生产出来的民居文化。然而，文明化进程使很多他拼红头瑶族现在喜欢采用石棉瓦来搭建房屋。相对于木板房来说，石棉瓦顶耐久、防水，是村民乐选的首要因素。同时，全球性生态环境诉求使国家生态环保政策出现在越南北部山区，瑶族山民因国家环保政策的出台而失去大量的伐木造房机会。两种历史因素综合改变了他拼红头瑶族传统的民居建筑格局。村民讲："前些年，只有经济条件比较宽裕的人才能建盖石棉瓦房屋。那时，路不好走，要到沙巴或老街市购买房屋建筑材料，然后再用马驮到村里。民俗文化旅游搞起来之后，进村的路也修好了，每逢集市，会有一些外地的生意人用汽车拉运建材到村里销售。"随着他拼村民俗文化旅游业的发展，集日到他拼村购买生活用品的人越来越多，扩大了生意的市场，便利了村民。近些年，不但他拼村民常到此地，而且周边少数民族也都喜欢来这里购买东西，商品买卖日渐丰富。集贸市场除满足其正常的农产品交易功能需要之外，还被附加上了一层新的文化功能。新建的卖场也被易容成具有“元文化”特色的生态建筑。他拼村总体上并没有脱离瑶族民俗村这个格调。所以，作为村庄民俗文化主体内容的红头瑶族妇女并不会积极主动地在这里出场，她们的文化旅游的场域主要还是在村里的文化上，妇女们在村口坐等，遇有游人进村，便蜂拥而上，这仍是他拼村最具特色的乡风。

他拼村民俗文化旅游业发展与其他村寨相比相对成熟。这里已经不同于其他分散在越南北部山区的瑶族村寨。村里产生了一股基层政府的实体力量，地方政府在村庄“实在场”。社交扩大和信息传播加快，尽管很多村民也了解到很多干部富己忘民的腐败信息，但他拼村民与干部的关系还是比较融洽。这种关系事实并非当地自古恒有，而是通过政府干部在村里的“作为”体现出来的。笔者在村里入户调查的时候，曾遇到这样一个非常有趣的事情。我们进到一户人家座谈，家主母亲见我们谈兴正浓，便凑过来跟我们攀附闲话，但当我们说到某干部的时候，老人放大声音嘀咕起来，和我们谈话的儿子见有本地人陪同，担心老人话语不对，关于干部的“闲话”散传出去于家不利，便速速打断老母，借话说：“那些都是前些年谣传的事了，老人年纪大，她说的话，你们不必当真。”他不停地叮嘱我们说：“别把老人的话当作事实，当地的这些乡村干部对我们都挺好。”当然，普通村民对“有作为”的政府普遍持认同态度。在他拼村调查，当笔者问及“您如何看待干部”时，村民都并不愿过多谈及这方面的问题。一方面，村民在日常生活中确实“不了解”为政者的工作逻辑；另一方面，地方性的生活知识和村民在社会交往中获及的关于为政者“潜规则”信息，使被乡村民俗文化旅游理性意识改造过的村民不愿口言地方当政者。地方当政者在他拼文化旅游业的创造和规范性管理过程中确实“有所作为”，村民从当政者的行为中获得了一定的实惠，所以村民对他们的普遍看法是：“政府里工作的人都特别能干，为我们村里做了很多很多的事情。”在他拼乡政府大楼的正前方，是典型的喀斯特溶岩地貌。据当地干部讲：“不平整路面不便利于乡镇日常工作，几届政府官员都曾做出过规划和平整地面的设想，但出于保持村寨自然景观以增加乡村旅游文化内容的民生考虑，便一直保留村庄本有的坑洼石面。”其实，这种做法也是干部们有意识培植旅游要素的积极行为。政府干部统一佩戴胸牌，除正常的乡政工作事务之外，他们都会主动积极地到村寨里查看旅游文化景点。地方乡绅民生为政的行为使他拼村干群之间维系着较好的社会关系。

地方乡镇干部的积极“作为”给地方边民创造了很多财富机会。边区干部积极富民的心态，也让他们充分熟悉和掌握了边境民族地区的地方性知识。他们结合地方性知识创造性地做出了许多切合地方实际的富民行为。国家通过制度和体制性的职位调整，将这些安排到边区培养而成的为政者整合到中央或省级政府的一些重要机构，地方性边境知识从而被移植到了国家中心，借助地方实践者拥有的位权有效地改造边境，在边境民族地区构造起极为坚固的“文化墙”，从而彻底实现“富民固边”的至上目标。越南政府在越北边区实施的这种国家战略效果是非常明显的。笔者到与中国云南直接接壤的越南边境民族村寨调查时，常听中国边境村寨少数民族说：“我家越南那边的亲戚生活很好，他们田地多，每家都养着很多的牛、马，交通也方便，基本上每家都有摩托车。不是买的，政府会发给他们。我们这些地方差他们远多了。”现实可以感受和触及的生活现象，使中（滇）越边境民族地区的中国边民的意识不同程度地产生动摇。他拼村民因乡村民俗文化旅游的到来，已经被沙巴旅游文化辐射和外来文化影响过的瑶族村民，更加迫不及待地想要加入当地政府的富民行动中，积极支持地方政府官员的“作为”行动。他拼村随着乡村民俗文化旅游业发展，多种文化因素的影响，村寨的社会秩序交织进了地方政府、外地游客以及当地民族族群等多重主体性元素。

通常来讲，边境民族地区的贫困常常使受益于知识深刻改造的年轻俊杰普遍缺失赴边为政的心理欲望。这种现状在中国西南边境民族地区也比较凸显。就职于中国云南金平、马关、麻栗坡等直接接壤越南北部边境地区的中国乡镇干部存在“宁愿调动也不愿在当地升迁”的集体意识。2009 年 7 月，笔者到云南红河州金平县瑶族地区调查，一位基层教育工作者曾对笔者讲述了当地的教育情况和边民的教育期待：边疆农村民众居住分散，村落规模小，交通不便，造成小学办学分散，规模小，教师资源浪费；县级财政困难，教师培训经费得不到保证，教师培训无法开展，师资水平难以提高，直接影响教学质量的提高；办学条件差，多年来，农村中小学的建设经费只能建教学楼和学生宿舍，虽然近年有农村中小学教师廉租房建设项目，但此项目因县级财政配套资金难以落实而无法实施，因此农村中小学教师住房困难的问题在很大程度上造成教师不安心工作，从而影响教学质量的提高；教师编制不足，造成教师工作量过大。边区群众都希望子女能够接受良好的教育，贫困群众希望子女得到全免费教育，希望政府在“两免一补”的基础上，增加学生生活补助，使其子女能够完成义务教育阶段的学业；希望改善办学条件，提高办学水平；希望提高师资水平及教学质量；集中办学，把资金投向人口较为集中的学校，扩大办学规模，撤并办学点，实现农村教育资源的整合；加大教师培训力度，提高教师水平；配足农村中小学教师编制。

越南北部边民的生活情况与中国云南边境民族地区并无异样，甚至由于越南国家整体性发展滞后于中国（越北边区的很多地方都不如中国），客观的事实深度培养了越南国家中心区文化精英远离边区的心理意识，“不愿赴边”成为越南青年知识分子的普遍意识。因此，为了实现“富边邦、安国族”的整体意志，越南国家政府便采取特殊方式来造福边区为政者。当然，正如上文所言，导向人们到越南北部边区的“元动力”不是纯物质理性追求，拥有边区经验的为政者常是国家干部重点培养对象才是最为切中的刺激。真正到基层的为政者出于拥有实现个人大志的心理“抱负”，便尽力在边区“有所作为”。因此，可以说，积极“在场”的乡镇干部为政富民，也不排除其暗隐的“私己”心愿。在战争时期，国家权力的代理人出于服务战争的需要，“为暴”边民的事件有时出现在越北山区也具有一定的合理性。越南史册记载着一些这方面的真实情况。边村里生活的祖辈们对曾经的社会生活不可能遗忘。在他拼村，凡是上了一定年岁的老人与地方干部之间依然恒久区隔着一道心理屏障。但中青年人缺乏地方曾有的史实感，对他们而言，更多是亲身感受到和享受到地方干部在富民过程中的“作为”，因而他们与地方干部之间便能够造就出较为恰切的沟通网络。这样，当乡村为政者代表国家（不排除为己）在村寨里积极“作为”，利用和创造各种资源发展民俗文化旅游的时候，红头瑶族村民与乡镇干部往往能够整合成一个较好的趣缘共同体。

第三节 历史场景隐喻价值的当代激活

历史场景是客观存在的，但能以“反历史事件”本身的刻板性而衍生出深层价值。人们会因某种历史场景的特性而将之激活，达到记忆效果。随着历史事件的日渐远去，这一做法以逆向之劲得到加强。尤其是在市场经济背景下，几乎达到了白热化程度，而使脱离事件内涵的场景外壳被赋予了耐人挖掘的特质。

越南老街沙巴县他拼村头的教堂，尽管没有得到修缮，但破败的凋落景象，仍戏剧性地获得了极大的隐喻价值。显然，作为认识手段的隐喻，大大削减了历史事件本身的沉闷，而使历史场景活泛且深刻。将市场经济条件下红头瑶族如何从历史场景中获得隐喻性价值作为参照点，能够发掘曾经作为支配力量而奴役红头瑶族的西方势力，在内容消失和徒留形式后，被红头瑶族从实践中激活出来并产生一定的社会效应，进而创造出意识形态权力以处理显现社会问题的一种独特的社会空间方法。经验表明，红头瑶族借助教堂而模塑出的生活实践往往就隐藏在暗示、含蓄的言语及非言语之中。

一 红头瑶族与教堂的遭遇

有什么样的生活际遇就能培植出什么样的价值逻辑。定居以后红头瑶族是一个务守田庄的农耕民族，农耕文明陶冶了红头瑶族朴素的认知体系和道德生命观；依山居住、靠田延命、傍水颐养的生活环境决定了红头瑶族的传统社会画面以及与其生命相始终的原始宗教信仰。对于红头瑶族来说，从摇篮到坟墓都离不开此番原生自然机制的培育。从自然而来、到自然而去的双程方式在红头瑶族社会生活中起到了巨大的模塑效用，以至在传统上红头瑶族一直是一个无须借助外来规范就能延续族群生命的彻底的自发性共同体。

然而，他拼村教堂的出现，却使红头瑶族具有的这种传统根植性遭到动摇。教堂坐落在村庄左边，占地三四百平方米，墙壁破败凋零，屋顶早已剥蚀殆尽而无片瓦能遮阳蔽日，四壁迎风战栗着，却不失格调地渲染着西方建筑的韵味。与教堂毗邻而立的是进入他拼村、配有警戒杆的“门岗”，中间由条通向村子的公路将它们断然劈开。公路的面世，既区别了教堂和门岗，也粘连了二者。据说，门岗是他拼村成为民俗旅游村后才修建的。与教堂远去的历史相较而言，门岗算得上是较为晚近的地方社会产品。门岗里有一位能够操简单英语的越南籍守卫。每当游客路过，守岗的门卫就会立刻出现在警戒杆前方，要求游客购买面值4万越盾（相当于人民币十多元）的门票，之后方可入村。与教堂空无一人的景象对比，在这里的讨价还价确实给只有一人看守的门岗增添了无限的人气。

进入近现代，尤其是19世纪西方国家主导下的自然科学取得辩证性突破后，红头瑶族根植的传统习俗和古朴机制遭到了前所未有的挑战而最终沦落为相悖于进化论所力主的边缘话题。摆脱“非文明”之困境，诚然是西方“文明武器”希图攻克的关键所在。早期的商路开辟，断然拉开了西方将雄心壮志转换成力行实履的殖民越南的序幕。

其实，早在1787年法国传教士就建议路易十六占领越南，以打开通向中国腹地的商路。19世纪50年代，随着“法兰西东方帝国”美愿的日益膨胀，法国侵占越南指日可待。1862年，《西贡条约》的签订及领地的割让，使法国试图让越南“走向文明”的夙愿终于有了可能。法国侵越梦的初现，加速了法国始涉越南时的宗旨国令——传教。最终对越南政治局势的掌控，不仅使传教活动获得了最为基础的政治动员力，而且还获得了最不能体现人性的公开性及合理性的行为指南。在红头瑶族社会中大肆推行天主教则相应地转换成了洗涤民族心智的正当存在及理所当然的价值启示。当法国殖民者将位于越南老街省的沙巴镇遴选为官兵们的理想度假场所之后，在越南北方建立宗教场便获得了当仁不让的理由。

直面汹涌而来的法国殖民势力，红头瑶族的原始信仰不是被巩固和发扬了，相反却被声势浩大的天主教覆盖了。颇具戏剧性的是，外来信仰的嵌入，致使红头瑶族在互动中体知到了对方的意义所在。当殖民者在提供物质援助来“犒劳”认同后，红头瑶族比照了自我社会之短项，从而坚固了对殖民者超凡物质能力及行为意识的附和性与趋向性。红头瑶族最终改信异国宗教的做法，在一定程度上是被强制地接受了文明与分层的模式，让自身陷入到以教堂为轴心展开的地域政治关系中，而适应着非个人契约联合的法理社会的机械套路。显然，这种情势所造就的是一个“人为制品”的、饱含受限的社会单元。

现在，伫立于村头的天主教教堂正在见证着历史上的这一造化。尽管殖民统治早已过去，但是徒有四壁的教堂依然在复归着历史上法国殖民者与红头瑶族的遭遇。尽管教堂在外表上早已斑驳，但生活在此的红头瑶族仍能在回忆历史的过程中发挥关联性想象，赋予这一静态的实物以动态的思维，而使自己不至于被历史冲刷灭迹。教堂由之转换成了一尊拔地而起的象征场域。

客观上，尽管人类的宗教文化和意识形态有着相当的“自主”性，但市场经济还是给这种自主性提供了新的解法。随着越南国家改革步伐的加快及全球化的加速，这一局势正在得到前所未有的演绎以至无力拦截。红头瑶族与这座破损的教堂在以新的表征形式复归着往昔的关联效应。历史的质性和道德正在成为考量的非重点，而所具有的支配性正在因时代转型而变换并挤入时代前沿，进而获得无尚的叠加新意及内蕴。

他拼村启动民俗旅游是由越南政府全权主导的，而生于此的红头瑶族在另外角度上却是以非主体性角色参与的，但红头瑶族却不失时机地攀附着成为主体角色。尽管更多的场合下，红头瑶族不过是一个表述主体（即能够用语言表述这一段特殊故事或情节的主体，也许这些故事或情节在越南国家的大历史中没被看重或者早已淡忘甚至不存在），而当红头瑶族向游客津津乐道解释教堂的来龙去脉时，透露出了红头瑶族对主体性身份的期待。他们甚至在说法上也字斟句酌，以期加强并固化自身与教堂的关联。对他们而言，其所面临的不是解决殖民统治遗留下的各种症结，也不是舒缓越南结构转型中错综复杂的紧张冲突，而是如何让这一遗留的历史场景与自己发生更多联系。这样，便能加大自身在历史中的角色分量，从而获得既能加强集体性也能突出个体性权利的契机。目前，红头瑶族正在将自身投入市场经济大潮并创新着当代历史。在确定自我边界的同时，也复兴了“他人”之角色。

二 红头瑶族对“我为谁”的意义体认

历史事件已成过去，但历史场景却能激发新的意识，赋予人的行动以意义，并为身份存在找到逻辑支撑点。越南历史上的殖民统治，使红头瑶族作为一个由本民族意义和经验体现的有机世界的整体被侵犯了，并且陷入到一种乱真的互动关系之中。越南取得独立主权后，红头瑶族分享了国民待遇。但是各种制度，却以可能的方式使红头瑶族作为表述主体固有的权利被削减。而这并非因此说明红头瑶族早已成为主体性缺失的空洞民族。相反，市场经济的出现，给红头瑶族塑造主体性提供了新的平台。无论从何种角度来看，市场经济都当之无愧地给红头瑶族体认“我为谁”提供了极大的意义场景。在活泛的市场经济浪潮中，通过认识、感知和想象，红头瑶族逐渐形成了关于自身的意义体认和价值命题。而他拼村民俗旅游景点的教堂，则是红头瑶族借助这一逻辑获得适应性及创造性的平台，红头瑶族从中将熟知及陌生结合在了一起，并在已理解的场景中创造了新的身份意义。

冷清的教堂虽然显得格外沉寂，但却饱含深刻的社会价值。世代生活于此的红头瑶族，以见证历史与现实的主体性角色，给这一座斑驳且深具西方特色的建筑体注入了生命力。民俗旅游的启动，则使红头瑶族作为新的主体角色在当代的价值被彻底激活。借助教堂，红头瑶族发现自我，表达了“我为谁”的意义体认。

历史表述人。面对破损的教堂，红头瑶族将自身当作是最能表述这一历史的主体。当直面游客时，红头瑶族争先恐后地描述祖父的祖父是如何与这座教堂密切关联着的。他们从不同侧面阐释着先辈与教堂的关系。有的红头瑶族称其祖父曾为修建教堂立下功劳，不仅出劳力，而且还把自家山林里的果树木材奉献出来，制成撑顶的教堂柱梁。有的红头瑶族则说，其祖母曾在教堂做过事，为教主伺侯餐饭、起居、出行等。最开始时，由于到此新驻的法国人不熟悉当地山路，所以有的红头瑶族做了向导，担当起传递本土知识的角色，获得法国官兵的信任。山里何时有雾，一天几时有雨，对于不是生于斯长于斯的法国官兵来说无法掌握，红头瑶族一并给予提供。山里灿然可爱的野果，哪些能食哪些不能食，红头瑶族一一做了引介。总之，他们会用不同的故事或情节使自己与教堂发生尽可能多的关联。由此，红头瑶族通过表述先辈与教堂的关系而体现了自身价值、信誉，赋予了自我作为历史表述者的角色，分享了“主流”“中心”的意义体系，在社会化进程中增大了提升自我身份地位的动力机制，使习惯性互动转换成组织能力。

事实溯源者。自他拼村启动民俗旅游后，红头瑶族在介绍教堂时，都会将先辈与教堂的故事一并传讲。无论是游客抑或怀揣某种意向的考察者，都会被红头瑶族当作重点对象而将过往的遭遇传述。他们喜欢用“一百年前”这样一个时间概念对先辈历史进行断代。当问及这是何时的事情，“一百年前”成了恒久的不变之调，这显然潜在地赋予了历史深厚感，同时又隐约地夸大了越南国家建设史的长久性（由此似乎能够折射出越南国家对民族意识的强化已近成熟）。与此同时，其先辈如何在教堂与家庭之间发生联系，红头瑶族也做了“回放”。他们会说，祖父的祖父是如何每天来此做礼拜的。祖父或祖父的祖父是如何通过来教堂礼拜后给家里捎带生活用品的。一位红头瑶族妇女回忆说：“据祖父讲，当他还小时，村里不多的人每周五都会聚集到教堂分享能够维持家用的食物。”大部分红头瑶族认为，在以前，当病情严重，没法通过草药治愈时，教堂里获得的那些“颗粒物”，尽管形态上不如习惯性的药物大小，但是高超的效率却使人不得不为之叹服。诚然，这些久远的事实并未发生在眼前这些红头瑶族的身上，但是从他们的言行上却可感知到他们试图将自己当作能够溯源历史的主体身份的愿望是何等的强烈。

经验开导者。红头瑶族借助先辈的荣光，当面对游客，尤其是那些不具备天主教信仰的民族时，会满怀强烈热情展示着深具“善”和“仁慈”的西方宗教是如何拯救一个民族及历史的，其目的在于希图自己正诉说的对象能够拥抱这样的信仰。当得知笔者是中国人时，红头瑶族便会自信地说道，“主”是不会抛下任何人的，“主”随时都会眷顾着每一个人，会让他衣食无忧，无病无害，走向天堂。同时，红头瑶族还会将“主”的恩德推及本民族的历史遭遇的改善上，并认为本民族之所以最终摆脱迁徙不止、无家无靠的流浪生活而落脚于此全然得益于“主”的恩赐。看着笔者仔细聆听并随时低头记录的模样，红头瑶族似乎在暗中期待笔者也会因为“主”的眷顾而从此停下耘智的笔耕。不仅对笔者这样，似乎对所有远道而来的游客红头瑶族都会献上这份饱藏许久的独有心情。纵然，游客的光顾给他们捎来了增加收入的可能机会，但期待这些流动不止的游客在“主”的惠顾中，能够终结飘荡的旅途似乎也是他们的期待所在。

理性适用者。他拼村民俗旅游是以红头瑶族颇具特色的民族文化得以启动的，但村头这一座被风雨剥蚀殆尽的教堂残迹同样也是一个重要的推动元素。而这却更多地建立在红头瑶族的自我利益实现上。他们使自己与教堂产生联系，为当下的旅游经济增加了厚重感。他们认为，教堂能够代表他们悠久的历史、丰富的过往及活泛的现实。教堂不仅能让他们在心理上获得安慰，而且还增强了他们的自我重要性。由于深谙民族文化是与其岁月生活一直相续同在，进而因为熟悉而滋生轻视。在红头瑶族看来，他们自己的文化不过是一种自在的行为表现，他们对远道而来、兴致盎然的游客亲临如此偏僻的角落参观旅游，显得极为不可理解。而有脸有面的教堂，在红头瑶族看来却能有助于他们理性的经济适用性得以兑现。充满异国风情的教堂能加大他们存在于此的分量和累积经济发展的厚度，最终在蒸蒸日上的旅游经济中使钱袋鼓起来。

多重价值的承续人。红头瑶族无论在装束上抑或在言语中都流露出了身为红头瑶族的特质。但是，当他们诉说着教堂与其祖先的历史渊源时，却流露出了自己具有西方宗教文明承续人的多重角色身份。他们既是瑶族文化的典型支系，也是西方宗教文明的承续人。他们隐藏了越南国家争取独立主权的历史，而表述了西方在越南的扩张。他们既是民间主体，又是适当彰显越南国家公民的角色。他们既是历史必然性的见证人，也是不可规约的独特个体。他们既掌握了本民族的绝对真理，也实现了对自我状态的超越。他们既是一种压制的表现，也是一种反弹的结果。他们既部分地传承历史，又部分地否定历史。他们表述了近代，却又难以回避现实。他们体现了自性，却又无法从茫然之中挣脱。这是他们的瞬间感受，也是一种难以避免的规范抒写。

历史与现实冲突的践履者。教堂在越南国家历史上的出现，在本质上是与国家主权所倡导的精神理念相悖的。历史上，法国殖民者的入侵遭到越南人民的反对和抗议。建立教堂，却是这种反对和抗议失败的结果。赶走殖民者，获得主权独立，是越南人民梦想所在。摧毁教堂这样的精神束缚显然也是理所当然的。现在所能看到的教堂的破败景象，说明这种梦想最终化成了真切的现实，说明越南对殖民统治的摧毁不仅从精神的高度实现，而且也在物质的层面达到饱满的状态。然而，近几年来，随着越南国家改革开放步伐的加大，拉动经济发展的愿望与手段日益变得多元化，像教堂这样的曾被打入历史冷宫中的遗物，却获得了焕然一新的生机。人民不是卧薪尝胆将历史的隐痛转换成奋发图强的钥匙，相反却是晒出了历史并将其转换成经济增收的筹码。红头瑶族正是在这样的情节中，在有痛无伤的现实情节中调换了历史与现实的对垒，而将自己变成了一个历史与现实冲突的践履者。

总之，通过教堂，红头瑶族将从过去继承来的社会结构做了特定发挥。通过教堂这种特定历史背景下的场所触发，红头瑶族重塑了自我形象，将本民族在历史进程中一直延续的思想文化、意识形态或符号意义等具有的自主性做了新颖的注脚，并从根本上表述和印证了一个作为社会性而存在的红头瑶族民族，从而展示了自身在地理上或空间中皆不是一个封闭的社会系统，多重交叠的社会空间性和权力网络性越来越成为红头瑶族社会的核心内容。

三 红头瑶族对“他是谁”的身份分辨

从发生学角度来看，人们总是在先造就了自己后，再生产周围的世界。在先认识自己为谁的情况下，才对他人作出分辨。在自我认同形成的同时，相应地形成认异。认同与认异可以说是同时产生和并存的。红头瑶族通过教堂而推动自我身份确定后，一种关于异己的身份分辨也就出现了。在某种意义上，尽管殖民统治结局是惨淡的，但创造了一定程度上的非封闭性及部分性的集体生活。遗留至今的教堂提供了一个理解这一态势的渠道。通过已认识的事物，红头瑶族再造了意义、感知、评价及行动，由此揭示了本民族的思想及诗性想象力运作的无拘无束。若没有民俗文化旅游的启动，教堂不过是一座空洞的建筑。而民俗文化旅游启动后，尽管教堂破损且无教主和神职人员，但却使红头瑶族从中体认到“我为谁”并由此理解“他是谁”。教堂创造和延伸的社会价值成为地方特有的标志，但集权、统治和征服却有浓郁的西方根植性。红头瑶族利用对法国殖民者身份的记忆呈现了这种根植性。

命运恩人。殖民统治者早已回归故国，但是斑驳的教堂却能唤起红头瑶族对命运恩人的惦记。访谈中，红头瑶族在讲述家族与教堂之关系时，总忘不了提及法国殖民者在他们缺医少药的那些日子是如何帮助他们的。据说，很多人当患病而普通药草没能奏效时，法国殖民者给他们的一丁点片剂就能药到病除。同时，法国殖民者也给他们一些较好的生活用品。比如洗衣服，他们无须再常用皂角壳（皂角树之果，酷似很大的扁豆）或青灰（烧尽木柴留下的余灰）泡洗，而是有了法国人给他们提供的肥皂、洗衣液。火种也无须再每晚都耗上足够多的木柴捂着以便第二天取火苗。几乎每家都有耐用的木制大头火柴。夜里照明也无须使用跑遍森林寻觅来的松香，而是以煤油代之。总之，殖民者从各方面使红头瑶族的生活状况有了改善。他们不仅能驱走病魔，而且生活条件较之以往有了显著提高。红头瑶族远离了痛苦的辗转，并因此产生了一种特殊的社会反应：教堂被符号意义所吞没而成为共同体象征；所塑造出的殖民社会团结友爱成分远远大于结构秩序成分。尽管法国殖民者和红头瑶族大多数情况下在动机上是无干系的，但双方都拥有一个向前的共同驱力。虽然二者来自不同国度，但这种足够大的驱力却能增大双方交互的动力机制。随着教堂在红头瑶族生活中产生的作用日益强大，红头瑶族以教堂为生活体系的共同依赖性也随之增大。

“红酒咖啡”之主。他拚村一带气候温润，法国殖民者到来后，将其转换成了种植葡萄的理想场所。迄今为止，在地面上还隐约显露着一些支撑葡萄架的坚实水泥柱子。几乎每个红头瑶族都能道出他们与葡萄园和葡萄酒的关系。法国殖民者早先留下的种植葡萄、酿造葡萄的方式还存留在他们的记忆中。同时，法国殖民者还将喝咖啡的习惯带进了此地。尽管现时的村落里，几乎没人能支付得起喝上半听葡萄酒或咖啡的钱来，但是他们对这一高雅文化的向往依然痴醉。他们会用手指着沙巴镇街头那些为迎合游客而开办的酒馆或咖啡屋，诉说着美好过往，默念着曾与他们朝夕相伴的饮食习惯、日常风俗，又无法控制住几分遗憾的流露，暗自哀叹着现实中束之高阁、远离生活常态早已成了不可企及的开销和享受。在此，葡萄种植条件以及其与周围生态交换和传播的一体化性质，使红头瑶族、村庄、殖民者和正在形成的越南国家产生了某种已融合的权力交叉。

文明之化身。假若红头瑶族和殖民者之间不存在任何政治冲突，那么把他们作为单一过程来对待，则有利于理解人类文明知识累积的进程。当面对教堂时，红头瑶族会因本民族没有如此盛大的场面而略露惋惜。他们艳羡这种宏大教堂的庄严与威耸，鄙视自身原始且松散的村庄结构。他们认为这些外国人很有条理，一切缘自他们有形建筑的无形塑造。这些外国人，以阿拉伯数字为出行或活动日期，是先进及文明之化身。而自身以农耕节气为标准的日出而作日落而息则被视作是背离这种文明常态的。更为关键的是，他们还认为西方的信仰，更是一种集体行为。也许，大家聚集在教堂而组构成临时共同体，在一定层面上是具有实在意义的集体本体，但是教堂与殖民势力的同一性却冲击了这种本应有的质性。法国殖民者初来乍到时，由于不通当地语言，所以他们找到了能亲信的红头瑶族，从基本的简单事务开始（比如一日三餐，住房居所如何用瑶语说），然后再用其母语将其译释过来。从简单的单音开始，与红头瑶族发生最为直接的语言交流。久而久之，法国殖民者便把握了红头瑶族音素结构，为他们创造了文字。今天的红头瑶族能够书写本民族文字，就是殖民者贡献所在。一直以来，红头瑶族始终将这些居住在立体感强烈的房屋里的人当作文明之师。

仲裁者。如同越南现代国家的行政运作一样，当教堂置身于红头瑶族生活内部时，也存在某种程度的规范调节。法国殖民统治时期，红头瑶族之间、红头瑶族村落之间发生冲突或争端，教堂会出面就意识形态及行为动向之间的冲突作出调节。当法国殖民者与红头瑶族发生争端时，教堂也会出面解决。存在冲突，就存在解决冲突的规则。存在争端，也就存在解决争端的程序。法国殖民者的入侵在一定意义上，使得红头瑶族社会转换成了一个边缘不清楚的领地，在这样一个置于地缘政治中且饱受外部机制调制的集体之内，充斥着多种权力的运作，教堂借此置身其中充分发挥了仲裁作用，以一种明细的、老练的方式，安排和组织生产与再分配，最终造就了一个靠着某种外力达到平衡的红头瑶族社会临时整体。

诚信之人。尽管现在的教堂里已经没有法国教主和神职人员的身影，但法国殖民者的诚信形象还是较好地铭刻在了红头瑶族的记忆深处。与市场经济背景下到此一游的外国游客，尤其是高鼻深目之模样的游客交往更加深了这种认识，并将这些外国游客具有的特点推及先在的法国教主或神职人员身上。在红头瑶族看来，这些高鼻深目之人可信。与亚洲人或者其他洲的人比较而言，他们更愿意与这些白皮肤、蓝眼睛、高个子的人交往。红头瑶族认为他们诚挚，有信用，很通融，令人尊重。几乎到此一游的此番模样的游客都会深受红头瑶族的追捧，而这样的游客也会买走他们的手工艺品，更让他们感恩备至。由此，这不仅增强了红头瑶族与此类人更多的互动，而且也突出了他们对历史上曾朝夕相处的这番模样之人的信服和景仰。

作为同盟的权力运作者。法国殖民者来到他拼村后，由于治理的需要，他们调动了村里一切可用的资源，包括寻找“代理人”或“经纪人”。初入异地，法国殖民者需要借助当地头人的援助才能摸清状况。组织和控制红头瑶族财物及领土，推动殖民统治和奴役，达到支配整个社会形式的效果，是法国殖民者的重要目的。在红头瑶族社会中比较有权势的头人，受到殖民者的青睐。殖民者的提携无疑能够提振他们的信心和勇气，并加大他们暴露自己民族短缺的力度。殖民者借助头人而达到善美的政策运作，同时头人也得到法国殖民者的帮助实现了所求之愿。二者在相互支持中推进了价值共识和行为诉求。结盟意识和实践随之出现且强化。在此，建立相互依存的更为广泛的、散乱的相似性是二者成为组织性同盟的根源。一定意义上，头人掌控了村里绝大部分财产，法国殖民者却没能一厢情愿地获取这些财产。与头人折中显然是捷径。由此，财产和政治权威的融合创造了一个受禁闭而界限明确的独立王国，以教堂为中心而形成的广泛合作也就相应地伴随着一个强有力的权力网络的滋生。而普通的红头瑶族民众则因此被区别开来，沦落于边缘的境地。总之，借助教堂，法国殖民者和头人获得了某种统治权，他们凭借双方通融和接纳的手段，将各自所属的代表性权威转换成了强制性权力。

总之，尽管教堂因为法国殖民统治的崩溃而走向瓦解，成为既没有教主也没有神职人员更没有当地红头瑶族祭拜的空巢，但教堂却在市场经济被激起的今天，以不可抵挡的势头促动着红头瑶族自我身份的塑造与他者角色的复归，催使着“实践”与“观念”互构机制的生成。可以说，教堂在红头瑶族的社会生活中是一个多义符号，隐喻着完整的语义体系，这一体系使红头瑶族脑海里和认知中的概念、意象、情感、价值体系以及思维定式相互发生着联系。通过教堂，可复现殖民时代的存在，可临摹出传统法规和制度造就的地域共同体的界限，可通晓红头瑶族有界性互动的当代传递。总体上，教堂在增强禁闭性和地域固定性的同时，给之后越南国家在交迭权力网络中产生的社会文明增生出一个异趣于传统的动态配方。教堂在意味着约束和规制的同时，也包含了在满足需求的际遇中生发创意的可能。

第四节　被殖民主体复合身份的重现

近现代民族国家在推进战略进攻和防御的过程中，大多将自我能量的扩充置于其他国家利益的基础上，手段较激进的则是对这些国家明目张胆地控制其政治、经济、文化，最终实现利益最大化，夯实国际性权力政治。同时，也使被殖民国家和人民进入有别于传统的生计模式中。然而，如同形与影的关系，随着殖民主义在近现代的土崩瓦解，殖民主义推置于被殖民者身上的奴役随之淡出主流。殖民主义所赋予的一切，被新兴民族国家唾弃，原则上回到了本国呼吁的治理模式上去。进入新的世纪，全球化进程的加速，国际社会互动频率的提升，却使得早已随着殖民统治瓦解而宣告终结的被殖民情结再度活泛起来并产生新的内涵。以越南老街省他拼村红头瑶族妇女为探讨重点，可发现历史上被殖民国家或被殖民主体尽管已在其主权身份下追求自我模式，但一种趋从于原先殖民者的隐性结构与潜在顺从的决意并未因为历史进程的推延而走向终结，相反则是日渐强烈。

一　红头瑶族妇女交往圈扩展

进入 21 世纪，全球化、市场化将原始的农耕狩猎民族带入了新的生活世界。农耕性的生计方式被置换出人们熟稔的视野，取而代之的是富有现代元素的生计方式和作业手段。自古以来，生活于越南老街省沙巴镇他拼村的红头瑶族妇女一直以农耕维持生计，种田犁地、施肥锄草、收割庄稼、砍柴做饭，无一不是她们的工作。她们被束缚在了紧密的农业生产上。进入新时代，越南政府在该村启动民俗文化旅游后，将众多从事农耕生产的妇女从传统的劳作中置换出来。红头瑶族的传统文化尤其是典型的民居形制和手工艺品，变成了承载她们驶入这一新兴空间的重要物体之一。

规划布置好的他拼民俗文化旅游村的主道两旁经常坐着成群的红头瑶族妇女，她们头上的红色头巾，以及手里正在刺绣的针脚，足以展示出独特的文化特征。当游客来到村头时，她们中的一部分会立即奔向游客向其推销产品，而另一部分却坐着继续刺绣，仿佛就根本没在意来此的游客。笔者在访谈中了解到，这些稳坐不动的妇女，她们手中的刺绣工艺，是早已跟几家商家联系好的，所以她们犯不着一见到游客就迫不及待地推销她们的手工艺品。而那些没跟厂家有联系的人却只好抓住游客来此的机会，趁此向游客推销产品。另外，又据向游客推销产品的红头瑶族女性说，她们之所以没向游客推销产品，是因为她们不会说英语。会说英语的，能与游客做到及时沟通的人，有时储备的手工艺品不够用时，还会向那些不会说英语的妇女购买（不过这个购买价格，一定是低于卖给游客的价）。可见，会讲英语是她们赢得游客的一个首要条件。

红头瑶族妇女在村头卖手工艺品不是一两天就完结的事情，经年累月都这样。当问及她们是否会担心手工艺品能否卖出去时，她们似乎不太在意，表示能到村头或路口去卖手工艺品，只要邀约上几个好姐妹，一天的时间很容易就过去了，大家在一起很开心。况且，尽管人数不多，但每天都有游客到此游览。不管是哪国人，她们的英语都能适用。虽然这些外国人并不是所有的都会买走她们的手工艺品，但她们却可以跟这些异域的外国人尽情地交谈。一进村时，红头瑶族妇女见到是外国人模样的人，通常第一句话就是“Where are you from?”（你来自哪里?）紧接着才是其他寒暄。若在谈论上有默契的地方，她们会忘乎所以地跟着这些外国游客游遍整个村子，一边说着英语，一边搓着手里的亚麻。

显然，她们的初衷是来村头或路口销售手工艺品，但当一种自然情感蔓延时，她们却将自己的本务放置，与这些既陌生又熟悉的外国游客攀谈。而当她们搁置自己的业务与欧美游客在一起时，一种历史经历便在她们身上浮现出来，并在新的时空中赋予其新的行为内涵。

二　被殖民主体当代情结的潜在表述

自从他拼村启动民俗文化旅游以来，每天都有游客到此游览，其中更多是来自欧美地区的游客。金发碧眼、身材茁壮的人出出入入，给这个平凡的民俗村增添了崭新的意蕴。在传统的生产作业方式中，红头瑶族妇女被局限在农耕上。这样的结果造成她们在固守传统的过程中，与传统疏远了距离。而当村里民俗文化旅游启动后，红头瑶族再次靠近传统，并展示了与传统的历史联系和瓜葛。她们与欧美在历史上产生的殖民渊源被激发出来。尽管法国人对越南人民的殖民统治已成为过往，但在越南，至少是红头瑶族身上依然保留着那份属于过往的记忆。在一定意义上，这也是越南人在历史上作为被殖民主体的当代情结的体现。由此可看到，殖民统治在造成一个民族灾难的同时，也会给这个民族植入更为深厚的跨界认同和行为模仿，从而使人类文化的发展呈现出多面性的意义关系。

红头瑶族看到游客来村里的时候，她们都会向所有的游客推销产品。而当看着是欧美国家模样的人，她们会展示出更大的兴趣，不仅会跟随这些游客很久，而且攀谈的时间还会更长。更多的时候，这样的攀谈已没有推销产品的欲望，相反则变成红头瑶族妇女向这些老外倾诉生活压力和现实困苦的机会。

调查了解到，那些红头瑶族妇女跟这些欧美老外走得较近的原因是多方面的。她们认为，首要一点是要会说英语，容易沟通。其次是这些外国人有钱，一般会买她们的手工艺品。最后，她们觉得这些外国人更像她们忠实的朋友（觉得他们不会骗人，在历史上他们曾经合作帮助过）。在村头，随时有这样的情形，当金发碧眼、身材高大的外国人被红头瑶族妇女围住时，推销产品似乎变成了妇女们最不要紧的事。当三五个红头瑶族妇女围住一两个欧美游客时，她们显得特别亲切、特别友好。她们拉着这些男性游客的手，或时不时地用手肘蹭着游客。到此旅游的游客来自世界各地，亚洲的、欧美的，各地皆有。或许是这些妇女们由于长期接触这些外来者，她们已经能在表面上区分游客是哪国的人。对于中国人和新加坡、马来西亚等国的人，她们都能准确一一判断出来。她们虽在对外交流时都一直使用英语，但她们在对象上却是有分类的。对于所有的游客，她们都会采取跟踪尾随，甚至以围堵的形式展示各自有多大的本事能拽住多少游客，试图劝说他们买下自己的手工艺品。而对欧美游客，她们却显示出另一番别致的情调，主要体现在意识、语言、态度、行为方式和效果。

在意识上。调查了解到，当她们看到金发碧眼的外国人时，便产生了他们会比中国人或者亚洲其他国家的人更富有的意识。几位年长的红头瑶族妇女说，听她们的老人讲，当他们缺医少药时是这些外国人（而事实上都是殖民时期的法国人）给予他们帮助的，他们的房屋住室也都是这些外国人帮他们改善修理的。由于历史上有这一幕，所以今天当她们遇到这些外国人时，也就因此感到无比亲切。而今天她们依然相信这些外国人依旧是能帮助她们的人，是能出得起钱买走她们手工艺品的人。在这里，历史和现实的因素，致使她们对这些欧美游客在意识上产生了强烈的认同感。

在语言上。长时间的在民俗旅游村推销产品，红头瑶族妇女几乎都能判别谁的英语较好。在她们看来，与自己长相差不多的亚洲人，在英语语言能力上显然弱于黄头发的人。因而，她们便从面容上，就决定下来与谁会有更多语言亲近的可能。调查了解到，上过中小学的女性甚至认为现在的越南拼音都是跟英语有着千丝万缕的联系，文字形象酷似英语，而非像汉语那样的方方正正，她们甚至认为这是欧美人为她们带来了创造这种文字的灵感。她们之所以接受英语的语言能力比较强，还在于其母语（越南语）与英语颇为相似之故，并认为这样的语言对她们来说很有便利，易学易懂。

在态度上。当见到金发碧眼的欧美人，红头瑶族妇女推销手工艺品的热情都会顿时高涨。她们会迅速奔向这些外国人，以亲切的话语问候着“Where are you from?”（你来自哪里?）接着，这些来到异地发现本地人会说自己母语的外国人变得极为开心和客气，他们于是便认真地和她们攀谈。一种因为其母语在异国被使用的民族自豪感得到了传递，同时一种找到语言认同的安慰感也在红头瑶族妇女们的身上被激发出来。这是一种共变。

行为方式上。当红头瑶族妇女向欧美人推销产品时，大多表现出极为热情的态度。她们和欧美游客同时在村里行走时，会不自觉地碰下他们的手臂，或以手掌轻击他们的肩膀。这样，欧美游客也会以回碰或回击以示友好。跟欧美游客坐在一起歇息或聊天时，欧美游客总是居中，而四周围着红头瑶族妇女。欧美游客展示出一副和蔼的表情，向身边的红头瑶族妇女谈着她们的手工艺品或其他。有时，一群红头瑶族妇女跟着一两个欧美游客，其主调是推销手工艺品（虽然也有其他的情感交流和交谈），但形式上看起来更像是一个欧美人正率领着一群红头瑶族妇女。

效果上。由于红头瑶族妇女以自身的条件和历史上遗留下来的与欧美人密切关系的记忆，所以当她们推销产品时，也就较易得到这些欧美人的支持和理解。有些手工艺品，尽管在欧美人的实际生活中用处并不大，点缀也很粗糙，但当一群群妇女在辛苦跟随欧美游客大半天或一整天的“爬山涉水”后，他们最终还是给了几个在他们眼里从来不多的钱，买下红头瑶族妇女手里推销已久的手工艺品。在调查中了解到，这些欧美人觉得这些产品在质地上并不是很好，而且手工精细上也非常欠佳，但他们之所以买这些东西，是因为她们已跟随他们一整天，觉得对不起她们，便靠买走其手工艺品以安慰她们。这些欧美游客还说，尽管这些手工艺品并非上乘，但他们也可将其带回，跟在其他地方买到的其他少数民族的手工艺品摆在一起，以做比较。有的欧美游客说，他们不需要这些粗糙的东西，更宁愿给他们一点现金。反正，一美元或几欧元，在红头瑶族妇女眼里都是巨大的数字。虽然欧美客人表示出无奈，但在瑶族妇女看来，这些高鼻梁的人更乐于施舍，就像很久以前一样依然照顾并关心着她们。她们的危难困苦，始终是这些欧美人从过去延伸到现实的关怀焦点。总之，不仅在历史上，在现实中，欧美人依然在她们心中留着深刻的“救世主”般的印象。

村头或路口静候游客的红头瑶族妇女看到游客尤其是金发碧眼的游客出现时，她们便蜂拥而至，尽自己最大本事地拽住游客。虽然，这是旅游过程中为赢利而采取的行为，却在一定意义上彰显了历史上越南作为被殖民对象的当代情结的激起，是历史上被殖民主体的当代表征。

三 当代民族国家与国际环境激活被殖民主体的被殖民情结

进入新的时代，民族国家积极诉求发展，在丰富国际政治内涵的同时，也使得一种新的非工具性知识在作为各种社会决定的基础下得到创生。在这些民族国家因为发展政治经济而与其他国家产生联系的过程中，却导致了蕴藏在民族记忆里的一种政治情结被激活和表述出来。

在历史上，欧美国家对越南这样的国家采取过战争措施，越南也以战争的方式回击。战争演变成了人类集团之间有组织的暴力活动，造成了重大的伤害。尽管交战国国家主体在目标上是冲突的，但是，在殖民者与被殖民人民之间却有一种情感联络，一种对共同体的理解和认识。在这里，知识、认同深深扎根于人们的行为互动之中。通过红头瑶族与外国游客的互动，彰显出了身份认同、分类准则和面对面关系的力量。在身份认同上，共同的历史记忆成为将他们重新整合在一起的力量。虽然对于一个被侵略的主权国来说，存在着难堪和耻辱，但对于民众来说，在他们心中却存留有彼此间的情感共识。他们相互依赖与支持过，他们都将某一方同时看作是敌人或反抗对象，并采取行动将所坚持的理念付诸行动。

在分类原则上，红头瑶族妇女虽然是典型的亚洲人形象，但她们却将自己归入了欧洲人的范畴，仿佛她们与西方人就是有着天然的连带关系。共同语言、历史上的共同行为活动，以及共同的宗教信仰都是形成重要分类原则的基础。位于他拼村曾为法国殖民者修筑的天主教教堂，虽然自法国殖民者走后就在一定意义上成了空壳，但当信仰天主教的欧洲人一看到这般庞然大物的西方建筑物时，除了感慨祖先的不畏辛劳外，也不得不感慨历史最终还是被岁月镂空了。眼前的天主教教堂在形式上因为旅游需要而被修缮，但信仰却早已成为一种殖民文化托词。但这并未影响红头瑶族妇女与这些欧洲人亲切关系的拉近，双方据此依然获得了心理上的默契，一道观瞻建筑，共同怀想历史，并在这样的氛围中激活出共同的精神纽带。

面对面关系是最能激发人们感情接近的门路。而当历史上曾存在过的面对面关系被再次调动时，人们之间的感情交互亦就变得更为容易。当一个欧洲人未到他拼村时，他对该村甚至怀揣过不信任，比如对其环境、人情、意识、文化和安全都产生过或多或少的不理想假设。但当到达村庄后，红头瑶族的行为、情怀，红头瑶族生活环境中的西方文化元素，却抵消了他们身体未到前所产生的不信任。同时，他们的出现，也使红头瑶族获得了能够激活记忆的力量。当欧洲游客未到来前，红头瑶族心中就有一种潜在的认同，而当他们一旦出现后，这种潜在的认同却转换成确确实实的现实，并创造出团结的盛况。这样的现实说明，团结氛围的塑造并不是在经济交换中实现的，也不是在红头瑶族妇女向欧洲人销售手工艺品并获得钱币上得到体现的。相反，却是在同享一个共同环境、基于共有的认同模式、对一个规范和信仰抱有牢固的承诺上实现的。在红头瑶族妇女与欧洲游客形成的临时互动空间内，社会关系也是临时的和僵硬的，来自于偶然的相遇关系，是适应市场契约关系的结果。从个体的人员上来看，这一层关系将是片段性的。而从民俗文化旅游活动的持续推进来看，这种因为面对面关系而推进的社会关系却并非片段性的，而是持久延续的。

全球化使不同社会之间的交往日趋密切，但也使不同社会的人在增加相互了解、欣赏对方优点的同时，也将一种历史记忆调动出来，激发起人们之间的认知与行为重新建构，从而创建了一种新的文化，在这种意义上，文化就是一种生活方式，即使在暴力年代里（在危险的战争年代），人们之间依然能够建立起行为文化。战争在使交战国政治主体变成利益竞争对手的同时，也在对方民众心间培植出一种文化。在人类社会发展进程中，当生产及市场经营进入新的变革时期，社会文化的发展不是被侵蚀了，相反却进入角色与实体的新兴建构阶段。

对这些外国人来说，到他拼村来旅游，与红头瑶族不仅仅是一次相遇，更是一个系统工程。在他们来到越南之前，必须要了解他拼村的情况（包括对民族历史和现实的了解），并根据他们了解到的无形信息（身份、政治或性别、信仰或思想体系），整理成形，绘制出他们之间的相互联系，甚至政治派别。对红头瑶族妇女来说，同样也是一个系统工程，红头瑶族妇女要学习英语或更多种语言（主要是英语，也包括法语)，并在这些不同的外国游客之中区分出亲疏关系、历史渊源与现实处境，进行一种所谓的心理测验。

红头瑶族妇女在民俗旅游村展示了对欧美游客的亲切和依赖，在一定意义上说明这些红头瑶族主体对历史依然保持着记忆。当法国对越南实行殖民统治时，殖民势力对这些处于逆境中的红头瑶族进行过帮助和支持。法国殖民者在医疗药物上或生活用品上给他们极大的关照。同时，在抗击越南政府的统治和压制时，法国殖民势力也给这些妇女极大的支持。当下，当她们再次看到这些金发碧眼者登临自己的生活圈子，顿时如找到救世主般，在情感上对这些法国殖民者格外亲切，以至于她们开始在行动上便有靠近这些外国人的愿望。

线性与非线性的并置。历史并非总是线性的，非线性历史依然存活在当代民族国家的国际发展背景及逻辑中。在这里，时间却是建立在循环而不是序列的基础上，与越南国家在历史上与法国的殖民者遭遇联系在一起。红头瑶族妇女通过对历史的记忆，从而改写了线性的历史观，以回归历史的做法推进着历史进程。同时，红头瑶族妇女还较好地遵循着历史发展的线性逻辑，她们盼望着外国人的再次到来，盼望着淡季与旺季的迅速转换。努力奋斗、获取成就始终是她们的欲望。

而这种在历史上产生的情感之所以被带到了当下，一个很重要的原因就在于当代民族国家的政治经济发展与国际环境密切关联。由此，也可看到当今的社会是一个在人们的行为互动中不断呈现历史与创造现实的交际圈。“通过一种较多或较少系统性的因果联系过程，一件事引起另一件事。”那里，在法国殖民统治者眼里，越南被殖民者作为“种族”与殖民群体是不同的，一个明显的特点就是被殖民人民的落后、愚昧、粗野等，这显然是殖民统治者划分优劣高低之标准。有时，这些金发碧眼的外国人，还被红头瑶族妇女当作父母一样对待，因为这些外国人通常来自一个比她们生活、工作更加富有的社会。在殖民历史上，法国等欧洲国家对越南等国进行的有形掠夺与侵占，在自我文化意识中创造了一个与自身对立的角色身份，同时，也展示出殖民进程所造成的多元、分层及碎片化特征。

第四章

嵌入与内生

第一节　地域生活主体：从闭锁意识到开放频交

越南革新开放以及由此带来的全球化浪潮对越南北部边境民族文化的影响是全面和深层次的。20 世纪 80 年代中期，越南革新开放的国家进程将外界各种力量整合进北部边境民族地区，当地村民逐渐改变过去自我封闭的传统意识，迈出熟悉的地域空间，与更加广泛地域的民族进行形式多样的社会交往。在越南他拼村，随着乡村民俗文化旅游的发展，外来文化对红头瑶族传统文化的影响更为明显。越南中部和南部地区的越族文化以及中国、东南亚诸国和欧美发达国家多样文化渗透，他拼红头瑶族逐渐从传统的山地农业生产劳作中置换出来，不再是过去那种完全附着在土地上的劳动群体。红头瑶族妇女从山地农耕中空闲出来，相当一部分时间花费在刺绣和推销小手工艺品上。与此同时，由于家庭劳动分工的变化，红头瑶族男性的劳作方式以及相应的家庭身份也不同程度地发生了改变。

一　告别闭锁的传统观念意识

瑶族迁居流动到越南北部边境，在他们生活中仍不免受地方大民族的压迫和剥削。势力单薄和生存需求使瑶族渐而产生了惧怕和自我遮蔽的民族心理。2009 年 6 月，笔者在中越边境瑶族村寨调查时，就常听当地年轻人说："小时候，老人常给我们讲'老汉'的故事，很害怕！要是有孩子哭闹不乖，大人就用'老汉来了'之类的话哄孩子睡觉。在没有上学之前，孩子们都很害怕'老汉'这两个字，对山外的汉族有极强的恐惧心理。外面有人到村里来，村民有时还会四处躲避，非常害怕汉人。"越南北部边境瑶族地区，本地民族对迁居而来的瑶族最初仍然持有强烈的排斥心理。2010 年 4 月初，笔者赴越南老街省沙巴县他拼村调查的途中，在和老街市内的一些市民攀谈的过程中发现，老街市内的很多越族对深居高山的瑶族仍持偏见态度。

近年，旅游业将他拼村"开化"成一个兼具多种异文化的"大本营"。相应地，瑶族也转变过去那种由于惧怕他族进而自我封闭的传统意识，主动结识并变换着语言与外人结交已经成为瑶族村民与其他民族的一个明显区别。现在的他拼红头瑶族村，即便是刚学会走路的小孩，都没有像过去那样因见到陌生人而害怕的心理。外来游客走在村中，若是碰到刚上学回家的红头瑶族小孩，他们还会主动向其问好。水塘边玩耍的小孩，看到有游客举起相机给他们拍照，他们也会举起带着泥巴的小手，摆出几个调皮姿势配合你，口中不停地叫着："摸耳泥！摸耳泥（morning）！"孩子们的这些变化主要得益于地方旅游业的发展。

他拼红头瑶族对外地游客普遍持仰慕心态。笔者入村调查，当问到他们对外来的游客有什么看法时，村民普遍的回答是："他们非常有钱，搞旅游还是很好的，外面人到村里来，我们可以向他们卖些小东西，可以给我们增加一些收入，我们欢迎有更多的人到村里来。"从村民谈论外来游客的话语中可以发现，他拼红头瑶族对外来游客的友好心态很大程度上是由背后的经济理性促动的。事实上，由于客观的自然生活环境和特殊的族群遭遇，瑶族一般不会主动结交其他民族。通常，由于势单力薄，迁徙流动中的瑶族没有实力与其他民族争夺生活资源和生存空间，因而他们只能采取沿高山峡谷躲避、退让的生活态度。随着经济社会的发展，尤其是 1986 年越南实施革新开放政策之后，国家蓬勃发展的新态势，越南各民族之间在共同发展繁荣的新形势鼓舞下，使北部山区民族与民族之间、山区民族又与平坝地区的越族之间的社会交往范围逐渐扩大，族群关系才变得更加密切。受多元文化的影响，瑶族在采借外来文化过程中，渐而创生出许多新的生活文明。

红头瑶族妇女由于积极参与乡村文化旅游业，经济理性意识对她们的影响更为明显。笔者记得，农耕时节的他拼村，层层梯田中，红头瑶族男子赶着耕牛翻土，勾画出一幅绝美的田园乡野图。受此美景驱使，笔者暂放入户访谈的工作，用不太熟练的英语向正在耕田的村民问候之后便举起相机给田里耕种的村民拍照。田地中正在耕田的村民心明我意，也故意训着耕牛，小心地翻着田地。然而，正当笔者美意在心，刚要走开时，田里忙活的村民却停下耕牛，向笔者走近，伸出带着灰泥的手，不停地对笔者说："马尼！（Money!）"非得让我向他"表示"，方才回到田里继续干他的活。在他拼入户访谈的时候，虽然有当地人做我们的向导（带领我们入户做访谈的红头瑶族妇女，每天要支付给她的报酬是人民币 80 元），但我们每进一个人家，主人习惯的行为是赶快从家里找出些刺绣品向我们兜售。在向导的解释下，才勉强坐下来和我们闲谈。每每话尽，受访者都不会忘记跟我们提"钱"这个"大事"。可以说，他拼瑶村曾经的乡土味已发生了异质性变化。

二　开放的社会频交

越南老街沙巴旅游文化极具地方特色。在民俗文化旅游发展过程中，区域性民族文化是当地旅游文化的"真元素"，民族构成基本上与旅游文化合为一体。当然，这本是时下民俗文化旅游的大同趋势。但沙巴境域的民族与旅游匹配却构建得更为清晰。苗、瑶两族本是他拼村的两大主体民族，生活在同一地域空间。两个村小组仅隔一条灌溉田地的小河（多雨成河，少雨成溪）。他拼村，因被当地旅游管理部门贴上了"瑶族民俗文化村"的标签，从而在苗族与（红头）瑶族之间无意性地划分出了一道"文化墙"。在这一文化构造的过程中，（红头）瑶族成了村庄民俗文化旅游创建的主要"在场人"。而村寨里的苗族为了能够在旅游构造中找到他（她）们"作为"的空间，只能离开他拼村庄，就近移动到沙巴这个苗族旅游文化占据主导位置的区域。所以，他拼苗族村民在平时的生活中基本上不会穿苗装，参与到红头瑶族妇女这个大群体中寻找和追随进村的外来游客。在村里，苗族妇女到旅游村域的动力，多源于逢集日买卖生产生活的欲望。也只有这种时候，苗族妇女才会作为“陌生人”主动出现在红头瑶族熟悉的旅游文化空间。

文化旅游使他拼苗族、（红头）瑶族和外来游客三者之间构造出一个交往共同体。他拼居住着黑苗，主要穿着用黑蓝色植物染的粗布衣服。苗族男性现在很少穿他们传统的长服，天气暖和的时候，都穿短袖衬衫。在惯常性的农耕生活中，他拼（红头）瑶族和苗族都真实“在场”，共同的生活环境使两个民族都必须依靠田地种植生活，从事着年复一年的农耕劳作。外来先进农耕文化对（红头）瑶族和苗族的影响基本相同，苗族和（红头）瑶族传统的地域性农业文明具有很大程度的相似性。这一相似甚至同质的农耕文明不同程度地加强了日常生活中两个不同民族的友好互帮。在过去，当两个民族都同时遭遇越南封建统治阶级以及其他大民族排挤和压迫的时候，他拼（红头）瑶族和苗族的亲情感因此得到更深层次的强化。

乡村民俗文化旅游被地方旅游部门在他拼“生产”出来之后，异于苗族和（红头）瑶族的外地游客开始出现在村域。这个第三“客族”的出现，使苗族和（红头）瑶族保有的传统生活逻辑发生了很大改变。如前所述，地方旅游部门对他拼游客瑶族民俗文化旅游文化村的符号性标识，培养了外地游人对红光瑶族文化充分的想象力。与此同时，没有受到标识的苗族群体，却因此被人们很大程度地“遗忘”。激发世界各地的游客到他拼村旅游的第一要素是远方的“瑶文化”。无疑，这样的社会背景，使红光瑶族赢得了更多更好的文化展示空间。并且，为了满足游客们的消费需要，当地政府还尽可能地为红头瑶族村民创造条件（比如，进行民族工艺培训、成立瑶族妇女联合会等），来丰富当地的旅游文化市场。外来游客的瑶族文化期待以及地方政府的旅游发展设计，为他拼红头瑶族与外来游客创造了一个极佳的沟通场域。

红头瑶族妇女用熟练的英语和外地游客进行交流已经成为普遍现象。不可否认，红头瑶族妇女这种语言文化的获取主要得益于多重因素为她们创造的这个理想的旅游文化交流和沟通环境。红头瑶族村民与外地游客“在地”并“在村”沟通。而苗族的情况则完全不一样。由于本村没有环境（由于政府发展瑶族乡村民俗文化旅游这个外在因素的“剥夺”），她们只能向沙巴小镇转移。所以，进村的游客可以见到苗村及其民居建筑，但却不曾有机会遇到成群或是单独的苗族妇女尾追外来游客兜售小商品的现象。在外地人眼里，苗族在这个旅游空间里只是一个“虚在场”。

随着旅游文化事业的发展，他拼苗族和红头瑶族曾经的理想沟通共同体开始发生变化。在工具和价值共同交织起来的新的乡村共同体中，一部分苗族主动疏远了与红头瑶族群体（主要是妇女）的生活交往。两个不同民族的女性群体中，妇女间相互指责已成为村庄的事实。笔者进入他拼村调查，在与一些苗族妇女交谈的时候，她们都说：“那些瑶族女人笨得很，她们手中卖的那些手镯、耳环之类的银器，多数都是我们苗族人做的，她们那些人做不出来。”而瑶族群体也常有一些类同的话语。村中兜售小商品的红头瑶族妇女常说：“苗族女人不行，她们不会绣东西。穿的衣服只是一个颜色，不像我们红头瑶族的衣服上有很多刺绣图纹。她们的衣服不好看。”事实上，这些互相恶伤“他者”的族群话语都是特殊背景改造和促生出来的，并非他拼红头瑶族和苗族两个民族之间原本就拥有的话语。

三　异境异国的自由商往

边境地区便利的商品交易环境使他拼村红头瑶族往来老街市和河口县城的人数逐年增长。河口县有经营越南出口到中国的生活日用品的“越南街”。同时，老街市商品批发市场也有很多中国货出售。双方进出口的商品，很大一部分直接运输到越南河内和中国昆明等大中型城市，然后再通过各级代理和经销商将进出口货物分散到各地。一部分商品则在两地口岸城市就地销售。

商品大致可以被划分成两大类。口岸市场的商品多是满足边民生产生活的产品（如鞋子、镰刀、斧头等），而分散到大中城市的商品则往往是相对高端的产品和食品（如彩电、冰箱、大米、化肥等）。在过去，即便两地相距不远，边境瑶族由于缺少购买和消费欲望，更主要的是越南京族对边地瑶族的歧视，深居大山的红头瑶族更不敢轻易出山，生活必需品主要依靠沙巴这个近地集市或者一些挑担进村的小商贩来满足。而现在，瑶族往来边境集市就比较普遍。他拼红头瑶族在越南沙巴县城或村里出售（向外地游客推销）的商品以传统手工艺品为主，而外出到越南老街市的红头瑶族妇女出售的东西则不一样。虽然她们仍穿着标志自我身份的红头瑶族服装进城，但随身带的东西已不是手工艺品，而是山区特有的农产品（如红薯、蔬菜、大米等）；也有一些红头瑶族妇女进城“花销”，根本不带任何农产品外卖。到老街赶集的红头瑶族妇女最喜欢的地方是出售中国产品的街市，哪怕是一把镰刀，如果在价格同等的情况下，她们都乐意选择中国货。

近年，由于人口流动，越南北部边境民族到中国沿海发达地区打工的青年人也越来越多，汉文化对他们的影响越来越强烈。借助这些流动群体，边境瑶族便慢慢地向汉文化甚至全球文明靠近。越南北部边境瑶族亲戚来往，将这种被汉文化改造过的文化吸收，从而产生了认同中国商品的欲望。其实，由于经济发展的区域性差距，越南北部山区民族都比较热衷到中国边境地区打工。相对于越南来说，即使在中国边境村寨从事季节性的临时短工，所得的经济回报也远高于越南。这种客观的现实状况对越南北部边民出境务工产生了强烈的吸引力。中（滇）越边境，村民无论是过去还是现在，逢春耕等农忙季节，大批越南农民就会拉着耕牛，扛着锄头从边境地区的小道来到中国边境村寨里找活计。耕地、栽种、锄草、送肥等，他们样样都做。中国边境村寨里一些缺劳力的人家，一天只需要花费三四十元人民币，另外管一日两餐的农家饭，就可请到一个越南人帮忙做一天的农活。这些越南“打工族”往往是早上来干活，晚上又回家。中国云南文山州麻栗坡县杨万乡边村，越南妇女在农户家背农家肥到地里，从早到晚干一天三十元钱，但她们很高兴，认为比在越南的收入高。当然，也有一些距边境线远一点的越南“打工族”则 10 人或 20 人聚在一起，到中国边境农村住下来找活干。中国边境一线村寨，一部分农民将主要精力投入到边境贸易中，大量承包耕地，从种到收全靠出钱请越南人来做，既赚到了钱，又可收到粮食，钱粮两不误。最近几年，在这当中还出现了一些所谓的“经纪人”。他们到中国包下一块地的活计后，再从越南找人过来做。从每人每天的工钱中扣除一部分钱装进自己的腰包，收入相对较高。

近几年，前来中国云南文山州麻栗坡县开展边贸的客商更为普遍，翻译成了越南“打工族”的热门职业。阮玲丽和阮玲珍是一对亲姐妹，家住越南河江省清水口岸，从小就会说中国话，两姐妹专门给中越商人当翻译，每月收入相当于一个越南普通工人月工资的十倍。顾永平是取得越南国籍的华侨。中越关系正常化后，他随父母从越南南方的一个农场，返回河江市定居，从中国进口日用百货到越南出售，基本能维持一家人的生计，后来他到中国当翻译，收入颇丰。在中国云南麻栗坡县城的一家饭店里，一个叫阮文艳的越南打工妹，老板管吃管住每月只给她100多元钱，但她主要利用这个机会了解地方就业市场行情，从而给越南那边的朋友提供信息，从中赚取信息费。

中国东西部地区的经济发展差距大，沿海发达地区的工价远高于西部，受经济利益的驱使，一些越南边民近年开始到中国广东东莞、深圳等地打工，在增长社会见识的同时，也能改善家庭经济收入，提高生活质量。

越南宣光省T村阮H氏（24岁，瑶族）能熟练用汉语交流。2006年4月，他同村里的6个村民从越南偷渡到中国广东东莞市一家电子厂打工，月工资1800元。2007年11月，由于没有办理正式的入境手续，阮H氏被东莞公安人员遣送回越南，发给200元路费。最初，阮H氏等人是通过一个熟悉中越情况的广西人张D氏和越南老街省的阮H氏的引导才到广东的。阮H氏常说：“越南老家太贫困，交通生活不方便，中国好，工资高，只要舍得出力，赚钱机会多。”一旦有机会，他还打算到中国河口、蒙自、开远等靠近越南老街市的地方打工。

在越南打工的机会比较少。越南老街市内很难找到工作。到中国打工是那些会讲一点中国话的青年人的最大理想。在他拼村，由于外来先进生产方式的传入（拖拉机代替牛耕），闲置出一大部分红头瑶族男性。在清闲的生活中，女人外出推销小商品，男人在家里照顾孩子，做些力所能及的家务。除此之外，就是喝茶聊天。一些人甚至在村里聚众赌博。这种生活方式，使得贫困的生活水平恒久地维持着。过去，耕田种地，村民主要依靠水牛。农闲的时候，放养水牛是村中男人主要的活。现在，村民逐渐使用小型拖拉机来耕种田地。这为男人们的清闲生活赢得了更多的时间。这种清闲时间的“高消费”使得他们的生活水平均衡地维持在一个较低的刚满足正常生活的水平。一部分红头瑶族男性为了增加家庭经济收入，也开始到越南老街市口岸当搬运工人；一些人则就近（主要是沙巴县城）当泥水匠，做房屋修建等短期工作；另一些人则到越南河内市甚至南部的胡志明市寻求就业就会；还有一部分人（青年人居多）则从越南老街口岸到中国的河口县城周边帮助老板种植橡胶。有亲戚朋友的人便到中国的开元、蒙自甚至广东、深圳等地打工。当然，这些越境打工的群体一般都是通过双方熟人介绍才会出境打工的。中国云南河口瑶山乡一带香蕉基地帮助中国老板种植香蕉的人，很多都跟中国云南河口当地的村民熟悉，并且有一定的亲戚关系，通过“帮带”方式到中国云南河口橡胶农场或香蕉基地务工。

中国云南文山州麻栗坡县天保国家口岸以及董干、八布、猛洞等10多个边民互市点，到处可见越南人的身影。天保口岸陆路、水路直通越南河江市，进出口货物占全县80%以上，吸引来了数量较多的越南打工族。这些越南人大都是附近越南清水河一带的农民，大部分持有长期出入境通行证，进出中国国境都很方便，每天，他们就聚集到界桥旁，一有拉货的车开到这里，还未停稳，便拼命抓住车栏杆往上爬，争着和老板讨价、卸货物。各口岸和边民互市点，搬运工这一行当很受身强力壮的越南打工族的青睐。麻栗坡县东北部的董干镇是全县边贸开展得最为活跃的地区之一，全镇拥有5个规模较大的边贸市场，每天都有很多越南人来到这里经商。由于越南没有一条公路和这里的中国公路联网，各种货物只能运到国境线旁，所以这里吸引了大批越南打工族。马崩边贸市场只要有货车停下，打工仔、打工妹便将一件件货物背到四公里远的越南普棒街，再装到越南车上运往越南内地。货物的主人以越南同文县个体老板居多，每拉一车货都要请二三十人从这里背到越南，视货物的轻重，每件付给三角至一元人民币的工钱。

越南边民越境到中国边境务工，在很大程度上整合了中越边境地区的农业生产结构。在中（滇）越边境，农忙时节，不仅有越南男性牵耕牛到中国边境耕地，而且越南妇女也会到中国边村插秧种地。中国云南老山一带由于曾经是战区，战后很多村民常意外触雷伤残，放养的耕牛触雷被炸死的更是很多。20 世纪 90 年代，中越两国关系恢复正常化之后，边民也恢复过去频繁的跨境流动。当时，距离中越边境线仅一公里左右的中国边境村寨，如铜塔、马嘿、小坪寨等，农业种植很大部分由越南边民完成，中国边民基本上不养耕牛。后来，一些人考虑到边区长远生活，又陆续家养耕牛，逐渐减少了越南边民牵牛到中国打工的现象。近几年，中国边境交通环境得到很大改善。受外界影响，很多年轻人渐失在家种地的兴趣，到沿海发达地区打工成为他们理想的生活选择，年轻劳动力的外流把农业种植的重担留给了中老年人。这种现状重新给越南边民到中国边村打工创造了机会。越南边民耕地，按地块大小，先谈好价钱，才开始下地劳作，雇主只需提供食宿和耕牛草料。正常情况，男性每天 50—60 元、女性 30 元左右的工钱。越南境内没有务工机会，即使有，工资回报也仅在 15 元左右。中国边民流动到沿海发达地区打工，日工资不低于 80 元。所以，地区间的工资差异使中越两国边民都能接受。越南边民跨境流动至中国边村，有效弥补了中国边境年轻农业劳动力的缺失。

中越两国边民跨国流动务工并不局限于越南边民到中国边村，中国边境的人也有到越南从事新的职业的。中越两国关系改善为中国边境瑶族到越南北部省区创业制造了很多机会。在越南的 54 个民族中，有 26 个民族跨中越边境居住，占越南民族的近一半。这些民族除了散布在边境线之外，有的深入内地几十里，甚至数百里的地方。由于他们之间语言相通，风俗习惯相同，居住毗邻，对增进中越两国经济文化交流，起着非常重要的桥梁作用。然而，两地边民从事的职业性质和内容有一定的差别。越南边民多以单个人的形式越境，主要到中国边村辅助边民种植农作物，越境务工者具有极为明显的时间季节性。中国边民多以群体形式到越南做工，务工人员不局限于边境，甚至到越南内地的人还占多数。这些外出到越南经商的中国人多数都是一些比较成功的商人，外出越南打工的群体也多是中国技术工人。

云南河口杨 Y 氏（43 岁，瑶族）能讲越南话。2000 年 4 月，在越南亲戚和朋友的帮助下，他到越南老街市开了一家名叫中国坤辉的糕点店。越南人非常喜欢中国人做的蛋糕。杨 Y 氏生意一直很好，2009 年他雇用了三位能说中国话的越南女孩，月工资 600—700 元。杨 Y 氏认为，之所以想到来老街这边做生意，主要还是得益于这边有很多亲戚朋友。事实上，开始他也担心赚不到钱，因为越南经济发展滞后，天气炎热，乘凉喝咖啡吃东西是男人们最大的爱好，并且在老街省，晚上经常停电，做糕点很不方便，只是最近几年，老街亲戚朋友多方照顾，生意才好起来。

王 ZA（45 岁、瑶族），河口瑶山乡五道河村人。王 ZA 从越南开始起家。1985 年，王 ZA 发现红河对岸越南边村闲置着大片土地，于是便到越南老街省坝洒县阿姆冲乡租地，雇用边民种植香蕉。由于他和越南公安边防站的工作人员关系较好，所以，降低了在越南种植香蕉的各种风险。短短几年时间，王 ZA 就发财致富。2000 年，由于越南政府加强边境管理，在越南没有市场之后，王 ZA 便回家，按照相同的模式在河口瑶山乡租地规模化种植沙树、肉桂、柚木等经济作物。王 ZA 雇用的工人多数是中越两国的地方边民。2008 年，王 ZA 已种植了香蕉 220 亩、菠萝 300 亩、肉桂树 200 亩，成为当地比较有名的老板。越南边村比较穷，没有机会挣钱，到中国边境打工的人很多。王 ZA 的香蕉基地常年雇用中越边民做工，现仍有 16 名越南人在他的香蕉基地和柚木基地工作。其中，香蕉基地的 9 名越南人，家就在红河对岸，是 2009 年 5 月王 ZA 打电话晚上用船把他们接过来的。越南边民过来后，开始种树，后来才帮种香蕉，王 ZA 每天发给他们 40 元的工钱。因为大家都是瑶族，都能用瑶语交流，且王 ZA 与越南边民打交道多年，基本能用越语对话，在很大程度上减少了他们相互间的疏离感。

LWC（女，23 岁）家住湖南衡阳。姑姑从湖南外嫁到云南河口县，在越南老街有很多亲戚，常随姑姑走访越南亲戚，结识了很多老街的亲戚朋友。1998 年 10 月，姑姑在河口做生意遇到挫折之后，在越南亲友帮助下便到老街市做蛋糕生意。2005 年 6 月，LWC 小学毕业之后，便随外嫁河口的姑姑家人到越南老街帮忙做生意。三五年后，她学会了越南话，更方便做生意。

中越两国边民由于区域生活的差异性，两国边民对异地同族及其相邻民族的生活境遇的了解并不全面，因而各有不同的异国边境评价。越南沙巴村村民盘晓雪说："中国人的生活比我们好过，村里有很多人都曾去过中国那边，主要是河口那边。中国那边挣的钱多，每个月的工资收入不会低于 800 块。在我们越南这边，就是那些专门开车的驾驶员，从老街市到沙巴旅游的人比较多，这些驾驶员一天到晚都要开车，也是累得很，但他们每个月的工资收入也不会超过 1000 块钱。但河口那边卖的东西很贵，有时候过去那边，不是万不得已，不舍得买什么东西。"中国边民对越南边境和边民也有各种不同的说法。中国边民常说："越南边境地区，瑶族生活较好，田地较多，养牛多，生活好。"边民的异国评价大多基于在日常亲戚走往过程中获取和体悟到的地方性知识。客观存在的地方环境使得地方性生活呈现出非常明显的差异性。在地方村民生活空间没有完全从熟悉的地域生活空间扩散到更加宽广的区域空间的情况下，边民出现差异性的异国评价便具有一定的合理性。然而，这种地方性的合理性并没有更大范围的空间解释力。脱离地域空间范围，边民对异国边境文化的表述便不具有客观性。

第二节　跨境经商的比较视角：在红头瑶族与其他民族之间

越南北部边境民族地区商业发展的问题较多。在他拼村里，稍微有一点档次的商店老板都是外地人。沙巴县城里比较富有的店铺主人基本上都是越族。而苗族、（红头）瑶族等其他少数民族给人最深刻的印象则多是肩背小竹篮、手拿小商品追随游客叫卖的"游商"。也有一些老年妇女在地上摆地摊，但人数占有量并不大，收入也十分微薄。总体上，与外地越族商人相比，到集市推销民族手工艺品和卖民族服饰的瑶族妇女并不占任何优势。他拼村里红头瑶族妇女们推销的商品，其质量普遍都比较差，而外地越族出售的衣服以及各种手工艺品，多半是越南河内、老街等城市的专业手工作坊里制作的商品，很多工序都用机器代替手工，不仅速度快，成本低，而且质量也比较好，其款式融合了更多民族文化特点，所以更具有市场竞争力。近年来，受京族商人经商经验的影响，为了能够赚更多的钱，一些红头瑶族妇女也在传统服装款式上下功夫。比如融合进苗、壮、岱等不同民族的文化元素等。有时候，人们还把最传统的瑶族服饰加以改进，染色成绛紫、蓝、绿等多种颜色，改变传统服饰沉闷、单一的色调，使瑶族服饰在不失民族格调的基础上，更加符合当代人的生活需求。

> 尹成美（In Chieu May）（红头瑶族，女，60岁）过去常到越南沙巴小镇上卖蔬菜。去年，她也加入他拼红头瑶族妇女队伍，开始卖民族服饰。最初，她只是卖一些旧衣服，赚到一点钱之后，开始购买丝线，自己绣织瑶族小孩的帽子、腰带以及一些瑶族服饰上的小部件出售。每去沙巴街集市一次，她大约可以赚20000—30000越南盾。她常抱怨说，卖小商品的人太多了，有竞争，赚钱难得很。现在来旅游的外地人更喜欢质量好的商品，我们卖的东西不行，很不讨人喜欢。

旅游业对村寨经济的拉动效应还没完全发挥作用。他拼村除房檐下围坐的红头瑶族妇女之外，仅有一家稍微上点档次的民族手工织品店。但是，店铺内销售的商品并非瑶族工艺，苗、京、傣、壮等民族服饰和工艺品在店铺里也能见到。店主告诉我们说："销售的商品多来自河内、老街等大城市。"在村里，还有一家苗族木鼓手工作坊，作坊主人是外地越族。可以说，他拼村民俗文化旅游的发展，并没有把村民的整体发展纳入系统的规划之中，民俗文化旅游仍处于一种自然、自发的发展态势。外地客商带着想象进村，但想象中的"理想"被村寨旅游业发展的现实打破。由于没有利润可图，在村里常年做买卖的外地商人几乎没有。访谈中，靠近村尾处一位卖牛角、木雕等工艺品的外地小商人说："现在我感觉来村里看的人越来越少了，进我店里来的人多半是进来摸摸摆在店里的东西，说不到两句话，就返身走了。村里本身没有什么新东西。春天，天气好，到村子里来看看梯田倒是有些意思，要是冬季，天气很冷，雾气又大，是没有人愿意多留的。"事实上，农家乐是乡村民俗旅游的一项主要内容。它是外来游客亲近和了解地方民俗文化的重要渠道。但他拼村仅有村长采用农家乐形式开了一个喝茶休闲的地方。村长说："我们一直在想办法通过手工艺品和提供很好服务来吸引外地客人，尤其是我们瑶族传统瑶浴，我们家里都有相应的配套设施了，但由于很多人不留宿，泡瑶浴的人不多，多数时间是我们自家人用，来喝啤酒、茶的人倒是不少。"村长家居住环境相对较好，房后常年流淌着清泉，安静舒适，可以听着水声，稳坐藤椅上休闲，享受瑶族山野独有的悦雅恬静。但笔者两次到他拼村调查，除了看到他们家人整日忙着打扫卫生和收拾家里的东西之外，并没有见到一个外地游客在那里消费。红头瑶族妇女十分勤劳。那些游村追客叫卖小商品的妇女们，有的时候一天也卖不出一件东西。她们除了农忙那几天，基本上天天在村子里逛着，有的时候还背着小孩，见到什么人都要上前问问，外国话倒是学了不少。

在沙巴以及他拼一带，外地前来做生意的小商人和本地从事小商品买卖的红头瑶族存在一定竞争。在外地商人、外地游客和本地红头瑶族妇女三者关系互动中，外地商人和本地红头瑶族妇女吸引游客做出购买商品的行为选择的因素差异有别。尤其是在他拼村，由于村庄文化旅游发展的"不作为"，游客常常带着选购和消费的期望进入村寨小商铺里与外地入村从商者交流。而相反，吸引游客与红头瑶族妇女停步交流的动力却主要来自于妇女们娴熟的语言表达，而并非她们手中单一的手工产品。尽管外商销售的商品类型多，但红头瑶族妇女常以标识"纯手工"产品来吸引游客，且她们通常能够用外语（英语）熟练地和外地游客交流，这样，也很容易把外地游客的注意力吸引到她们手中的那些小商品上。

> 银器匠谭普昂（Tan Phu On）之妻赖罗美（红头瑶族，女，36岁）已是一个14岁孩子的母亲，在沙巴集市卖手工艺品已经有6年时间。和其他瑶族妇女不一样的是，她并不跟随游客四处游走推销小商品。她有专门的摊铺，每月上交当地政府25万越南盾税收。销售的产品以丈夫在家自己打制的各种银器为主，也卖一些瑶族服饰。但她卖的瑶族服饰并不局限于当地的瑶族服饰，老街省其他地区的瑶族服饰也出售，款式多。相对而言，店铺里的衣服难卖

一些，平均每天只能卖一两件，赚的钱也不多。生意不是太好做，除去各种费用平均每个月有人民币900元左右的利润。

红头瑶族并不擅长打制银器。据调查，尽管银器制作这门工艺很早以前就有，属祖传，但银器匠技术一般保密不外传，故懂得这门手艺的人很少。红头瑶族银器匠主要做些银饰品，如项圈、脚镯、耳环、戒指、项链，还有衣服上的装饰品，例如银扣子、银花、银星。这些银器有凸的，也有凹下去的图纹，如若要精致制作则用模压。银品铸造或模压之后，不是马上就可以使用，要使它发亮还得用咸水煮。瑶人的银制品赢得许多人包括其他民族的喜爱和购买，尤其是槟榔盒、挂小刀的链子、项圈、手镯等。[①] 赖罗美的丈夫是村里少有的掌握打制银器技艺的瑶族村民，因此在当地具有一定的竞争优势。

外地入村做买卖的小商人和当地红头瑶族妇女之间直接的话语交流和人际交往并不太常见。当然，这并不等于二者之间根本没有任何的社会互动关系。事实上，小商人和红头瑶族妇女的互动关系非常紧密，只是形式上流于“间接”。在不成形的地方商业活动中，双方以相互“借鉴”和“参考”为主要方式进行间接交流。红头瑶族妇女若是知道外地坐商的店铺中什么类型的小商品在村里比较有销售市场，她们很可能次日就到沙巴或老街等地的市场上低价购买，再运回村里兜售。同样，外地小商人如果发现红头瑶族妇女的传统文化产品，如耳垂、手镯、瑶族童装等比较受外地游客喜欢，他们便会通过平时经商过程中建立的关系渠道，短期内，从外地购进款式和质量都相对有优势的同类产品，填补村里能发财赚钱的小商品市场空白。外地小商人和当地瑶族妇女因外地游客而构造起来的这种网络关系，其双重的互动交往本身能够丰富和完善当地的旅游文化市场，但由于当地乡村民俗文化旅游的整体性“低位”，从而使这种柔性的商业竞争并没有促进当地的旅游经济，红头瑶族也没有在这个地方政府特意打造的民俗文化旅游村寨获得足够的经济利益。

---

① 参见奉恒高主编《瑶族通史》（下），民族出版社2007年版，第972页。

第三节 婚姻规则：从同族同村到异族异境

一 通婚对象：从同族到异族

他拼红头瑶族过去都实行族内通婚，通婚对象仅限于本族群（同宗五代不婚），很少有与其他民族通婚的现象。越南革新开放，受外来多元文化的影响，红头瑶族跨越仅只在族内寻找通婚对象的族群边界，开始与其他民族通婚。当然，这部分人所占比例并不大。笔者在村寨调查时，问及“您结婚前在哪里居住”，红头瑶族妇女普遍回答是：“这儿，就这儿。”也即，村寨已婚红头瑶族妇女基本都是当地人（本村或近距本村的周边村寨）。这些红头瑶族妇女们婚前婚后的地域生活空间并没有发生多大程度的变化。

越南红头瑶族族内通婚规则是其因特殊历史以及相应的社会生活环境被动产生的。从长远的历史看，迁徙流动的游耕生活，红头瑶族因其族群势力的弱小而缺少主动与他族（尤其是生活地域的强势民族）结交的心理和行动，使其通婚对象更多局限于“我族”。此外，瑶族本身有多种族系，族群与族群之间因资源占有的不同，又分为等级不同的群体。在中国广西金秀大瑶山，受汉族封建统治阶级压迫而被迫向深山迁移的瑶族，由于山区生产生活资源的限制，便依据进山的先后顺序和资源占有的不同而无意识地划分出了“山主瑶”（茶山瑶、坳族、花篮瑶）和“山丁瑶”（盘瑶、山子瑶）两大族类。不占有资源的“山丁瑶”为能在大山中生存和保持家族“香火”，不得不向“山主瑶”租种偏远、贫瘠的土地。日常生活中，“山丁瑶”遭遇“山主瑶”的二次剥削不但不能避免，而且在南岭瑶族山区一带还显得非常具有合理性。基于这种特殊的生活环境，中国“山主瑶”的婚姻呈现出许多鲜明的文化特征。与山外的壮族和汉族等“大民族”不一样的是，他们为了能够保持正常的生活，外嫁出去的姑娘往往也可以从其自家父母名下分得一定份额的土地，婚后带到男方家，从而保证了口粮生产这一最为基本的生存条件。为了不影响生存，婚育过程中，人们又通过杀婴或是溺婴的方式保持一对夫妻只生养两个小孩，以此达到通过控制人口数量、保证家庭正常生产生活的目的。“山主瑶”为了保证土地、森林等资源不外流到“山丁瑶”，因而其婚配对象便严格与“山丁瑶”划分，各自遵行着族内通婚的习俗。这种特殊的自然和社会背景，使“山丁瑶”在保持族群纯血缘性的同时，再度迫使群体“过山”，因而人们又习惯称这部分没有资源和频繁迁徙流动的瑶族为“过山瑶”。

迁徙流动到中（滇）越边境甚至跨国界流动到越南北部边境的瑶族基本都是缺少生存资源的“过山瑶”。由于不占有资源，青年男女的通婚对象只能局限在族群内部。由于根本不占有任何意义的生活优势，这些瑶族往往缺乏主动与其他民族结交的欲望，自我封闭在茫茫大山里，因而其通婚地域被客观的自然和社会环境局限在边境山区。自我束缚的被动行为再次给瑶族的通婚对象加上了一层牢牢的“外壳”，使其通婚对象长期维持在当地或是相邻地域的相同族系的群体内部。这便是调查走访中，多数他拚已婚红头瑶族妇女认为自己“生于村、长于村、婚于村”回答的关键所在。

在越南他拚村，乡村民俗文化旅游业的发展对红头瑶族的婚姻模式有着较大影响。曾经的传统婚姻文化失去了恒久存续的基础，人们打破族群边缘，逐渐通过婚姻形式慢慢吸纳进一小部分异民族。现在的他拚村，除了（红头）瑶族和苗族这两个主体民族之外，还有少部分的壮族、岱族等。虽然这些人在村里只占很少的比例，但这些异于他拚本地民族的人群的出现充分说明了村民通婚对象的变化。边境山区瑶族的生活普遍困难，所以为了能够维持正常的家庭生活，人们一般很少维持单亲家庭的生活模式，如果丈夫因疾病或是其他意外事故意外离世，女方在痛定后都会想办法通过外嫁或招男入赘的形式重建一个完整家庭。客观环境和地域文化生活的历变，大大改变了红头瑶族传统的婚配观念。在当代背景下，一部分红头瑶族青年已经到越南老街东北部、南部以及河江、莱州省等地寻找婚配对象。

总体上讲，他拚村的自然条件还是比较理想的。该村地势平坦，田地宽敞肥沃，三条常年不断的小河水灌溉着农庄。相对于中越边境艰难的生活环境来说，这大大增加了对外地年轻姑娘的吸引力。当然，那些外嫁到他拚的人，为了能够真正获得当地人的身份，她们往往在语言、服饰等生活习俗方面会有意向当地红头瑶族靠近。目前，在他拼村，除了男性普遍穿越族服装之外，女性都穿红头瑶族装。所以，外嫁入村的异族女性，也往往喜欢穿红头瑶族装，将自己装扮成“红头瑶族”。事实上，这种文化“采摘式”的生活行为包含主动和被动的双重关系。除了上述的主动行为外，外来民族被改造的现实还有一层客观的文化背景。通过婚姻等其他形式移居到他拼的“外来人”，他们在人口数量上只有极少数。而在他拼村，村民生活中的语言交流、孩子的家庭教育方式、村寨集体活动，等等，又都通行着瑶族特有的文化要素。在这种特殊的文化语境中生活，那些外来人口相对较少的民族就免不了被红头瑶族这个人口占优势的民族深度同化。

尽管这些外族群体在人口数量上不占优势，并且本族传统文化习俗在他拼村被红头瑶族文化改造，但真实的通婚关系将这些不同地域甚至早期从不相识的人群转换成了亲戚关系。这种因婚姻而“成就”的亲戚关系，有效扩大了红头瑶族与其他民族群体的社会交往范围，族际互动的空间和文化范围都得到扩张和延伸。在日常生活中，跨境通婚的夫妻双方一有时间便携子带女走亲戚到对方家。远嫁他乡的女儿回家，家中父母免不了要备好饭好菜，全家人围桌笑谈。村邻好友闻讯，也非常愿意与他村女婿攀聊。在这种生活空间里，虽然时间短暂，但不同的族群文化得到了最大限度的交流互动。很多时候，回娘家的媳妇还会邀约村里相处较好的朋友同行。再次离开他拼村，有时也会有人跟随再次返往。

交往群体的扩大使人们了解异族文化的广度和深度都得到提升。在形式多样的交往中，异境异族逐渐成为熟境亲朋，族友相帮和相互传递不同生活空间的地域文化，不仅构造出一个大空间文化，而且那些连接大空间文化的终端（不同民族、不同地域村寨）也长期受到来自大空间文化的影响。当然，交往群体创造的这种大空间文化并没有绝对的“终端”，它形如格尔兹笔下的“文化网”。每个微观的区域性民族文化均只是“网”上的一个“结”。而“结”点内部又是一个完整的“文化网”。这个大空间文化网甚至跨越国家边界（普遍现象），交织出一个更大的社会文化空间，除了地方性的民族文化之外，还将两个不同国家的主流文化也包容进去，使“文化网”的终端多极，进而使“文化网”内部的“网络文化”更加多元。

越南瑶族的婚姻年龄普遍偏小。越南瑶族盛行早婚，男女的结婚年龄多在 18 岁以下。婚姻关系的形成有两种途径。一种是自由恋爱，另一种是父母包办。自由恋爱的婚姻一般从对歌活动开始。对歌是各支系瑶族男女盛行的社交活动。节庆期间，男女青年相约对歌，经过多次交往，情投意合后，便互赠信物，订下终身。当然，虽是自由恋爱，但也要征得父母同意，并办理请媒说婚、合八字等手续。父母包办的婚姻，有的是孩童时代就已定下的，有的是青少年到了成婚年龄，父母为之物色对象，托媒提亲结成的。[①] 他拼红头瑶族青年男女可以自由恋爱，但青年男女正式结为夫妻还必须由父母来帮助做决定。父母要请师公看男女双方的生辰八字，看相识相爱的男女双方是否般配。如果青年男女的生辰八字相符，男方家父母就要备礼请媒人到女方家去说亲。有的时候，男女双方家庭的父母也会直接找机会共同商谈孩子们的亲事。如果双方家庭都基本同意这门亲事，就杀一只鸡来“占卜”。如果鸡头和鸡腿完好无缺，则说明这门亲事比较圆满，男女双方可以结为夫妻。

在瑶族婚姻中，男方家需要备办足够的彩礼给女方家。村民盘美昌说：他结婚的时候，瑶族地区还比较传统，他的婚事都由父母做主。第一次到媳妇家，送过去的是一只鸡和一些面条，还有一些用来制作衣服的布料和丝织品。平时来往，也少不了要带点鸡蛋、猪肉、蔬菜等日常家庭生活品。这些东西就不好计数，反正把一个媳妇娶到家里，前前后后花费不少钱财。村民盘金实给笔者讲过他结婚时准备的彩礼：“作为岳父、岳母的见面礼，第一次到女方家认门，就送去 50 公斤猪肉、5 公斤鸡肉和一副比较好的银手镯。第二次家里又准备了很多酒、蔬菜、大米和几套衣服给她家送去。第三次，她家说是要在家里请亲戚朋友们吃顿饭，同时向亲朋好友说明女儿的婚事，酒席所需的所有柴、米、油、盐等，全部都是我家这边准备好送过去的。第四次到她家，由于快接近结婚的日子，我家又特别给她家买了几件比较好的衣服以及一些黑布料、彩色丝线和各种刺绣品送去。猪肉、大米也没有少。”通常情况下，在男女双方正式结为夫妻之前，男方家至少要送给女方家 40 丈的

① 参见奉恒高主编《瑶族通史》（下），民族出版社 2007 年版，第 1002 页。

布料和至少2公斤的丝线。在他拼村，有一户人家在女儿婚事上，第一次刚刚见面时，男方家就送来了10套衣服和50多公斤猪肉。

正式结婚前，如果男方家不同意这门婚事，女方家是不用返还男方家以前送来的各种彩礼的。但如果是女方家不同意该婚事，则女方家就需要送回去相同数量的礼物。通常，为了向男方家表示歉意，女方家还会主动赔付一些礼物。如果双方家庭对婚事都比较满意，双方父母就要举行一个所谓的“认亲家”仪式。一般情况是：在女方家正堂屋中摆好一张四方桌，桌上放一块猪肉、一瓶酒、一碗猪血、香和纸钱。师公依照族谱“通报”家祖，然后烧化纸钱，在礼单上认真记下男方家送来的礼品。礼物清单双方家庭各保留一份。该仪式表示男女双方正式订婚。当日，女方家要准备一顿晚餐，并且不能太随便，至少要杀一头猪和几只鸡，好好招待亲友。

订婚后，女孩就不需要再像过去那样，每天跟随父母下地劳作，她要待在家中为自己准备嫁衣，给她未来的公公、婆婆各做一双鞋子（瑶族女孩通常在八九岁的时候就开始学习刺绣，一些女孩六七岁就开始跟随父母学习。最开始，她们只是学习一些简单的图纹，随后才开始学习一些复杂的技艺。经过多年学习和实践，等到结婚的时候，她就已经可以精织比较复杂的刺绣品了，婚礼上的服饰穿着，可以将其技艺充分地展示出来）。制作瑶族传统嫁装是姑娘在这段期间里最主要的生活内容。出嫁前，躲在家里刺绣衣服的这段时间，女孩基本不跟外界人联系。刺绣品是其技能和文化知识的一个最明显的展示，她至少要做五套衣服。一套给她未来的丈夫；一套给她未来的公公；一套给她未来的婆婆；新郎的哥哥、弟弟也是新娘做衣服时考虑的对象。其间，男方家母也不能闲着，她要为自己未来的儿媳精心准备一条红头巾。当然，作为结婚礼物，新郎的哥哥也要送给新娘两枚大银币，新郎姐姐也要送给新娘一块红头巾。

在越南北部地区的红头瑶族村寨，男女双方举行订婚仪式的时候，男方要给钱，新娘需要一年时间做结婚准备。她要刺绣和添置新衣，准备各种各样的嫁装。婚礼上，不管贫富贵贱，前来庆贺的亲戚朋友都比较多。婚礼是红头瑶族新娘充分展示其手工技能的最佳场合。每套衣服颜色搭配以及款式差异有别，新娘走出娘家前，她常会把自己做的所有衣服一一穿试，从中挑选出一套最合适的衣服。在女儿的婚礼上，做母亲的，也会尽可能地让女儿打扮得更加漂亮一些。42 岁的村民盘夏梅（Phan Xa May）说："我还记得，在我女儿的婚礼上，我把所有的银器和自己精心制作的腰带都系在女儿的身上，其中最值钱的是四个银币。"年轻女孩谭路梅（Tan Lu May）说："在我的婚礼上，妈妈送给我两个手镯，并特意在我的婚礼服上加了六个银饰品，使我在结婚那天看起来更加的美丽。"婚礼上，新娘的红头巾最惹人眼。结婚当日，新娘头上戴了多条红头巾。①

按照红头瑶族的习俗，结婚当日，男方不必派人来接新娘，而由女方父母、兄弟姐妹、亲戚送至男家。新娘到达新郎家的时候，只能从正大门进屋。但如果有一些特殊情况，比如她已经怀孕，就需要从窗户进入屋子。新娘入门，男方请师公杀鸡祭告祖先，家中增添了新人，随后把"红堂"置于祖先祭台上。师公向新郎新娘抛红带或红丝线，念诵合婚经书，求祖先"认可"他们两人结成夫妻。这个时候，新娘依次向先祖神龛、公公、婆婆跪拜。陪伴在新娘身边的姐妹们帮她取下几条红头巾，脱下她身上多余的衣服。接着，新娘出门去喝一口水，并从新郎父母手中接过一碗水，递给婚礼主持人。有时，新娘还给婚礼主持人送一杯茶和一双筷子。主持人接过，便将一个钱币放入茶杯中，并在筷子上放一些纸币。新娘依次给公公、婆婆、姐姐、妹妹以及前来参加婚礼的亲戚朋友端茶水。当日，新娘的第一顿饭，必须是一个人跪着吃。只有从第二顿饭开始，她才可以和家人一块同桌共餐。新娘的父亲和哥哥、弟弟们不能和新娘同桌。当晚，新娘把她为新郎家人做的衣服、鞋子发给大家，新郎家人在祝福声中，依次送给新娘一些礼钱。

---

① 关于这样的习俗，当地还流传着一些说法。人们认为，瑶族祖先是一条五花色的狗，曾经帮助先王杀了敌人，并将敌人的头衔回送给主人。之后，先王履行诺言，就把女儿许配给了龙犬。结婚后，龙犬变成了美男子。他们生儿育女，先王赐予他们姓氏。婚礼上新娘用红头巾盖头，以使她不能直接看到她丑陋难看的狗丈夫。这就是为什么只有瑶族女性才给新娘戴红头巾的原因。还有一种说法是：后来，当公主发现狗丈夫已经死了时，非常伤心，便抱着丈夫号啕痛哭，鲜血染红了全身衣服。从此以后，她就要求她的后辈子女们都戴红头巾。

二 通婚地域：从同村到异地、异国

瑶族在社会交往过程中具有强烈的属地认同意识。在过去，越南北部边境瑶族传统的通婚地域局限于本民族熟悉的地域，人们的社会生活空间与族群通婚地域基本一致。正如王铭铭教授所言："通婚地域就是通婚家族之间历史上形成的地缘关系。"① 瑶族传统的通婚地域局限在以村寨为中心，向外辐射四五公里的范围，村寨内相互通婚现象较为明显。越南革新开放的国家意志在改善越南北部山区少数民族生活环境的同时，较大程度地转变了越北边民的思想观念意识。由于传统思想观念的改变，瑶族青年男女的通婚地域开始延伸到更加宽泛的异境甚至异国。

中（滇）越边境民族跨国通婚的现象普遍。截至 2008 年，仅中国云南文山州就有 828 对中越边民跨境通婚。除 2 对进行过正式登记外，其余全部为非法婚姻。广西壮族自治区人口普查办公室第五次普查公布的数字显示，广西 8 个边境县（市）约有 8000 名越南妇女与广西边民非法通婚，生育子女 1 万多人。其实，由于通婚边民没有进行登记，不能有效统计，政府公布的数字还有些保守，中越边民跨境通婚的比例远高于公布的数字。在中越边境地区，中国边民血缘关系若上推三代人，90% 以上的家庭都与越南边民有血缘、姻亲关系。2008 年 3 月中国云南文山州领导到麻栗坡县猛洞瑶族乡调研，和当地瑶族座谈时说："你们不要再娶越南妇女做老婆了，中国边境的土地较少，生活困难。"但当地瑶族却说："生活在边境，主要靠劳动力吃饭，吃点苦，只要双方喜欢，住在一起，没有什么不好。"越南女人普遍都很勤快，要是能娶到一个越南老婆，日子估计还会更好些。

导致中（滇）越边民非法通婚的因素是多方面的。1885 年之前，越南作为中国藩属国，两国边民自由通婚并不存在任何法律问题。但是，越南因法国殖民者的干预，在中断与中国的藩属关系之后，国家界限的清晰化，使边民自由通婚问题在很大程度上违背了国家法律规则。

① 王铭铭：《社区的历程》，天津人民出版社 1997 年版，第 49 页。

1945年，受战争影响，许多越南封土县的傣族进入中国，由于中越两国关系较好，国界弱化，加上中国的经济生活相对优越，很大一部分越南人便开始在中国边境定居。20世纪70年代后期，南北统一后的越南政府散布“北方威胁论”，中越关系恶化，中国也取消了越南妇女的户口配给制度，边民跨国通婚有所减少。但到80年代后期，两国关系缓和，边境地区逐渐开放，边民跨国通婚现象逐渐增多。当然，国家关系并不是两国边民跨国通婚的唯一因素，导致越南边境地区民族外嫁到中国的原因是多方面的。越南的“革新开放”晚于中国，加上多年战乱，越南经济复苏缓慢，人民生活困苦。中国边境村寨的经济生活水平相对较高，无疑对越南妇女会产生很大的吸引力，许多越南女子渴望外嫁中国摆脱困境。越南由于长期征战，造成青壮年男性人口大量死亡，人口结构严重失衡，女多男少，致使许多越南妇女到中国边境寻找婚配对象。当然，中国边境地区部分男性因家境贫穷，很难娶到妻子，只好娶越南妇女为妻。越南妇女普遍能吃苦耐劳，因此边境地区，也有一些生活条件相对好的中国男性也愿意娶越南女子。

嫁入中国边境地区的越南妇女，面临的关键问题就是不具有中国公民的合法身份。中（滇）越边民跨国通婚，并未按照中国规定履行相关法律程序，无法解决户口问题。“越南也回不去，中国也不方便随意走动，就连去县城都很麻烦。”异国婚姻，最终使她们成为没有国籍的边缘群体。通常情况下，与越南妇女结婚的中国村民，大多数是出于家境贫困，才做出的行为选择，他们原本在村里就属于弱势群体，娶越南妇女为妻，“弱弱结合”，更使得这些人的“弱民身份”显性化，村民都将他们当作低一等的人看待。2009年2月，笔者在中国云南金平金水河村调查，村里一位傣族老人终日陪访，但传统固化的思想使他的身份等级观念表现得极为强烈。每到傣族富有家庭，他与主人十分健谈，而一旦到娶越南媳妇、经济相对贫困的家庭，他的谈话态度、面部表情便一改常态，要么缄默少语，无心和这些“边民”搭讪，要么话语充满暴力，常以命令的言词相问。我们刚到村民刀光红家后院时，只见很多人正忙着添砖和泥，一片热闹的建房场面，正当我踌躇和他们访谈是否会耽误他们时间的时候，随访的老人便招手喊话：“停下手中的活，过来这边登记。”这些娶越南媳妇的人，平时在村就不敢多言乱语，听到“登记”两字，着实吃惊不少，以为又是清查户口的工作人员入村了。发愣片刻，大家才磨磨蹭蹭地围坐到笔者身边。细访深知，前来帮忙的人都是刀光红的越南亲戚。刀光红说：“平时在村里和其他人家互帮不多，盖房子主要还得靠越南的亲戚。”由于越南亲戚来往频繁，都知道他家起房盖屋的事情，他将日子选定后，越南亲友便会上门相帮。在金水河村，村民罗家红似带抱怨地跟我们说：“我媳妇已经好几年没有回过越南老家了。她想家得很，但没有身份证，不能办理出境证，回不了家啊！如果可以办证，多少钱，我都愿意。回去看看，两边老人都有个照应。”过去，这些跨国结婚的人抄小路越境回家，常被越南边防公安关押，轻则罚款200元、300元、500元不等，重则关押十天、半月。尽管如此，嫁入中国边境村寨的很多越南妇女说：“中国这边很好，这边习惯了，现在回去越南老家反倒不习惯，尽管自己不能回老家，但越南那边的亲戚常到村里看望我们，挺好。”当然，如果有机会，她们也很希望有个身份证，回越南老家看看父母和其他亲戚。金水河村娶越南媳妇的藤雄说：“以前，不管有没有小孩，妻子都会被当地政府派来的人撵走。这边撵回越南，越南政府又把她撵回中国，前前后后折腾了三四年的时间，还经常罚款，恼火得很。因为媳妇在这边都生活惯了，跟我的感情也很深，还撵什么。白天撵回去，晚上媳妇又从小路回来，我们本来就是一家人嘛！只要能办证，政府要多少钱，我们都愿意给，只求媳妇有一个自由安稳的生活。”和平时期，中越关系改善，中越双方都在想办法帮扶这些跨境结婚的家庭。从2002年开始，越南政府不再对越境回国的妇女罚款，中国政府也帮助嫁入中国的越南妇女办理暂住证，和中国边民一样，享受农村合作医疗补助。

跨国通婚的越南妇女，其国家认同感在婚姻前后有着明显变化。摆脱贫困是吸引越南妇女嫁入中国的一个重要原因。中越边境地区，由于各种因素，中国边民的经济生活水平相对优越于越南，越南的人口结构本来就女多男少，加上越南男性惰于中国男性，为了摆脱贫穷困苦，许多越南妇女都希望嫁到中国边境地区。尽管越南妇女嫁入中国生儿育女。但是非法结婚，没有履行中国相关的法律程序，在中国并不能获得合法的中国公民身份。由于没有合法的中国公民身份证，这些跨国结婚的越南妇女丧失了回乡探亲的机会，其人身自由受到极大限制。这种强烈的越南家乡意识又迅速促成了她们的国家认同感。

嫁给中国边民的越南妇女，其社会认同普遍强于族群认同和国家认同。在结婚之前，跨国通婚的中（滇）越边民都属于相对弱势的群体，这种弱弱结合的家庭，并没有改变他们传统的角色，村民仍然把他们当作低一等的人来看待，认为“他们都是没有钱的穷人”。但是，越南妇女普遍能吃苦，在和中国边民结婚之后，地域环境的改善，使她们产生了一种优越感，对新的生活更加有信心，即使个别妇女遇到惰性较强的中国丈夫，她们也会勤俭持家，用心构造新的家庭，夫妻双方为了在熟人环境中生活得更有“脸面”，他们都会力求通过各种努力来提升社会地位，更加注重营造地域生活的社会形象，其社会认同感远强于国家认同和民族认同。

第四节 回到祖荫：从“二次捡骨”到棺木深埋葬俗

道教思想在瑶族传统观念中占有重要位置。无论是中国，还是越南，瑶族乡村社会生活都是一个有“鬼”的世界。瑶族坚信，人的灵魂永远存在，生者世俗性生活中充满的各种“不确定性”都由“彼岸”的神仙掌控着。但是，瑶族并不视道家“肉体成金”的理念为其终极追求。他们认为，人的肉体本身是“臭皮囊”，人死之后必待肉身腐化后才能实现人神之间的跨越，进而完成从“此岸—彼岸—此岸”世界的轮回。瑶族这种传统的灵魂观使中国广西金秀大瑶山一带的瑶族至今仍盛行着“二次捡骨”的葬俗。然而，在向东南亚国家迁徙的过程中，由于在同一个地方居住时间不长，瑶族生活方式的改变已经不能再延续“二次捡骨”葬的文化习俗。此外，越南遭遇西方国家尤其是法国殖民近百年，法国天主教文化对越南北部民族的丧葬文化有着深刻影响。受客观的生活环境以及外来殖民文化的双重影响，瑶族吸收和采借其他外来文化，逐渐也开始了棺木深埋的丧葬习俗。

一 传统“二次捡骨”葬俗

中国广西金秀大瑶山地区的瑶族（主要是坳瑶、花篮瑶）至今仍盛行着“二次捡骨”的丧葬习俗。病者临近去世的时候，家人在村民和族亲的帮助下，用木板在正堂屋右侧临时铺摆一个矮床，并将病者移至堂屋中的矮床上。长子坐在矮床一侧，依靠病者。家人说：“某某你安心去吧，不用再挂念我们了。”死者一离开人世，家人就要为其“净身”。净过身，族亲帮助给死者穿寿衣（单数），然后将死者停放在堂屋正中央。家人悲凄，跪烧纸钱，送死者上黄泉路。接着，同村族邻安慰家人，帮助给死者入殓。

当晚，孝男孝女就要托同村人到远方村寨报丧，并拜请村中老人帮忙协商操办丧事。报丧人次日早出，到达死者的远村亲族家里，主要的任务是告知族亲死者去世的消息，并清楚讲明全部实情。得知消息的族亲，悲痛之余还要烧煮便饭招待报丧人。报丧人不管是否饥饿都必须吃了便饭再走。远村族亲送走报丧人之后，就备办纸钱、白蜡烛、糕点、鞭炮等，到死者家中奔丧。前来超度和相帮的族亲寨友都会忙着找适合自己的活做。

超度亡灵有三轮法事：第一轮针对死者；第二轮针对死者的家/族人；第三轮针对本村村民。超度当天，大师公佩戴宝剑，刚一到死者家门口就挥剑“开路”，念咒作法之后方才进入主家堂屋内。接着各位师公开始“安坛”。首先，吩咐死者家属在堂屋正前方摆放一张桌子，桌上安放三个香炉，口念经文，点上三炷香，之后小心将死者的灵牌安放到桌上。开始时，年长的大师公口念经文，两个年轻师公围着花棺跳请“神师舞”，直到大师公问卦“灵验”，才算请到仙神。仙神请到，三位师公“当着”仙神的面，开始帮死者“解罪”。师公细数死者生前的所有杀生罪行，请求各路神仙宽谅。每陈述一桩关于死者的杀生“罪孽”，要直到“灵验”，仙神“恩准”，方才停止问卦。只有仙神“罪释”死者，才意味着死者能够正常升天。

超度法事有很多禁忌，需要死者家人和族亲好友共同遵守。家人要保持桌上香炉里的青香不灭；族人一般都不能离开超度现场；直系男性不能穿鞋套袜。对死者的家人（孝男孝女）的禁忌要求最多。他们只能盘地进食，不能上桌吃饭；平时不能坐高凳子，只能在地上用绿蒿垫坐；不能穿鞋，不管是上厕所还是送死者上山都得光着脚走路。族人是负责丧葬的主要人物。从报丧、请师公、借用碗筷等大小事情，都由族人帮助料理。因此，死者的家人（孝男孝女）守孝期并不需要做更多的事。他们只管尽心守孝，其他家务事有村邻寨友（主要是本村人）来帮助办理。如果族人没有能力做这些，就由族人委托一位村里比较有权威且有组织能力的人（多半是村长、村支书）来组织协调丧事。村干部在村里主持丧葬仪式本身是其权威外显和形象塑造的一种方式，丧葬活动组织得好坏也是村民评价他能力的一种重要标准。所以，村干部出面帮助操办丧葬，加上村邻寨友的积极支持配合，一般情况，都会办得比较周到。

三天后，族邻亲友便将死者送到公墓地浅葬。送葬当天，死者家人事先在屋外场院摆放好两条长凳。时辰一到，师公施法向棺材四周撒“钱米”，并用桃树枝和开山刀把猛击棺材，大叫三声“呸、呸、呸”，驱赶那些准备前来抢吃死者肉体的野鬼。然后抬棺的人将棺木抬出，摆放在屋外的长凳上，用竹篾将抬杠中梁结实捆扎到棺木上。鞭炮声响，出殡仪式正式开始。八个抬棺人同时抬起棺木，在村邻寨友的护送下慢慢走出村寨。出殡队伍的最前方，有一人持火把为死者和送葬的人“开路”。死者长子手捧灵牌跟在“开路”人的后面，孝男孝女痛哭尾随其后。走在出殡队伍最前方的“开路”者必须拥有相应的法术。出殡当天，还需有一个懂得法术的人为死者“挑谷仓”。“谷仓”通常是旧土坛，里面放着烧煮过的谷子。

死者送到公墓地，众人开始“打井”。参加安葬的人出发去公墓地的时候，所带锄头等劳动用具都要反扛。死者如果是男性，用左肩；如是女性，则要用右肩。在没有确定地点前，“打井”的人不能将工具随意放下。师公先用白布包好的三两米“买地”。一旦师公确定好位置，不管遇到多大的困难也要挖好，比如碰上大石头，也不能换地方。开路人挖下第一铲后，众人才能挖。按照瑶族的习俗，如果一块石头都没碰到，这个地点就是好地方。挖好井坑，开路人为死者“暖坑”，即用燃着的火把烧坑，并在坑内轻扫三次，不让生人的“影魂”留在坑内，给死者点火，让死者永远在火的热温中安息。这时，师公开始念经作法，众人将棺材放入，家中亲人分别从东西南北四个方向铲一铲土后，大家相帮盖土，然后用塑料布和杉木皮在埋棺处简单搭建一个临时场棚。

三年后，死者家人根据死者的生卒年月，再请师公选择一个吉日；开棺捡骨装坛，重新择地厚葬。瑶族开棺捡骨时也有很多讲究。开棺捡骨时，有些棺材是完整无损的。个别情况下，死者身上布料好一点的话，还能看到些布料，除此之外，就是一些死者的白骨。捡骨时，瑶族不能让尸骨露天，需用雨伞挡住或搭一个场棚才能捡骨。骨头要按照“足—身—头”的顺序捡起，手指部分不能捡。瑶族认为，如果这些部分的骨头捡了，下代子孙手多喜欢偷盗别人财物，给自己丢脸。瑶族捡起白骨装坛的时候，顺序也不能颠倒，依然要严格按照捡骨的顺序装骨。若死者为男则先捡左脚趾；为女则要先捡右脚趾。不能捡手指头，让它留在棺里。捡完骨，如果家人没有择定下葬的时间内，可以将“金坛”放到小山洞或搭小毛房放置，等到清明时节，再请师公选地厚葬。

瑶族认为，生者的幸福得益于死者的庇护，为求死者赐福，人们在二次安葬死者时非常注重“看风水”。一些极个别的家庭，三年时间里都有可能找不到合适的安葬地点。但即使出现这种情况，人们也不会草率地下葬。用瑶族的话说：“二次葬是安葬老祖公，马虎不得。”为了死者能安息，同时也为了生者能得福，家人经常会跨越村落空间到更加广远的地方寻找合适的埋葬地。并且葬礼比较隆重，如果家里较富有，二次操办丧事会宰杀三四头猪，花费很多钱财。

二　现代棺木深埋葬俗

在瑶族迁徙到越南北部边境的很长一段时间内，都延续着传统的“二次捡骨”葬俗。在蓝靛瑶地区，通常，如果家人未能为死者择好火葬的时间，也可以先土葬，过两三年行斋，再挖出来焚烧骸骨。之后，只需取上身体主要部分的少量骨灰装进很小的瓶子，迁居时带走即可。此外，越南钱瑶至今还有露天丧葬的风俗。按照这个风俗，人死于不好的时刻不得立即埋葬，而是抬上山放进竹子编成的“棺材”里，置于两尺左右的高台上，待尸体腐烂，才烧骨取灰装入小瓶里，迁徙流动时带走。[①] 过去的瑶族，生活是非常艰辛的。为能生存，人们常迁徙流动，村寨地点不固定，很少能够在同一个地方生活三四年时间。后来，瑶族逐渐改变传统丧葬方式，逐渐开始了深埋土葬的习俗。死者入土为安之后，家人迁居流动到新的居所，即便多年之后，家人不再回到原生地祭祀，但生者仍然感觉非常心安。

当然，即便丧葬形式发生了根本改变，但其中的很多内容依然保留着。若是家中有人离世，家人不得立即哭泣。通常是，人刚一停止呼吸，家人或亲朋好友便鸣枪三声“告知”玉皇。如果死者是村寨里有身份的“头人”，当他停止呼吸时则要立即捅破屋顶，并就地打开伞，鸣枪三声“告知”玉皇。死者尸体往往置于用绳子编连的竹片上，放在火塘旁边那间房子的地上，头对着正门方向。与此同时，主持仪式的师公把柚子树叶放在水里揉，用毛巾和稻秆蘸柚子叶水在尸体上从头洒到脚，这称为“洗脸”仪式。如果死者是女性，则要把头发梳开。在过去，白裤瑶装殓时，师公还要拔掉死者的一颗牙，剪掉一撮头发和一点手指甲、脚指甲，放进瓶里或者竹筒里，再随身带上找地方埋下。死者要被穿上一件齐腿的白色内衣，外面穿三件用蓝靛染成的新的民族服装。当然，瑶族忌给死者穿用化学颜料染织的衣服。瑶族常说：“再穷，也不吃种子；再穷，也不穿旧衣服。”尸体盖着白布，选择好时辰才入棺。瑶族非常忌讳为死者装殓的时间与家人出生的时间相同。他们认为时间相同，死者灵魂经常有可能把活者的灵魂带走。如果记不清家中每个人的出生时日，那么在装殓时，只需要儿女子孙们都不在场就可以了。入殓后的棺材安放在房屋正中间，直对着“鬼门”。

师公在越南瑶族丧葬中起着重要作用。他的身份特殊，只有经过“度戒”之后才有资格担当。也只有拥有师公身份的人，才可以主持丧葬或是各种宗教祭祀活动。在瑶族地区，在亲朋好友帮助下料理完死者前一阶段的事情，死者家主人便要佩带一把刀，系上腰带，带上两小包盐巴和半公斤酒到师公家门口跪拜三下。师公接下死者家主人的东西之

---

① 参见奉恒高主编《瑶族通史》（下），民族出版社2007年版，第1006页。

后，摆在家中瑶族祖先以及师公祖师的神龛前，祭拜和“通报”先祖。这时，死者家主人才能进屋报丧，请师公出门前去帮助料理丧事。师公向祖师父祷告完毕，便起身赶往死者家中超度死者。这之后，死者家主人还要到村寨挨家挨户三跪拜，告知全寨村民家遇丧事。其间，前往追悼的亲戚朋友会来烧纸钱，并送点米、酒、肉，或是给一点钱，以帮助家人渡过难关。

越南瑶族超度死者的过程和内容与中国瑶族基本相似。师公超度亡灵，其目的都是让死者回到祖荫的“归路”，死者魂灵最终还是要被“送回”到其祖源地（中国湖南“千家峒”）。仪式中，师公身穿法衣，念经，唱跳。整体上，法衣类似瑶族女装款式。在过去，这种衣服都是纯手工制品，现在则多数都用机器制作。成套的师公法衣还有一件如姑娘在婚礼上穿的白色内衣以及一个三角形的法帽，越南话叫作“帕诅”。超度时，师公所念唱的各种经书和所使用的各种法器均与中国云南文山、红河州边境瑶族地区的差不多，并且经书都用中国方块字书写。瑶族师公超度作法时，通常是依照汉语所表达的内容，用瑶族话来诵读和念唱。

在越南他拼村，村寨墓地多数集中在村庄西北面植被相对较好的山凹处。据村民讲，“那里曾是过去停葬死者的地方”。超度完成之后，相帮的村寨族人就把死者送到山上大致选好的地方停放。这时，主持葬礼的师公杀一只鸡，并随手丢出，鸡掉到哪里，就表示死者“同意”在此安葬。通常，人们会先把装有牙齿、头发的瓶子浅埋（40 厘米左右的深度）在这个事先大致选定的地方。挖墓穴时，如果瓶子没有露出，就可以在此埋葬；如果瓶子露出来了，就要重新另外选地。

迁居越南的瑶族虽然未曾离开过良好的生态环境，但因越南遭受过西方国家长期殖民统治，殖民文化对瑶族文化的影响还是非常大的。特殊的国家背景使他拼红头瑶族的丧葬仪式交织进瑶族本有和西方天主教的元素。和中国很多汉族地区一样，在越南瑶族地区，棺材入土覆盖后，坟墓正前方通常会用石块搭起一个小小的“墓门”。有的还在坟上盖起一个场棚，周围围上篱笆。安葬完毕，师公在回村的路上折下一根树枝带回并插在主人家的大门上，意在给死者灵魂打个“路标”，让他在回家“吃饭喝水”时不至于迷路。按照越南瑶族习俗，这个时候还不能把死者的灵魂招至供奉有众祖先的祭台上，要等到一段时间举行了“打斋”仪式，才能把死者的灵位放到供台。当然，即便在现在，越南北部地区的一些瑶族支系也还有火葬的习俗，即众人把棺材搁到火柴堆上，师公点燃大火，有序地进行各项法事。火光散尽，家属出来把骨灰捡起装入瓶子或竹筒里，埋在事先搭建好的遮棚处或置于一个可以避雨水的石洞里（同一家族的死者的骨灰可以放在一处）。

瑶族认为，死者和生者同在，死者死后四十五天后请师公“打斋”（有的人家半年或一两年后举行）。其间，家人每餐祭供死者，每天饭前喊死者名字。如果死者是男性，每天供一杯酒、一杯茶、一碗饭和几盘菜。如果死者为女性，则不需要供奉酒。通常，“打斋”需延续三天三夜，家庭条件好的人家往往宰杀牛、羊、猪、鸡、鸭等，来献祭祖先和招待亲友。第一天在室外举行“破狱招魂”仪式，即用纸制作一个象征囚禁死者灵魂的牢狱。师公作法用剑将牢狱挑破，使死者灵魂得到“解脱”。次日，在灵魂召至祖先供台之前，还要为死者进行“香花浴”。师公在供台前横放一把凳子，上面摆放一个插上香的米碗，主家屋顶上挂一块垂至木凳的白布，意为“搭桥”给死者返回老家。师公作法念咒三天，向亡灵“交代”各种事宜，从而将其“送回”到众祖同在的地方。

第五节　地域性社会的双重秩序规则

由于特殊的地理位置和历史条件，越南边境上的红头瑶族获得了必然性的也是象征性的社会定义，以至于产生了嵌入秩序与内生秩序并存于红头瑶族社会生活的迹象。在嵌入秩序强化了红头瑶族国家认同的同时，内生秩序却挑战了国家认同。内生秩序和外生秩序在越南国家认同整合上产生对垒效应，将越南边境地区老街省他拼村红头瑶族列为考察对象，能够发掘红头瑶族在历史进程中越南国家所赋予的秩序与红头瑶族根植于传统而形成的内生秩序在越南国家认同建构上的异趣效果，从而凝析出近现代民族国家在国家建设进程中政权文化是如何遭到地方性知识挑战的。

瑶语是其母语，越语是国语，英语是商业语。由于市场化的驱动，英语日益与越语、瑶语一道成为他拼村红头瑶族的语言主体。平时生活中，红头瑶族用瑶语交流。除此，村小学双语教学使瑶语获得程式化的推进。当与本村苗族或其他民族交流时，越语便是重要的交际语言。当与游客交流时，英语便是首要的工具。能将英语用得出神入化的要算红头瑶族妇女。几乎每天，她们都会背上背篓，带上手工艺品前往村头或沙巴集市销售，练就各种语言。

在村小学接受义务制教育的孩子比其父母更具优势，他们不仅能说越南文，而且还能写民族语。成年男性外出打工的人并不多。犁田耙地、找柴做饭、照顾老人孩子是他们一年中的主要活路。他拼村红头瑶族与中国境内红头瑶族联系紧密。很多红头瑶族，依然持有对祖籍的记忆。有不少年长者，仍然保留着抄小路、穿密林来探亲访友的习惯。而年轻一代，很少有这样的体验。尤其近几十年来，中越边界的确定，致使红头瑶族松散流动的现象走向终结。

一　嵌入秩序对边民国家认同的塑造

边民是世界政治经济变迁的产物。边疆、边界概念的实践化是边民政治性角色得以创生的前提。民族国家是唯一能够赋予边疆族群特定角色的重要行为体。20 世纪后半叶，民族国家主权意识的逐渐强化，使曾被松散定义的边疆及族群，获得了政治意义上的归属。流动的族群享有了作为边民的社会定义，并担负起表述国家共同体意志的责任和义务。

随着边疆族群获得民族国家的社会定义后，为进一步消除传统社会结构在其生活世界中的主导性，民族国家加快了将国家认同植入民族中的步伐，旨在扭转边民先在性的认同模式和族性知识。边民由此获得了一套缘于国家意识形态并异于传统的嵌入秩序，其政治归属得以推动，行为意识亦被整合到国家认同构建的政治、经济、文化进程中来。

中国和越南很早就有往来。两国山水相连，边境的人们不断创造着交融合作的历史事实，并因此形成了稳定的交往机制、行为逻辑和社会结构。因此，从一定角度看，很难将这些历久互动中的边疆族群从身份上辨识开来。进入20世纪，尤其到下半叶后，随着中国和越南独立自主权的建立，使国家间的主权意识被强化。越南在获得主权后，并不顾对中国独立主权事实的尊重，毅然发动侵略中国边境的行为，中国人民的自卫还击与最终取胜，极大地证明了主权在当今世界政治中的不可动摇性。经过这种侵略与反侵略的行为交合，主权国家的边界由此被提到不容挑战的神圣高度。边界（界山、界河、口岸、界桩）物化性的确定，强化了边疆族群的政治认同。人们之间的交往由此也就需要通行证之类的证件来证明彼此能够沟通的权利。先前缘于血亲、婚姻等无形要素的自然关系因之退隐。原为一体的族群被切割，获取不同于传统的实践架构，产生表征不同地区或国度的政治属性。涌动着中国少数民族血液的越南他拼村红头瑶族，因此长久地被纳入越南国家的政治秩序中，其身份在异域得到新的塑造和界定。他们变成了越南人，变成了越南国家认同建构下的少数民族。可以说，他拼村红头瑶族在有形与无形要素上彰显了他们的越南人及越南少数民族身份。

边界概念对红头瑶族国家认同的塑造。与他拼村遥遥相对的是中越界山（黄连山）。黄连山上密布着浓郁的苍松翠柏。调查了解到，大多数红头瑶族都知道这座高山的北面就是中国。他们用口耳传递着先辈们翻越大山寻觅水草、耕地和家园的记忆。一位老年妇女说，据其父言，他们的祖辈就是以耕一坡换一地的流动劳作方式慢慢越过这座大山落居于此的。很多老人仍记得穿越黄连山密林抵达中国的小路，如今小路已不再有人穿行，相反为密布的荆棘与参天的古树盘踞。年轻一代没有穿行小路的经历，需引路，而今老人都日渐老去，所以也就日趋与这些小路错失。若对小路不熟，可能遭遇被边防军人逮到的危险。任意穿梭小路不再容易。加之近年来中越边界的进一步明确，更加剧了这种不可能性。各类界碑限制了边民的行动。2007年12月27日，越南老街省和中国云南省边界段的勘界立碑工作完成，中越一共树立了124块主界碑。其中，中国树立了61块主界碑（和2块附界碑）；越南树立了63块主界碑（和2块附界碑）。中越陆地边界线共长1347公里，中越两国计划树立1800多块界碑，其中，包括1533块主界碑和300块附界碑。[①] 显然，把守于中越边界上的网状界标永远地终结了红头瑶族续接历史的梦想。而其作为越南人的身份却因这些界标而得到形式上的确立，并在隐性的层面上模塑了作为越南国人的认知。

乡政府对国家认同的塑造。乡政府坐落于他拼村东南方。办公楼是一栋占地四五百平方米的三层楼钢筋混泥土建筑，与其毗邻的是占地稍小的两层楼的卫生院。政府工作人员多半是越族。每到上班或村里执行公务时，工作人员便在胸前挂一张略有中国公民身份证大小的淡蓝色牌子。牌子上写着工作人员的姓名、科室、职务。他们的任务是贯彻越南政府村级委员会的政策法规，包括越南国家党和政府的农村政策、乡村建设方针、村民治理方案等。工作人员不定期地到红头瑶族村寨里、家里走访调研，并鼓励他们投入到越南政治经济建设的进程中来。比如越南在 20 世纪 80 年代末革新开放后，为了在越南全民中形成对革新开放的支持与配合，发动民俗文化旅游便是重大举措。当他拼村民族特色成为发展重点时，地方政府登门动员，向红头瑶族民众讲解国家推动民族经济文化发展的战略，并采取各种手段激励广大红头瑶族以手工艺品优势加入国家规划性发展的活动中，以此激发红头瑶族发家致富的热情和雄心。红头瑶族因此获得融入经济大潮的契机，并在行为上达到靠近国家政体和支持当代越南国家建设的目的，潜在地强化了越南国家的政治认同感。

村长在国家认同上的表征意义。当游客来到他拼村时，销售手工艺品的红头瑶族妇女都会尾随游客到任何可能的角落。而当游客进入村长家别具一格的庭院观光或购物时，红头瑶族妇女却望而止步。访谈中，红头瑶族妇女会压低声音说：“这是村长家!”即便有获利的可能，她们也会在一定距离之外留步。虽然村长管理的片区小，但权力大，是越南国家形象地方化的代言人。村长不仅有别于其他红头瑶族的特征（比如，住迥异于木板房的砖石平房，着战时越南士兵穿的黄绿色军装，拥有大量从老街或沙巴运来的商品），而且还能决定村里谁可享受钱财补助，能判断谁是值得深交的人。无论从个人形象或红头瑶族口头

---

① 参见古小松主编《越南国情报告》（2008），社会科学文献出版社 2008 年版，第 64 页。

上都能发现村长与他们的差异，而正是此差异树立起了村长的权威形象。村长是越南国家政权基层化的具体表达。这些新权威，随着越南国家行为基层化巩固日益凸显。

村小学在国家认同上的程式性塑造。村小学位于村庄西南方，坐落在一个土丘上。校园由四五米高的围墙围成，穿过铁门，就能看到两个宽敞的篮球场地，接着是一栋置于正上方四层高的主教学楼。教学楼的前方，用越南拼音文写着“他拼村小学”字样。在这个以木板房为特征的红头瑶族村落，用钢筋混泥土建成的村小学的出现似乎是一个异类。学校采用双语教学。学生除了要学习由越南语表达的科学知识外，还要学习母语。学生学习各类语言的目的不是用以去理解本民族的历史和文化，而在于对越南国家的历史与文化融会贯通。双语教学一定意义上是以保留语言多样性构成为表象，而本质上是要达到对越南国家政权建设的深入理解。他拼村义务制教育昭示着红头瑶族已进入越南规划性的体制中。红头瑶族的国民意识被打上程式化的烙印。

精英人物在国家认同上的精神整合。在一些红头瑶族家中显眼的位置上，端端正正地挂着胡志明的巨幅照片。在访谈中，虽然很少有红头瑶族能对胡志明在越南历史上的地位和作用表述一二，但是在他们激动的表情背后却蕴藏着对胡志明的赞赏。尤其上村小学的孩子，他们对胡志明的认识似乎比其父辈更为深刻。挂在黑板左上方的胡爷爷的照片是他们努力学习的动力。甚至可以说，胡志明挂像在红头瑶族中造成的影响，远远超过了胡志明的越南国家建设事迹本身。由此，将个体作为社会动员的工具，采取民族精神人格化的做法，一方面能激起民族因国家荣誉而产生的愉悦，强化他们的认同和意义；另一方面，能够无形地聚财集众推动国家的整合步伐。

越南盾在国家认同上的价值建构。当外国人用外币向红头瑶族买手工艺品时，即便不识字的红头瑶族也能准确地辨出货币种类和面值大小。在笔者让其写出价格时，没有一个红头瑶族能写。但当用人民币或越南盾示意价格数量时，他（她）们却流露出非凡的驾驭能力。他（她）们能够根据图案判断各种币种和币值的等量与差异。这一方面缘于市场化的催化，另一方面则基于红头瑶族对越南盾的熟悉把握。他（她）们知道什么样的币种是越南的，多少外币面值又与越南盾等值。

通过辨别本国盾与外币，强化了红头瑶族对越南国家的财务认同。

外国游客在国家认同上的反衬效应。他拼村作为民俗旅游村，以独有的文化吸引了众多的外国游客。当在村头候盼销售手工艺品的红头瑶族妇女看到外国人时，她们迎面第一句话便是用英语问道“你从哪里来?”在这一个初识的行为反应中包含着丰富的内涵。红头瑶族是在明确自我身份的基础上展开互动的，也是在自我认同的过程中确立身份边界的，更是在肯定差异的前提下彰显“他者”的。“本我”与“非我”、“自我”与“他者”、本国与外国成为红头瑶族在交互行动中的知识构成。

越语在国家认同上的情感效果。日常生活中，红头瑶族使用越语。不仅家庭通用语是越语，在与同村苗族或其他少数民族交流时，也是用越语。无论是河内、西贡、顺化等地的人，一旦与红头瑶族攀谈起来时往往显得格外亲切，每当这时红头瑶族便不会向其推销产品，而是诉说苦衷。此时，这些异地的越南人便会低头倾听，流露出内疚之态，仿佛红头瑶族的遭遇都是他们的罪过。红头瑶族将不说越南语或说英语的人相应界定为外国人，能说越语的人都被视为倾吐衷肠的知心盟友。

总之，尽管红头瑶族在文化边界上模糊不清，但被置入“规划化”进程已成不可逆的事实。越南国家的建构终结了边境族群松散的流动局面，赋予其特定的行为机制，并使其基本认同日趋从村庄或民族转移到民族国家上，红头瑶族个人也开始将自己对本族的效忠转向国家政体。

二　内生秩序对边民国家认同的挑战

从民族内部根植的文化脉络出发来建构关系并模塑认知始终是人类的主旋律。共同的信仰、习俗、语言、礼仪等一直是民族之所以为一体的关键因素。民族由此而拥有表征其特质的文化符号，并模塑出既定的行为机制和认知模式。通过一代代人的言传身教，由此而产生影响久远的效果。凭借传统基质的力量，民族内部由此形成辨识属于哪类而不属于某种的区分，以及什么有关系、什么无关系的知识判断。由于历史与现实不对称性，今天被称作“边民”的红头瑶族，显然还受制于此种逻辑。

红头瑶族在获得“边民”定义之前，就具有了维系认知结构与行为模式的文化机制。但是，中越边界的确定，致使红头瑶族的惯性知行受到了冲击。迫于生存和发展的驱动，红头瑶族在实践中是以淡化或模糊先在性知识谱系为策略，而有所保留地转到接受越南国家建设上来。随着历史的推进，此选择并无法截断红头瑶族对传统“根”文化的追忆。虽然越南国家在少数民族中通过直接或间接地创造系列秩序来加大国家认同的力度，但难以将红头瑶族一直传承的内生秩序彻底覆盖。国家的理性作为，显然难以驾驭民族的感性认知。在社会化进程中，红头瑶族始终在根据经验和感悟，凝练着基于地方性知识的实践节奏。显然，这在丰富人类文化的同时，却创造了挑战国家一体化进程的多元性诉求。他拼村红头瑶族历久形成的续接性机制，在推动红头瑶族内部生活一体化的同时，也潜在地冲击了越南国家的整合性建构。

血亲印痕。历史以来，由于内外因素使然，红头瑶族一直处于迁徙流动中。但这样的变动并未使红头瑶族的血缘、亲缘关系中断。历经数代，由于边疆治理的松散，所以红头瑶族的迁徙行为并未受阻碍，身份归属亦较为模糊。进入近现代，民族国家的建立，致使边界、边疆产生实体意义。以至于红头瑶族一直以来的迁徙行为受到钳制。即便这样，他们依然保留着对中国祖籍的认同。他拼村红头瑶族基本都知道其中国“根”。虽然大多数红头瑶族不能说汉语，但在记忆里仍留着“祖父的祖父是中国人”“祖母的祖母是中国人”的印记。中国“根”情结被深深植入其认知中。当发现是中国人，或接触与中国有关的物品时，他们对中国“根”的热情会被强烈激起。当谈及中国时，他们想到中国云南河口镇的富裕，顿时艳羡不已，也流露出对中国云南河口镇高消费的惧怕。很多年轻的红头瑶族都抱着能学会说汉语到中国打工的美好心愿，希望由此获得稳定的高薪。他们认为中云南国河口的工资待遇（每月一千元人民币）远比越南境内任何一地都要高。由此，中国不仅是他们溯源祖籍的源头，同时也是其实现价值和体现意义的梦想舞台。

历史遭遇。“从理论模式上来说，共同命运，共享意义的尺度/标准非常明确：一旦一个人的生存和再生产依赖于他人的生存和再生产，群体中的所有成员都将遭遇共同命运。"① 历史以来，红头瑶族之所以迁徙不止，跟自然、人为因素紧密相关。当天灾、洪涝或兵燹使他们丧失土地和家园后，再次迁徙以寻找下一个可能安全的地方就成为他们的目标诉求。而当寻觅到满意之地后，红头瑶族并非能心安理得地稳定下来，相反却遭受到巨大的挤压。他们需要得到当地人的许可才能砍伐森林种植土地，由此预示着下一次迁徙的到来。每个新到之地和所选之处，成为了历史长河中凝结其行动的网结。在迁徙中，他们不仅饱受跋山涉水的艰辛，而且还遭到其他民族的排挤。据说，争到新地时，当地人都很排斥他们。对此，他们一代代记忆并传递着。以至于当越南抗击法国殖民者时，红头瑶族却转而支持法国殖民者，这除了法国殖民者施与直接物质利益收买红头瑶族人心外，还在于红头瑶族始终保留着迁徙到越南境内后遭遇到的痛苦记忆。这种状况在一定意义上弱化了红头瑶族对身为越南人的满足。

文化传统。文化传统强化了红头瑶族的族群认同，规制了红头瑶族的知识实践。文化传统能够定义红头瑶族属于某类，而不属于某种的身份。他拼村红头瑶族具有强烈的文化传统。妇女头上的红头巾是该族族称的标志物。所有的成年红头瑶族妇女都习惯于头顶红头巾。木板房是重要的民居形制，是对祖先传统居住格局的延续。这跟其流动性有关，简便易建，同时也是取法于自然的结果。发白的、不高的木板房与中国云南金平县红头瑶族民居并无二致。衣物上，红头瑶族重视在裤脚、袖口、腰间绣上浓密的绣花。饰物上，红头瑶族妇女喜好带铜手镯和耳环。这些礼物多是男性赠予的。成家女性，是丈夫送的。未成家女性，则从心仪的男性那里获得。手镯内侧镂着用汉语书写的女方和男方名字，另一端则刻着"天长地久"字样。这些都是红头瑶族标识自我的传统符号。但这样的符号使得他们由此而对外在文化，尤其是越南国家的文化知之甚少，尚难形成认同。调查了解到，多数红头瑶族对越南主体民族京族的文化几乎不了解。当问到越南人习惯每月初一和十五烧香祭祖，或送鲜花保平安的祝福习俗时，他们都表示不理解。对于越南国

---

① Craig T. Palmer, B. Eric Fredrickson and Christopher F. Tilley, Categories and Gatherings: *Group Selection and the Mythology of Cultural Anthropology*, US: Elsevier Science Inc. 1997, p293.

家的国庆日或名胜古迹，如河内的还剑湖、文庙等也闻所未闻。对此，可认为是由于越南政府宣传不力所致，但也与红头瑶族早已形成固守传统的信念有关。

村寨认同。长期以来，红头瑶族聚族而居，形成了强烈的村庄认同。共同的血亲印记、历史遭遇和文化传统在整合村寨认同上产生了积极效果。木板房、绣花衣服、铜耳环、铜手镯、红头巾等外显标志不仅将红头瑶族与邻近寨子的苗族区分开来，同时也强化了红头瑶族对自己村寨的认同。由于生产、生计、生活的影响，红头瑶族对所属寨子有着强烈的认同。寨子能够给他们提供肥沃的水田，种植出饱满的稻谷。当他们面临困难时，本寨的红头瑶族是唯一会向他们提供援助的人。当他们需钱财或抢收稻谷时，只有同族会帮助他们，邻寨的苗族既不会借给他们钱，也不会提供人手帮助。在他们眼里，只有与同寨的红头瑶族才能建立最基本的信任，他们既能在缺钱时借钱，还能在需要帮助时得到帮助。本寨始终是确保社会关系延展的舞台。寨子始终是最稳定的人际关系半径。同时，寨子还能共享节日礼俗。如果哪家有婚丧嫁娶，几乎全寨红头瑶族都来协助。当某家插秧收谷时，本族人也会出手相助。另外，红头瑶族还以红头瑶族寨子女性能刺绣而区别于他族寨子。红头瑶族认为苗族手笨不会刺绣，也不会操英语销售产品，这是红头瑶族寨子风水好所致。红头瑶族的村寨认同由此被模塑，一体行为认知由此被整合，但却挑战了红头瑶族与苗族寨子整合为更大村落统一体的现实，潜在地限制了越南国家一体化进程的推进。

生活经验。由于历史与现实因素的交织，红头瑶族形成了道法自然的生活经验。他们选择与水田和森林毗邻而居。将房舍置入水田中央，或于山林丛中，由此与水田和山林拉近距离，获得庇护，确保更大的丰产及更多的安全。根据红头瑶族的风水知识，如果将家建在远离水田或森林的地段上，家人身体会不好，健康会受威胁，同时也会丧失丰收的良机。几户临山居住的红头瑶族因泥石流之故，乡政府动员其迁至指定地段，但因不符合红头瑶族的经验认识，故被拒绝。他们重新腾出一块水田建造房屋。之所以这样做，是以先前一户人家因违背建房原则，结果家人一点不顺，养的猪狗死了，稻谷产量低。由此，红头瑶族的生活经验是源于红头瑶族固有的知识逻辑的。对于政府的提议，他们却视其为背离常理的。此举在一定意义上违抗了国家的理性和合法性，而他们根据传统经验的选择与建构，既遵循认知习惯，也暴露了衣无忧、谷满仓的期许。这样的价值取舍，体现出自信的文化态度。

“盘王”信仰。他拼村红头瑶族相信“盘王”对红头瑶族社会生活的庇护，“盘王”能对所有人都护爱，敬重于“盘王”便是应然的。人们之间无上下等级、尊卑隶属关系，只有平等。此种精神世界，与世俗是存在距离的，其在巩固红头瑶族一体化的同时，却产生有悖于越南国家主流的负面影响。

红头瑶族在社会生活中形成的内生秩序，是典型的小群体动力学的持久模式。这样的模式在加强红头瑶族认同及维系其稳定上具有积极的建设性作用。红头瑶族的内生秩序，在彰显其对政治、经济、文化的独有认知的同时，使红头瑶族分散的个体行动被整合起来。内生秩序在红头瑶族的认识和行为上发挥着巨大作用。

总之，随着由越南国家体系属性所决定的国家认同得到前所未有的强化，各少数民族政治上的归属得到了新的界定。一系列嵌入秩序是推动该界定成形的因由。但是，红头瑶族内部保留着的内生性认知与行为模式却塑造着红头瑶族的族群认同，本质上并不利于越南国家认同的整合性推进。内生秩序在使红头瑶族的主体性价值被彰显及民族认同被强化的同时，却在一定层面上使得作为整体的国家认同因为红头瑶族自我意识的突出而被弱化。红头瑶族特殊的历史经历和文化脉络，正日益加剧着这种趋势向纵深方向发展。由之，在红头瑶族这样的边民社会的国家认同与族群认同的交迭互动中，表现出一致与冲突的两种不同趋向，总体上不利于族际关系和国家认同的稳定建构。一系列嵌入秩序，尤其是行政嵌入，本质上是超越红头瑶族常识的象征形式，是私人意义与公共象征之间冲突的必然结果，是民族权利与国家权力鲜明比照的知识创造。而对这种情势的平衡或解决，也许预示着越南政府将会对少数民族社会采取结构性规范与制裁的强化措施。

第五章

新近面向

第一节 传统与现代并置

一 红头瑶族传统服饰

红头瑶族服饰，以妇女服饰最具特色。

瑶族妇女传统服饰复杂，有头巾、帽子、上衣、肚兜、裤子、裙子、腰带以及裹脚等重要部件。搭配衣服的穿戴饰品主要有耳环、项链和戒指。瑶族衣服和装饰品成分多样，单帽子的种类就有很多种。结婚时戴的、成年礼时戴的和平时戴的都各不相同。即使同族群，其服饰的款式、制作流程、腰带、裹腿等，亦各不相同。越南老街省保胜一带的红头瑶族妇女上衣都是两层，外短里长，另有一件别有各种银饰的绣花胸衣。这些地方的瑶族妇女以前常赤脚，打绣花绑腿，现已穿拖鞋、布鞋。装饰品主要有银或铜质的耳环、项圈、手镯、戒指。窄裤瑶妇女剪短发，涂蜂蜡，戴蓝色长巾，也有人把头巾盘在头顶像个"圆角"置于偏左部或偏右部。上身穿长衣，袖口镶红布，衣服沿角贴满红布、白布或花布条，衣服后面也绣有盘王印符，蓝布胸衣衣领处绣有许多花纹，中央钉有直径五六厘米长的银质半球形或星形饰物。下身着长及膝的蓝靛色布裤，裤裆大于120度角，裤管很窄，紧裹双腿，裤边绣有花纹。[①]

---

① 参见奉恒高主编《瑶族通史》（下），民族出版社2007年版，第999页。

红头瑶族妇女服饰突出红色。妇女头戴的红头巾，一角往上褶成两个尖角下垂到太阳穴处。这个特点，在婚礼上新娘的服饰中体现得最明显。新娘往往是头戴绣花红巾，上穿蓝靛色绣花长衣，胸前钉两排鸡蛋大的红绒纽扣，腰系一根绣花带，下身着蓝靛色的绣花裤子。红头瑶族中老年妇女头饰多用红头巾包裹成三角形，内充装棉花，边沿牵线上粉红色、白色相间的边饰。一些爱美的妇女还下垂数颗珍珠、铅币等做装饰。在家庭生活中，人们穿戴并不是太讲究。但特殊场合（婚礼、赶集），红头瑶族妇女穿戴都比较讲究，不但衣服颜色新艳，而且头饰品也多。

红头瑶族妇女传统服饰有“前后摆”两个部分，其上的纹绣各异。前面部分比较短，仅仅齐至腰部。后面部分则长长下垂，近乎拖到地上。平时走路的时候，后摆经常会随步子前后摆动。由于后摆下垂到脚后跟，穿上这样的衣服，农忙下地干活时非常不方便，一些红头瑶族妇女在生产劳作的时候，常常将后摆挽起插在腰带处。近年，由于这些传统服装不太适合劳作，一些妇女在农忙季节也开始穿从集市上购买的大众化的京族服装，以方便做农活。等到农活忙完，她们又穿上传统红头瑶族，肩背小竹篓到乡街推销手工艺品。一般情况，中老年妇女穿戴的服装，胸前均有三个非常显眼的纽扣（按照红头瑶族的传统习俗，胸前这三颗纽扣是在红头瑶族出生仪式上才临时做上去的），衣服上绣有十分丰富细致的图绣。由于没有任何固定的规范要求，鸟、兽、虫、鱼等，只要是瑶族生活中能够接触得到的东西，都有可能在瑶族上被图绣出来。整套红头瑶族妇女服装，都由一条系在腰部的花腰带固定着。妇女们习惯将腰带前后围腰两圈之后，于后背处打结拴紧以固定衣服。

红头巾是红头瑶族的重要身份标识。其实，红头瑶族的名称主要就是根据妇女们头顶上的红头巾而得名的。当然，红头巾本身并没有标志瑶族文化的图案和款式，只是红头瑶族妇女的身份标志。如果脱离红头瑶族女装，红头巾便没什么更多的象征意涵，只有“链接”到红头瑶族服饰这个整体上，才具有重要的符号意义。不管待在家里抑或是外出忙活，他拼红头瑶族妇女头顶上都喜欢戴一条（老年人多条）红头巾。28 岁的朝路梅（Chou Luz May）说：“20 岁结婚的时候，我头顶上戴了 20 多条红头巾。平时生活中，头上一般只戴一两条。”盘珀美（Pany bov May）说："我今年53岁，头上的红头巾是非常重要的。女儿结婚时，头上戴了30多条红头巾，一般要求头巾的条数要成双成对。"年轻女孩不仅戴红头巾，而且还喜欢在头顶上嵌缀各种各样的银饰品。在田野调查中，他拼村的红头瑶族妇女告诉我们："戴红头巾前，要先将洗净梳顺的头发打结紧盘在头上，再用红头巾来包裹固定。由于长长的红头巾紧紧缠绕在头发外面，因而打扮完整的瑶族妇女，一般是看不到她们的头发辫的。"头发盘成蜂窝状，红头巾再配以整洁的瑶族服饰，穿戴一新的红头瑶族姑娘，极为漂亮。在越南北部红头瑶族地区，姑娘们为了尽早拥有这个技能，往往会在十一二岁的时候就开始跟母亲学习盘头。

红头巾是红头瑶族妇女服饰部件中比较好的质料。越南老街北部边境地区的红头瑶族妇女都喜欢到中国云南边境集市购买布料。20世纪50年代，由于中国云南文山州麻栗坡县南温河乡近距越南河江省，每到集市时日，越南边境民族到南温河买卖生活用品的人络绎不绝。由于来往的越南人较多，当地人便将南温河乡街习惯性地称为"越南街"。及至现在，越北边境红头瑶族到中国边境集市买卖家庭生产生活用品的现象仍然比较普遍。他拼村位于越南老街和沙巴之间。老街是省府所在地，沙巴则是一个比较成熟的旅游地，商品经济都比较发达。他拼红头瑶族妇女多喜欢到这两个地方购买衣饰布料。一些人还从集市上买回丝线，根据自己的需求来纺织。同样，质料好的衣服往往在一些非常重要的特殊场合才穿。村民盘金仙告诉我们说："她在三四十年前就做好了一套衣服，由于布料质量较好，做工也比较精细，做好之后试穿过两次就再也没有穿过了。衣服被我精心地收藏在家中的木箱子里，估计最近几年都还没有机会穿，可能还要等三五年女儿出嫁时候才穿。"

在中越边境，不管是红头瑶族还是蓝靛瑶族，他们都喜欢用蓝靛来染衣服。在他拼村里，基本上每家每户都有大小不一的染缸。在越南北部边区的红头瑶族村寨，村民以前做衣服、被子、蚊帐的布都染成蓝靛色。为了解决染料的来源，村民就种植蓝靛，自制蓝靛胶。[①] 蓝靛这种植物，通常长着蓝色、肤黄色等几种不同颜色的叶子。生活中，为了确

---

① 参见奉恒高主编《瑶族通史》（下），民族出版社2007年版，第971页。

保一直都有比较好的蓝靛供以染色衣服，人们常将采回的蓝靛放置到家中染缸内制作蓝靛胶。蓝靛的根、茎等其他部分也能用作衣服染色。越南北部山区红头瑶族村寨，村民房前屋后都种植着大片蓝靛。正式染色前，要先用树叶煮滚水，等到冷却之后，搅拌进去蓝靛胶，并掺杂进去少量的火柴灰水和酒，再用木棍搅拌，直到伸手进去就会在手上染色时，才用其染色布料。为保证染色均匀，人们通常先用冷水浸泡事先织好的布匹，然后才把布匹慢慢放进染缸，用手反复捏住布在缸内转动数次，让其浸泡二十分钟左右，将其捞出，拧水晒干。过两三天后，又用冷水清漂一遍布料，取出晾干，再放入染缸。一天两三次，反反复复进行同样的环节十五六次后，蓝靛色泽就被慢慢地浸到布料中，这时，便可用来制作衣服了。如此流程，染一匹布料有时需要一个月左右的时间。如果天气好，尤其是天气干燥，则只需二十天左右。

刺绣是红头瑶族妇女引以为傲的生活技能。他拼红头瑶族妇女会花费很多的时间绣织衣服。每年五月、六月、十一月和十二月份是村民相对清闲的时节，九月、十月是收割水稻、玉米的时节，她们就比较繁忙。生活中，一有空闲，妇女们就开始忙着刺绣。其实，她们很少有空闲的时间，很多时候，在种田或是赶集推销小商品的时候，她们都把布料带在身上，忙里偷闲，找时间做手上的刺绣活。村民朝路梅（Chou Luz May）说："主要是我们又要卖又要绣，做这些东西嘛，快得很。如果有时间整天待在家里，一天能绣大半块。在外面就不好说了，有游客进村，上去推销，根本顾不上刺绣。不主动上前，是不会有人主动走上来搭理你的。村里卖这些刺绣品的人多，而来村里旅游的外地人少。最主要的是，买东西的人不多，所以赚不了几个钱。"红头瑶族不喜欢仿照其他民族的花纹图案刺绣，而是习惯根据自己的生活知识来自由创作。基于日常生活记忆，妇女们只需随便看看就能仿制出很多精美的动植物图案。

红头瑶族妇女的刺绣工艺总体上还算精细（主要得益于近年的各种技术培训），服饰中的颜色和款式都搭配得非常合理。用丝线绣制衣服之前，为了使其更加平滑不卷曲，人们往往用水清洗一道之后再晾干刺绣。也有的人用米汤水浸泡一段时间，再清洗晾干。刺绣时，红头瑶族妇女需要先把三条丝线搅和在一起，即先把三条丝线的一端搅和到右腿大脚趾上，一端固定在肩膀（接近胸口）处，再用一根竹针来挑动并搅和丝线。最先开始刺绣的部分一般是衣袖，接下来是衣服或裤子脚边。工艺熟练的人，能比较清楚地记得服饰不同部件的图案，从衣服的后面部分绣到前面，她们基本能计算出需要多少数量的丝线。一位妇女告诉我们说："制作一件衣服和一条裤子，需要多少布料，她只需用手简单量一下就可以明白了，一般出入不大。"完成一个部件的刺绣需要多少时间完全依据闲余的时间。刺绣织好的衣服部件整齐地放在一起，用蓝靛染色之后，再用机器或是手工将不同的部件拼凑在一起，才能做成一件完整的衣服。

二　红头瑶族服饰"型""义"辨释

红头瑶族出生礼中的服饰表现得最为突出。出生礼是瑶族家庭生活中针对孩子的一项比较重要的仪式活动。红头瑶族男孩出生礼上穿的衣服上有很多图案，融合了红头瑶族传统心理文化意识。正式的出生礼仪式活动通常在孩子出生一个星期内举行。主持仪式的师公要念经"对话"先祖，和家人共同祈愿先祖护佑新生婴儿健康成长。人们认为，仪式中的母亲与红头瑶族祖先"同在"，只有通过仪式，她才能将孩子带到人间哺育。

做父母的通常喜欢让自己的孩子穿着尽可能好看一些。孩子还没出生前，母亲会精心做一个小帽子存放起来。女孩和男孩的帽子稍有不同，男孩的帽檐一般都镶嵌着红色布料，周围缀垂着很多的银饰品，布料底色通常采用蓝靛色。女孩的帽子一个比较显著的特点是帽檐周围用作装饰点缀的铅币、小珍珠较多。帽檐正前方，父母为了给小孩子避邪，还特意镶嵌上几枚钱币。为了固定帽形，母亲通常在帽子内层垫入一小块牛皮或是其他能够帮助成型的塑料品。这种帽子戴在孩子头上，多雨时节，还能起到防潮、防寒的作用，十分有助于保护孩子大脑和身体。在越南他拼村，小孩子的帽子和腰带上最常见的图案是雷神。它象征天空中长年不干的甘露和雨水，意味着红头瑶族在雷神庇护下，风调雨顺，丰衣足食。有时，母亲还将一种特殊的树叶放在帽子里层。他拼红头瑶族妇女陈文燕（Chung Vun Rhan）说："在帽檐中放入这种树叶仍然可以起到避邪的作用。孩子们戴着帽子外出，即使遇到鬼魂，也不会受到伤害。” 未懂事的小孩，父母总喜欢在他（她）上身套穿一件后背呈三角形的小背衫，再配以避邪的小帽子。父母认为，这样才能得到神灵更好的护佑。

他拼红头瑶族传统服饰中的很多刺绣图案是瑶族传统文化和宗教信仰意识的反映。妇女们喜欢根据地方生活环境和红头瑶族传统文化来绣制，因此帽子上的一些图纹与衣服和裤子上的图纹常有重叠的情况。妇女衣服上的一些符号源于当地自然生态环境。比如绣在衣服上的花、鸟、猫、虎等，都是当地山区曾经存在甚至很多现在都还存留的野生动植物。一些复杂的图案还反映了当地野生动植物的生活习性和生存环境，传递着人与自然和谐发展的思想。越南红头瑶族认为，人的十二个灵魂分布在身体的各个部位。它们分别是头魂、眼魂、鼻魂、耳魂、颈魂、脖魂、胸魂、肚魂、手魂、脚魂、背魂和肛门魂。红头瑶族认为，人们头上的灵魂置于人的最高处，是最主要的灵魂，所以红头瑶族都非常忌讳陌生人摸小孩子的头顶。也有一些地方的白裤瑶认为，人的眼睛灵魂是最主要的，若是人们闭眼松手，就什么也看不见。[①] 总之，红头瑶族传统服饰在传承和保有红头瑶族族群身份的过程中起着非常重要的作用。它融合了红头瑶族传统的思想文化意识，也正是因为红头瑶族妇女拥有较好的刺绣技能以及红头瑶族传统服饰借助民俗旅游的创造性开发，他拼红头瑶族传统服饰文化才得以有效传承。

三　红头瑶族现代服饰

在服饰方面，不同地区的民族相互借鉴的现象比较普遍，他拼红头瑶族吸收其他民族服饰文化特点改制传统服饰的现象也较为明显。现在，红头瑶族服饰在沙巴、老街市场上都能购买到，市场上出售的服饰已不完全局限于红头瑶族风格。比如红头瑶族背衫后面的许多刺绣图案以及围绕腰部的各种装饰品，很多都是采用了当地苗族服饰的特点改造而成的。它融入了不同时代和不同地域的多民族文化特点。红头瑶族在

① 参见奉恒高主编《瑶族通史》（下），民族出版社 2007 年版，第 1007 页。

与京族、岱族、苗族、壮族的交往过程中，受这些民族服饰文化的影响，慢慢采用改制新式款样，代表着另外一种形式的文化风格。有的他拼红头瑶族妇女从沙巴购买款式有别的多民族服饰来模仿制作。如对苗族服饰的模仿，红头瑶族妇女通常要在本民族服饰的边缘部分加上很多具有一定飘逸性的装饰品。沙巴的傣族比较擅长做挎包，但款式和装饰方面却略显粗俗。随着旅游业的发展和需求量的增加，红头瑶族依靠自己绣制的刺绣品已经不能满足外地游客需要，于是他拼红头瑶族妇女也开始在傣族挎包的基础上增加结实背带，补充一些看起来更加惹眼的装饰品，借以寻求新的卖点。

红头瑶族传统服饰多用单色线刺绣而成，而现代意义上的衣服无论在花色还是在款式方面都有了很大改进。近年，为了变换服饰颜色，增加美感，红头瑶族还直接从市场上购买颜色各异的丝线来刺绣衣服。妇女现在都普遍用作刺绣的丝线，颜色有绿色、橙色、蓝色、黄色以及红色等。这些颜色各异的丝线，红头瑶族本身并不具备，都是到沙巴、老街市场上购买回来的。如果用其织做一些用于特殊场合的衣服，人们还会将这些从市面上购买回来的多色丝线用蓝靛重新定色后再使用。村庄集市出售的多色丝线，主要是老街、沙巴的一些越族小商贩从河内以及中国边村贩运到当地的。带我们入户访谈的红头瑶族妇女说：“我们这里的人，钱不多，生活很穷困，好的多色丝线或布料，我们买不起。”

自经济发展尤其是他拼村发展旅游业之后，村民家庭经济收入开始提高，生活改善，他拼人在与其他民族（主要是京族）的交往过程中被京族文化影响进而同化的现象极为明显。现在的红头瑶族男性都喜欢穿京族服装，蓝靛种植缩减，一些人家的蓝靛染缸由于多年不用，被抛置在墙角。当然，在一些特殊场合下穿戴的红头瑶族装，比如丧葬、祭祀等，人们的穿着仍然比较正式，颜色艳丽、花色和款式均较为新潮的服饰，大家是不会穿的。很多衣服视情况而定，人们多穿黑色、黄色、白色衣服。因此，尽管红头瑶族服饰已经如其他民族服饰一样，由于多种现代文明的相互影响，款式和着色方面均发生了很多变化，但为了迎合一些特殊场合，红头瑶族妇女也仍然会有意识地制作一些传统服饰。

红头瑶族妇女现在已不再像过去那样花费很多时间来缝制一套衣

服，因为在沙巴等外面的集市上都有专门出售红头瑶族服饰的外地商人。这些商人销售的民族服装都是城市专业手工作坊用机器做成的，某些方面的工艺比当地红头瑶族妇女手工绣织的还好。所以很多人都会到集市上购买成套的衣服。平时生活中的针绣品主要是一些衣服上的装饰品。现在的他拼红头瑶族妇女都非常喜欢绣织一些不费工的褂背等小部件，几天绣好，遇到有游客进村就把它卖掉。同时，喜新厌旧的思想也比较普遍，很多青年人，在穿着上比较热衷于翻新的不同款式，并不太重视质量。传统服饰在衣服的袖口上需有七八道水平的刺绣纹饰，相对简单的也会有三四道，交错在其间的绣纹则多不胜数，用来刺绣的丝线还需交错搭配红、橙、黄、蓝、绿等多种各不相同的颜色。而现在的衣服制作，人们为了能够节约出时间，不要说这些复杂工序，就连一些常有的刺绣条纹也被完全省去。

外来文化对红头瑶族的服饰文化产生了很大的影响。红头瑶族服饰文化被外来文化改造之后，融合了多民族文化的特征。红头瑶族男性的服饰比较大众化。他拼红头瑶族男性普遍穿京族的服装，虽然很多人还有本族服饰，但他们仅在一些特定的场合（孩子婚礼、祭祀、孩子的成年礼等）才穿民族服装。日常生活中，穿瑶服的男性基本上见不到。而红头瑶族妇女之所以穿红头瑶族服饰，主要是出于文化旅游经济考虑，并不是传统文化在当地客观存在使然。在村里，农闲时，男人们很少有事做，他们又不可能去推销手工艺品，所以他们不需穿瑶装。村民谭陈美（女，红头瑶族，56 岁）说："如果天气寒冷，我还是比较喜欢穿京族的衣服。因为京族的衣服比较保暖。当然，如果天气不冷，我就穿我们的民族服装。京族的衣服比较普通，衣服上不像苗族、瑶族的衣服上有很多的装饰品，但如果在家，要不是要到沙巴或是村里找那些外国人卖东西，也无所谓。"村中访谈时，很多红头瑶族妇女还说："我们穿的这些民族服装事实上并不暖和的，在冬天，由于天气寒冷，我们往往要穿两三件衣服和一两条裤子才行。虽然穿在身上很笨重，极不舒服，但我们每天都去卖东西，不穿我们红头瑶族的衣服，游客就认为你不是当地人。本身卖这些小东西就不赚钱，最主要的是不好卖，如果不穿上红头瑶族服饰，是不可能卖出去一件东西的。"

总之，红头瑶族社会交往的扩大，族群内部成员之间以及红头瑶族与其他民族之间相互吸收服饰文化的现象越来越普遍。老年人不在乎穿什么衣服，只是年轻的红头瑶族妇女喜欢穿红头瑶族服饰。原则上说，年长者更应该对传统文化保有依恋思想，青年人受到外来民族的影响，更加容易遗忘和淡化本民族的传统文化。但在他拼村，这种合乎逻辑的生活规则却表现出另类的形态。文化和经济利益两个因素在村民思想意识博弈的过程中，经济利益因素占据了更为重要的位置。

第二节　文化与经济互动

红头瑶族传统文化因乡村民俗旅游的推动而彰显出鲜明的财富创造力。传统习俗是人们在生产实践中创造并累积起来的乡土知识，文化传统的财富增值的实现取决于外来游客消费乡土文化的积极行动。它是在挖掘乡村社会古老生活信息的基础上，经过现代社会人的群体消费需求推动萌生出来的。文化旅游既是丰富人类知识的起点，也是增加乡民财富的基点。随着社会进程的持续推进，传统习俗渐入现代化发展快轨，朝着更加多重意义并置的结构延伸，最终转换成了推动人类社会前行的主导性源泉。从文化与经济互动的维度考察文化传统在当代历史进程中的价值演变，可以帮助我们更好地理解新时空中“传统”在复杂体系中的生存与变化、历史范畴与现代意义、文化内部释义与社会情景外部解读之间的关系。

一　增值的“传统”

传统性知识创造财富这一现象的出现取决于外部环境的营造。乡村民俗文化旅游出现在越南他拼村，村民家中破旧的生活用品（铜锅、竹箩、鸟枪、犁头等）因其历史久远而成为外来游客欣赏的文化物。在他拼，在红头瑶族日常性生活知识基础上，由于村域空间嵌入乡镇干部群体意志而创造出“乡村民俗文化旅游”这个群文化，从而将世界各地持有不同文化价值理念的人群引入到当地红头瑶族极为熟悉的“他拼”这个族群生活空间。各地具有不同文化价值观的文化主体遇到他拼红头瑶族村之后，不同文化持有者在习识异己文化因子的过程中，常常会因“主体间性”而出现厌心和悦心。前者就是人们被动接受异文化，而后者则往往多是文化猎奇意义式的一种主动接受异文化的好奇心态。享受民俗文化旅游这种高尚消费方式的外来游客进入他拼红头瑶族村，更多人是想亲历都市不曾有的乡野味。自然的田野风光、简单的农家小院、素朴的农家生活，等等，都是游客们认为最具价值的消费内容。他拼红头瑶族传统文化的财富增值根本就是建立在这样的前提基础之上，当地政府刻意打造的民俗文化游必须恒植性地依靠当地的文化传统和自然环境，才能拥有成为现实的机会。

自真正意义上的国家层面上的战争结束以来，“革新开放”中的越南政府十分关心边境民族地区经济社会发展，试图借助改善边地生产生活环境以提升边民的国家认同意识，进而完成巩固边疆的国家意志。在这种国家意志的引导下，代表国家执行政策的地方政府工作人员便通过多种创造性的办法来推动边疆建设工作。由于远离国家经济文化中心，边境生活的边民，其群体的文化意识普遍落后于经济快速发展的内地民族。在越南北部山区，起初，政府以资金“给予”的方式试图来帮助村民发展农业经济，推广种植保值增收的经济作物，但由于看不到现实的利益，一些人领到钱后，和中国边民一样，也都不愿意按照政府意志去购买新种并热情参与发展农业经济。“传统”在越南北部山区非常容易获得长久性存续的环境。比如村民种植水稻，总是喜欢提前一两天就把种子浸泡在水里，然后再将其散撒到没有经过细致耕作的农地里，结果收成一年不如一年。

此外，由于生产方式落后，越南边境村寨还留存着多种宗教信仰甚至封建迷信。越南人都喜欢供神，尤其是经济比较富裕的大家庭，家中都往往供奉着多个大神。每月初一、十五两天，家主一般都要召集家人烧香拜神。过去，由于红头瑶族经常受封建统治阶级及地方主体民族的排挤，在非常无助的情况下，为了在艰苦的环境中生存，人们往往会诉求于先神“庇护”。所以，红头瑶族的社会生活往往是一个多神的世界，供奉先祖成为家人必需的事务。逢年过节，大人会在先祖前教育不懂事的孩子，并集体到神庙祭神，乞求祖灵福保后生。越南北部边境红头瑶族地区常有多种传统节日活动。他拼村后有一个村民集体祭祀先神的“神林”，每逢祭日，村民都会聚到那里祭祖。祭祀活动期间，同族、同村甚至周边村寨的亲朋好友都前来参加。

他拼村的地势西高东低，村庄旅游规划的村道自东向西延伸近 2 公里。入村的地方，有一口常年不断流的泉眼。泉水从岩石中滚滚冲出，灌溉着村前数百亩农田。由于泉水对村民的生产种植发挥着极为重要的作用，当地村民便充分赋予了它“神性”。每年初秋，人们都会聚到这里烧香祭拜，求神福保佑丰收。根据村里的一些老人讲，自他们记事起，泉水就从来没有断流过。村民赋予泉眼神性与瑶族的历史文化背景有着极为紧密的联系。从大山转移到他拼平坝地区，大大增添了红头瑶族人的生活信心，由于十分珍惜当下的生存环境，村民因而便喜欢赋予村寨环境中重要标志性器物或是居住点以充分的神性。

除了传统意义上的宗教活动之外，在他拼红头瑶族现代生活中还有许多极具社会功能的节庆活动。在情人节、中秋节、教师节之类的节庆，人们都喜欢跳舞狂欢，以非常积极的方式群体庆祝。近年，由于文化旅游业的发展，部分地方政府干部也愿意参与并筹划一些地方性的仪式庆典。相对于村寨来讲，在人口比较集中的地方诸如老街市区，各种类型的节庆场面相对比较隆重，不仅参与仪式的人多，而且还会举办形式多样的娱乐表演。节日期间，当地人最大的消费是花卉。当地人向英烈献花、学生向老师献花、晚辈向长辈献花、亲戚朋友相互走往送花，都是十分常见的事情。

其实，不仅是他拼，近距沙巴不远的苗族村寨坎坎村，也同样具有多样的祭祀活动。村民为了纪念祖先迁徙流动的艰辛，每年都会举行一次全村性的祭祖仪式。苗族的祭祖仪式源于苗族的女性始祖传说。苗族认为，他们的女始祖妹榜、妹留孪生于枫树的木心，用枫树和牛皮制成的木鼓是祖灵的最终归宿，只有敲击木鼓，才能唤醒祖先灵魂并福泽后人。2008 年 12 月，坎坎村祭祖，笔者入村调查，有幸真实体验了苗民的祭祀活动。

坎坎村传统性的祭祖仪式始终没有停止过，由于该村现被开发成了一个典型的民俗文化旅游村寨，每次祭祖都有外来游客参与。由于是民俗文化旅游的重要村寨，除了神秘的祭祀环节在真正的神庙里完成外，为了增加游客的观赏机会，很多仪式内容都被移至村寨里的广场。2009

年的仪式活动，村民把地点安排在村前的梯田里。广场中用竹条临时搭建起一个简易的祭台。祭台由九根竹条围成，中置两根横梁，分别用来放置一男一女象征性的祖神，供全体村民祭拜。祭台前方，摆放着牛头、牛腿、牛蹄、牛尾等14种祭品。仪式主要由四位祭师负责。活动开始，两人诵念经文，鼓师不停地击鼓，芦笙吹奏者围绕着木鼓和祭台跳奏。村民围坐祭台，虔诚跪拜祖先。砍牛祭祖是苗族整个祭祖仪式中最为重要的内容。砍牛意味着把忠实、勤劳的耕牛敬献给祖先，让牛能够长“相伴”于先祖。为了增加观赏性，苗族祭祖除了保留着砍牛祭祖等重要内容之外，仪式过程中还掺杂进很多的文化展示和娱乐表演活动。祭祀活动接近尾声时，主祭祀问卦，取下祭台上的“先祖”，速毁祭台。随后，全村人开始聚众喝酒，共进晚餐，互祝安康。

二 被“生产”的文化

他拼村四面环山，中间是一个相对比较平坦的高原坝子，常年有从山上流下来的泉水。村庄最异于其他山寨的方面在于村寨周围均是肥沃梯田。良好的生产生活环境使曾经依靠群体力量在山间贫瘠土地广种薄收以维系生计的红头瑶族感到非常满足。平坝田地种植水稻早已经是他拼红头瑶族的主要家庭事务。与瑶区口耳相传下来的祖辈们迁徙流动的山居游猎生活相比，他拼红头瑶族感到非常幸福。

良好的生活环境改变了村民的农业生产方式。水稻是他拼村民主要种植的农作物。村民在村寨后面的坡地上也开垦了许多山地。由于山地不方便蓄水，主要还是用来种植玉米等旱地作物。种植的玉米主要用来养猪，每当自家年节的时候宰杀自家食用。部分经济条件较好、家里人手比较多的家庭会多养几头猪，除了供自家食用或是儿子娶妻时用，有的人家也外卖给进村收购的商人。他拼红头瑶族主要种植水稻，村民主食大米。红头瑶族也种植旱地作物。种植包谷的刀耕火种地区，人们多吃包谷饭。作为山地民族，越南红头瑶族通常的习惯是每天吃两顿饭，十一点钟左右吃午餐，晚饭六七点钟吃，有些人家稍微晚一些。只有在农忙的时候，村民才会吃早饭。如果在家吃早饭，那么午餐则通常都带到地里吃。从前，红头瑶族极其贫穷，每天的菜肴主要是竹笋和蔬菜，有时还捉些螃蟹和鱼及河溪里的其他各种软体食物食用。山居游耕年代，红头瑶族多数都吃玉米饭，并且很多家庭粮食都不够吃，大米只有在那些经济条件比较宽裕的家庭才吃得上。

红头瑶族加工谷子的方法与其他少数民族相同，都要经过磨、舂、粗筛、细筛等环节。早期，村寨还没有通电的时候，村民便充分利用自然形成的倾斜度安置水磨舂米，有效解决了稻谷蜕壳问题。这种合理利用居体地特有水流资源为自己服务的行为是越北边疆少数民族地区较为普遍的现象。当然，使用和掌握这门简单技能的人没有什么族群差别，越南北部山区的苗族、瑶族、壮族、傣族，等等，他们都会根据村寨的具体情况合理地利用客观水利条件。通常，村民普遍以家族为单位来构造能适合于本族人正常生活之需规模的水磨。也有个别人家由于房前屋后拥有很好的水流条件，便自家组建水磨。家人外出生产劳作，只需将稻谷放入石槽，打开可产生动力的水口便可，根本不需要耗费任何多余的劳动力，就能将稻谷出壳。这种适合红头瑶族生活的粗放工具在越南北部山区已经延续了数百年时间，他拼红头瑶族民至今仍在使用。

然而，红头瑶族合理利用地方条件而发明出来的这些生活方式，近年慢慢被文明化进程中现代城市人常用的机械设备代替，传统工具的保留遭遇到多重挑战。由于年久失修，村里过去经常使用的水磨都已经破旧，有好几个已经废弃不能正常使用。近年，出于当地乡村民俗文化旅游发展的需要，一些村民在地方政府干部的积极动员下，才有意识地修复或是依水流走势在较为显眼的地方重新添置这些极富文化价值的标志性器物。当然，人为再造的文化“传统”与自然催生的文化要素具有非常不一样的社会功能。在他拼村延续了数代人的石磨，过去是为了满足当地人的正常生活需要，它在村民正常的社会生活中能够真正地发挥作用。而在乡村民俗文化旅游发展背景下，为满足游人的旅游文化需要而被村民和地方政府联合再创造的生活器物，则失去了根本性的适用功能，其最主要的功能在于迎合外地游人消费当代乡土文化的心理需要。任何一种意义上的文化，皆因人们的需要而被创生，也因人们不同时段的需求而被改变。在他拼，正是因为人们需求的变化（发展民俗文化旅游），才最终导致水磨的实体功用发生了根本性的质变。在村寨主要的景点，曾经用来满足人们正常生活需要的水磨完全异化了其本有的特质。

苗族和（红头）瑶族均是他拼主体民族，但地方政府在推进村寨文化旅游建设的过程中过多强调（红头）瑶族，从而一定程度地弱化了对苗族文化的创造性利用。红头瑶族不仅现在成为村庄标志性的旅游产品，而且今后也将仍然是该村旅游文化发展的主体内容。当然，游客的需求往往是多重性的，尤其是热衷于文化旅游的游人，总希望能有更多机会接触到更多的有地方特色的文明。游人的这种需求提醒了地方干部重新思考过去那种有意弱化苗族文化的做法。2009 年，直接负责苗族文化推广工作的干部便在他拼村里创建了一家兼具展示和实用功能的苗族木鼓加工小作坊。在村寨调查，随行我们兜售小商品的红头瑶族妇女告诉我们说："他拼村临街布置这个苗族木鼓工艺作坊是近两年当地政府出于丰富村庄民俗文化的内容才做出来的。"作坊里除店主之外，老板还雇用了几个本地的苗族工匠。在与店主攀谈中了解到，精做苗族木鼓，需要拥有精湛的木工技艺，每一个环节都不能马虎。木鼓是苗族祭祀（家祭、村祭、族祭）时最为常用也是最为重要的器物。鼓身大小不一的木鼓，其工艺的要求都不一样。作坊里制作的木鼓并不针对到村里旅游的外地游人。事实上，外地游人本身没有这方面的消费需求。木鼓购买群体多数是当地苗族村寨的村民（宗教人士居多）。工匠们常常根据人们的需要和预定，来制作大小和类型差别有异的木鼓。为了满足一些游客的需要，作坊里也做一些非常小型的工艺木鼓，作为工艺品挂在小作坊里向游客展销。

他拼村新创建的苗族木鼓生产作坊具有多重社会作用。其一，制作出来的木鼓满足了周边苗族村寨的需要。木鼓通常采用上等的杉木和牛皮做成，更新快。苗族每十二年一次的大鼓葬节以及每年一次的小鼓葬节，都离不开木鼓，因此其需求量是十分大的。其二，木鼓作坊在很大程度上说就是一个充分展示苗族文化的工艺场所。作坊临街，由于村庄内民族手工艺加工作坊少，过往游客来到此地，都喜欢进作坊里一览。出于满足好奇心之需，很多人还会拾起店中各式的用来雕琢木头的精致小手工工具，跟着工匠师傅们学此技艺。各地不同的游人在村里有这么一个实地参与机会，耳观口传，他拼苗族木鼓文化便容易被散播到遥远的异国异地。木鼓作坊很好地满足了乡村民俗文化旅游的需要。一位当地的政府官员介绍说："类似的工艺作坊是丰富村寨文化旅游的重要内容，今后还计划把苗族银器工艺作坊也在村里做起来。"

相对来讲，红头瑶族传统服饰工艺制作是本村旅游文化的主体，但目前的工艺流程主要分散在村寨各家各户，没有统一规范。其实，红头瑶族妇女游村游客兜售的方式也不是理想的旅游发展思路，要让红头瑶族妇女充分展示其服饰文化，也特别需要通过整体性的规划设计，凸显瑶族服饰文化的工艺制作流程，从多个方面来丰富和提升他拼红头瑶族村民俗文化旅游业的核心内涵。

第三节　红头瑶族妇女的主体性复归

一　红头瑶族妇女的身份转型："村野游商"

越南北部红头瑶族山区，红头瑶族社会生活中的传统父权制比较明显。在一个单元家庭，担当家庭主体角色的人往往是男性父辈。他们在生产、祭祀等家庭内外事务方面的责任尤为重大，子女教育及其婚姻嫁娶方面的事情都由他们"拿主意"。

红头瑶族的父权家庭和辈分等级最为明显地体现在家庭成员之间的关系上。生活方面，往往是子女听从父母，妻子听从丈夫，弟妹听从兄姐。家庭辈分关系还很大程度地隐喻着宗族意义上的辈分。在红头瑶族村寨，人们可以根据家庭甚至村寨人员之间的"字辈"来区分家庭、宗族和村寨群体成员的身份辈属。一些文化较为传统守旧的家庭，儿媳与公公、弟媳与兄长、女婿与岳母之间的关系有严格的生活边界。儿媳不能随便到公公的卧室走动，弟媳不能到兄长的卧室。同样，公公、兄长也不允许随意进入到儿媳、弟媳的房间。早些时日，只要兄长、公公在场，弟媳、儿媳是不能高高坐在椅子上的，只能蹲着或坐在地上，以示对他们的尊敬。他（她）们之间不能同坐一张桌子吃饭，尤其新来的上门女婿，很长一段时间没有资格与岳父岳母同坐一张桌子吃饭。其实，这些都是传统封建道德观念在红头瑶族地区的集中体现，红头瑶族村民传统的行为选择，更加充分地显现出红头瑶族个体或群体行为选择背后的文化“元”动力。

越南传统红头瑶族社会普遍存在重男轻女的现象。“已定耕的瑶人在分家时，父母要把田地和耕牛分给子女，但主要是分给儿子。父母跟谁过日子，谁就多得父母那份。女儿只分得衣服和装饰品做嫁妆。游耕（红头）瑶人主要给儿子分白银、耕牛（如有）、猪鸡和家庭用具。无论定耕或游耕者，也有的男女都分得一份家产，但女儿比儿子少。已婚女儿多少只分得衣服、白银和用具，但对于招上门女婿的女儿（包括长期上门或者数年的暂时上门），分家时也同样得到一份家产。”[①] 由此可见，在红头瑶族传统的社会生活中，儿子通常比女儿珍贵，男性通常充当着继承家庭财产和传宗接代的重要角色。因此，人人都盼望多生儿子。没有儿子的家庭总要想办法至少收养一个儿子或招上门女婿。个别有儿子的家庭，做父母的也还愿意收养子。当然，很多时候，收养一个男孩要付出很高代价。养父母不仅收养本族的男孩，而且还收养其他民族的男孩，但不管哪一种情况，养子与亲生儿子在家庭生活中可以得到同等的对待，同等享受家中财产。这些被收养的养子，长大成人之后仍然要好好地善待养父养母，要把他（她）们当作自己的亲生父母一样来照顾。

然而，他拼红头瑶族的这种传统生活习俗因地方乡村民俗文化旅游业的出现和发展而红头较大程度发生了改变。女“主外”、男“主内”逐渐成为红头瑶族普遍的家庭生活逻辑。当然，在一般的家庭生活中，男女身份角色的转换是一种被动环境下的主动行为，常常是家庭成员（主要是父母双方）根据生活需要，协商讨论的结果。在他拼红头瑶族村，男性和女性身份角色的转换，主要基于地方村寨民俗文化旅游业发展为其创造了一个极为重要的前置因素。从某种程度上说，红头瑶族村民是在文化旅游大背景下被动服从新生环境才做出身份角色转变选择的。

红头瑶族妇女在旅游经济发展的过程中，呈现出主体性角色复归的迹象。20 世纪 90 年代，他拼村就开始结合红头瑶族传统文化发展乡村民俗文化旅游。其实，这个村寨民俗文化旅游产品的出现与当地的自然

---

① 奉恒高主编:《瑶族通史》(下)，民族出版社 2007 年版，第 987 页。

环境和社会文化环境都有着非常密切的关系。甚至可以说，正是因为这个瑶族村寨充分具备了这两个发展民俗文化旅游不可缺少的先决条件，民俗文化旅游才有机会在当地得到萌生和发展。

从自然生态地理来看，远望他拼村，错落别致的民居建筑依然彰显着红头瑶族乡野的本真生活。无论闲时还是忙种，小村里总有外地前来体验乡野生活的人群。从村寨民族文化发展来看，他拼红头瑶族妇女现在的生活基本被分成两大部分。忙时，正常农作；闲时，挑针刺绣并在村里或沙巴游走销售。操持家务这种红头瑶族女性过去的家庭生活内容已经很大程度地转移到红头瑶族男性身上。并且，随着小商品市场的竞争和地方乡村民俗文化旅游的发展，农忙和农闲这种季节性因素对他拼红头瑶族妇女的生活影响逐渐变得不是很重要，传统手工艺品的财富创造力的出现逐渐占据红头瑶族妇女们的大部分生活时间。

越南各地的生活条件和环境不同，手工业的种类也有所不同。总的来看，红头瑶族的手工业不很发达，它与农业尚未截然分开，还带有自然的季节性。产品主要是为农业生产和日常生活服务的。各种手工业都还带有家庭性，也就是家中的男女老少无论谁都可以参加，每一个人既是农民又是手工业者。各种手工业也未能像其他兄弟民族那样有行会组织，生产技术粗放、落后，产品的数量和质量都还比较差，往往是由个人的技巧水平来决定质量和数量的。[①] 尽管村民相互之间比较了解，但红头瑶族妇女各所拥有的手工技艺却差别悬殊。有的人天生就有织绣衣饰的才艺，而有的红头瑶族女性却不擅长这方面的手工技能。所以，妇女们闲时群聚一起，为许多红头瑶族妇女创造了就地学习技艺的机会。在他拼村口，红头瑶族妇女们经常群聚屋檐下，边传授和学习小手工艺品技艺，边谈些村里村外、家内家外的生活琐事取乐。若是遇有外来游人进村，她们便蜂拥而上，争着把自己手中的小商品递到游人的下巴处，拼命兜售。为了达到目的，她们还会有意识地分开“跟踪”进村的游人。两三个人尾随一个，直到把你追得极想甩开她们并最后非常勉强地掏出钱来买一点东西，这些越南妇女们才肯最后放弃。

村寨民俗文化旅游业的发展和完善，丰富了红头瑶族妇女群聚织绣

---

① 参见奉恒高主编《瑶族通史》（下），民族出版社 2007 年版，第 970 页。

的生活场景。妇女们聚在一起，穿着民族服饰，头上都戴着红头巾，衣服和头饰彰显着每个人的个性、文化和各种象征符号。村口身着红头瑶族服饰、头戴红头巾的红头瑶族妇女聚在一起织绣，遇到有游人进村，则三五成群地迎上去向外地客人展示和推销各种手工艺品，已成为他拼标志性的乡风。即便天寒，他拼红头瑶族妇女也仍然穿着单薄的本民族服饰，大大添增了村寨传统文化特色。由于他拼村还是提供周边村民交换生产生活用品的小乡街，所以集市时日，村里买卖的商品多一些，如小背箩、衣服、帽子、手提篮、药品、水果、蔬菜、大米、竹篮、手机套、钱夹、刀壳、项链、手镯，等等。尽管质量和价格都相对比较低廉，但集市提供的小商品，基本能满足当地村民的生产生活需要。

由于经常有机会与外地游客交往，红头瑶族妇女学会了多种语言。绝大部分红头瑶族妇女都能用英语和外地游客进行正常沟通，甚至一部分瑶族妇女还学会了法语、汉语。从一定程度上说，正是红头瑶族妇女们能熟练使用外语，才能有效地维续着游人与当代红头瑶族人之间的文化链接。很多时候，尽管游客无心赏阅红头瑶族妇女们手中兜售的小商品，但在红头瑶族妇女们交替使用多种语言向他们推销小商品这一话语语境下，游人们往往会在游程中与对方完成物品的买卖交易。通常，红头瑶族妇女们肩背竹箩，内装些许小商品，变换着语言围追游客。当地红头瑶族妇女为了达到卖出一样手中的小商品的目的，其热情和用心让你很难想象。很多时候，游客不是被红头瑶族妇女手中推销的手工艺品感兴趣而慷慨“出手”，而是兴趣于她们娴熟的多语言表达，才乐于与她们交谈。在交谈中游步小村，红头瑶族妇女往往会义务性地为外来游客担当起导游的角色。在轻松的有时也颇为逗乐性的谈话和赏悦当地村寨文化的过程中，当地瑶族的传统文化往往会被巧妙地传达给外地游客。借助这种关系，红头瑶族很多优秀的传统文化被有效地传播到世界各地。

村尾处，是零散分布的红头瑶族人家。若是游客想更加深入了解当地红头瑶族的乡风民俗，妇女便会有意识地将客人们带到自己的家中“接待”。很多时候，游人往往会对红头瑶族简朴家中的很多东西产生兴趣。比如一个陈旧的葫芦水瓢、曾经用来舂米的木楞子、曾经用来磨面的石磨，等等，哪怕是当地人生活中最为常见的器物，外地游人在好奇心的驱使下，都有可能情不自禁地上前“体验”一下。这个时候，即使游人从来没有向红头瑶族妇女们购买任何物品的心理愿望，但在走出主人家大门的时候，往往都会有所“表示”。也即，要么象征性地给主人家一点礼钱（五元、十元不等），要么就慷慨大方地向她们买下一两件红头瑶族妇女自己手工织制的工艺品。

他拼红头瑶族妇女的“聚”“散”，有效地促进了红头瑶族与瑶族、瑶族与其他群体的文化交流，宣传、丰富和提升了红头瑶族传统文化。近年，在细分文化旅游市场的过程中，红头瑶族妇女结合游人的购买需求，在传统服饰的基础上做进一步的改进，从而使红头瑶族传统服饰文化在创新中得到更加有效的保护和传承。并且，由于生产技术的改进（诸如拖拉机进入村民生活），在工作量不变的情况下，村民节约了大部分的劳作时间，妇女也从纯粹的家庭生产中被置换出来，拥有了更加充裕的闲暇时间制作手工艺品，“村野游商”逐渐成为红头瑶族妇女的身份代名词。

2010 年 4 月 11 日，他拼村民朝美曲（Chao May Que）（女，30 岁，红头瑶族）大早起床，从家里赶往沙巴集市卖小商品。对她来讲，这是最繁忙的一天。村寨距离沙巴小镇有 14 公里。若走山中小路，距离短，只需一个多小时的路程就能到达。但是，朝美曲为了能够向过往道路的外地游客推销她的商品，则沿着进村的汽车路步行。每见到一个“老外”，她都会举起手中的小东西全面展示给游人，如果有人停下来看，她通常都会喊出一个相对的高价格，试图在讨价还价中谈定一个合理的买卖价。其实，朝美曲手中卖的东西质量并不好，根本不值她要的那个价格。在一般情况下，她喊价 150000 越南盾的东西，游客若是能给出 60000 左右越南盾就可以成交。当日，停停走走，整整花费了四个小时，她才到沙巴小镇。十分幸运的是，她当天卖出了一个 40000 越南盾的手镯和一个 15000 越南盾的小挎包。在沙巴小镇沿街转卖，并没有任何的买卖生意。她在小街上吃了 1000 越南盾的一碗面条，买了一些家庭生活用品便和其他村民一起回家了。

旅游业改变了他拼村不同年龄段红头瑶族妇女的生活方式。村里做小买卖的红头瑶族女性年龄普遍在15—45岁。她们大都乐于学习多种外语，以便能够和不同地方的外来游客交流沟通。年轻一点的红头瑶族女性大部分时间都在沙巴集市上游荡，向游客推销商品。一些红头瑶族姑娘和年轻妇女们还联合起来租住在一个比较便宜的旅馆，平均一个人一个星期只需要支付1200—1300越南盾租金，除去每天的吃住费用，推销手工艺品，还能赚到一定数量的钱。

近两年，为了更好地发展民俗文化旅游，当地政府还针对红头瑶族妇女开办了手工艺品制作培训班。2009年，越南首都河内的国际非政府组织在他拼筹建成立了“他拼瑶族工艺培训中心”，他拼妇女们得以有机会在村寨学习以提高自己的手工技能。非政府组织从河内安排专门人员进村负责培训，当地红头瑶族妇女的工艺技能普遍得到提高。调查中，39岁的村民谭大美（Tan Ta May）告诉我们说：“我现在每天都跟协会里的技术人员学习绣织。在正式让我们动手制作之前，专业的技术人员都会给我们细心讲解。才跟她们学习两个月不到一点的时间，我就已经能做出更加精细的工艺品了。当然，要想全面熟练地掌握技能，还需要一段更长的时间。”妇女们在学习针织服饰品方面，不仅在款式上和以前有了很大的差别，而且衣服上的刺绣工序也更加复杂，增加了许多更具工艺性和审美价值的图案。外地进入村寨做生意的几家小手工作坊，为了提高商品数量，在一些不是特别复杂的工艺上，也使用织机替代纯手工。对于当地红头瑶族妇女来讲，这些都还算是新东西，很多人都不会使用。其实，更为主要的是，这些妇女们都不喜欢待在家里使用这些机械，而是乐于游走在村寨里，边做手工刺绣活，边进行买卖推销活动。妇女们聚在一起，交流、交换各自的技艺，更有利于提高自己的工艺水平。也有一些妇女，为了能够掌握更好的手工技术，还专门跑到老街、河内等大中城市学习更具特点和复杂的技能。现在，他拼红头瑶族妇女无论是在家里，还是在田间地头，甚至到沙巴小集镇卖工艺品的时候，只要有一点时间，她们都不会停下手中的刺绣。

然而，他拼红头瑶族的家庭生活并没有脱离农耕，耕田种地依然还是村民重要的生活内容。尽管受市场经济和外来文化的影响，红头瑶族妇女的商业观念增强，并且拥有了“村野游商”的符号称谓，但由于经济条件差，物质匮乏，经济自主创收机会并不多，红头瑶族女性并没有完全放弃传统的农耕生活，传统文化并没有给村民创造足够维持和富裕家庭生活的物质财富。在沙巴做生意的红头瑶族妇女谭大美说：“我做了近10年的小生意了，但总感觉没有盼头。如果游客比较大方一些，货架上的一件普通衣服能卖40万盾左右，有点利润。正常情况，只能卖20万盾，赚到的钱很少，有的时候游客压价，一分钱赚不到也卖。我也卖裤子，到河内批发市场去进货，购进一条16万越南盾的裤子，然后在沙巴集市出售，好的情况，可以赚10万越南盾。但这种情况总是不多的，多数情况，利润都只有五六万盾。”在他拼，虽然村民已经拥有了文化致富的观念，但她们的这些行动很难实施，其心里的理性目标并不容易变为现实。

罗素美（Lo Su May）（女，红头瑶族，40岁）既要照顾小孩，又要在生活间歇到村里推销工艺品。家里养一头猪、一头牛、几只羊，每天都需要准备很多饲料。早晚还要完成烧火做饭的家务事。由于家里人手少，每天的家庭事务都足够她忙活，很难有时间像村里的大多数妇女一样，整天到外面卖东西。罗素美出去外面卖东西，通常都是借助出门去沙巴集市办正事的时候，附带着卖一些比较便宜的银器品。她认为，沙巴的价格会高一点，在他拼能卖25000盾的东西，拿到沙巴就可以卖到30000—50000盾，运气好，还能卖到更高的价格，有利润赚，而且也不耽误时间。

从经济收入的角度讲，他拼红头瑶族村民向往的理想生活并未发生太大变化。调查走访中，一位红头瑶族妇女这样对我们说：“我们这些地方比较贫困，只求哪一天收入宽裕点，就是最理想了。我每天出去卖东西，晚上回来的时候，家人都盼着能够卖掉几件小东西。但这并不容易，村里大多数女性都在村里做同样的活，进来的游客又特别少，生意很难做成，不容易。在我们这个村子里，多数时候是，卖东西的人比来玩的人还要多。”正如村民所言，尽管民俗文化旅游学给当地村民带来的直接经济收入并不丰厚，但民俗文化旅游学的发展对当地瑶族的文化意识影响却是很大的。“经济收入宽裕点”是红头瑶族现在的生活理想。其实，这种经济理性思维本身是民俗文化旅游发展所培育起来的社会心态。

迁徙流动的时期，红头瑶族最渴求的是得到属于自己耕种的田地，以求保全生命和家族香火的延续，富足家庭经济收入是深山红头瑶族不敢奢望的。身居大山里，只要有土地耕种，有林地狩猎和渔业的机会，山区红头瑶族就能维持基本的生活。徘徊在生存边缘的红头瑶族群体，因此不可能奢求有“宽裕”家庭经济收入的理想实现。红头瑶族定居他拼村，并在越南国家政府民族识别的过程中得到越南国民身份，随后又赶上地方政府发展乡村民俗文化旅游这个良好的机会，多重外来文化对他们的影响，使他拼红头瑶族逐渐不满足于基本的生存需求，而是开始憧憬着富裕的经济生活。他拼乡村民俗文化旅游业的发展，不仅交流和传播了红头瑶族文明，而且还为当地红头瑶族村民的家庭增收作出了贡献。红头瑶族在与外来游客的交往过程中，也逐渐增加了对异国他乡的认识和了解。访谈中，一位村民似带羡慕的口气跟我们说：“你们中国人比我们有钱，老街对面的河口就比我们这边好，赚钱的机会多，只要舍得出力气，什么都不发愁！那些讲英语的外国人，更加有钱。”红头瑶族村民的这些话语表达，在他拼红头瑶族青年群体身上表现得较为明显，拥有财富已经非常明显地成为村民普遍的生活理想。

二　“人看我、我看人”：在苗族与红头瑶族之间

他拼村由苗族、（红头）瑶族两个主体民族组成，生活中有着相对清晰的族群边界。村寨大体上分为四个部分。其中，苗族居住在村西南，村西北、东部以及村庄主体部分均是红头瑶族。从当地的地势情况来看，苗族分布在村庄的最上方，一半人家还分散到村后的半山腰上。一条自西向东的河水将两族分成两个部分。当然，这种特殊的空间居住格局并没有从根本上区隔开两族日常交往。在生产生活中，两个族群间的生活互助比较普遍。但奇怪的是，两个族群少有相互通婚的情况。据当地村民讲，这主要是为了更好地保持纯有的族性。所以，在他拼，从当地村民的服饰就可以非常清楚地辨明其民族身份。当地苗族和红头瑶族妇女在日常生活中都喜欢穿本民族的传统服饰。相对而言，尽管很多红头瑶族男性身穿京族服饰，但是穿京族服装的苗族男性并不太普遍，

他们仍然以穿苗族传统服饰为主。

在乡村民俗文化旅游发展进程中，地方政府以红头瑶族为主要内容。这一政府行为干预后的民俗文化结构，使他拼苗族有意识地退出了当地的旅游市场。所以，到他拼村，人们更多的印象是头戴红头巾、肩背小竹箩的红头瑶族妇女。只要有游客进村，红头瑶族妇女都会围过去。村里很少能够见到推销商品的苗族妇女。由于村庄旅游业发展脆弱，进村游客很少走到小村村尾，因而游客也就很难见到当地的苗族村民。

其实，苗族也占该村百分之三四十的人口比例。这并不是说，由于地方政府通过文化旅游来“帮助”的主要对象是红头瑶族，文化旅游贴上“红头瑶族”这张标签，苗族村民因此就心甘情愿地放弃或者说破灭了通过本民族传统文化要素来增加财富的勇气。在越南国家文明化的发展进程中，不可能只抓住红头瑶族这个族体，而有意识地把苗族排斥出去。事实上，在越南国家通过各种政策来加快国家文明化发展的社会进程中，他拼苗族和红头瑶族两族最初都起步在相同的基点上。在一定程度上说，由于苗族自身拥有的外向型的交往族性，他们在文明化发展进程中还相对优越于红头瑶族。苗族在村寨“不出场”，其根本原因在于当地政府在打造村寨民俗旅游的过程中贴上了“瑶族民俗村”这个标识，从而使当地苗族主动或被动地转移到了沙巴小镇。在沙巴，充斥人们眼球的是苗族妇女围追外地游客推销小商品的景象。由于在集市上涌动的人员较多，近乎整个小镇都归属于苗族这个族群。

他拼民俗文化旅游交织着游客、政府和族群三重关系，多重社会主体间的交往互动创生出一套新的文化模式。苗族和红头瑶族两个族群为了争取更多的财富收入，既相互借鉴对方的异文化要素，同时又有很多琐碎的相互指责，相互之间都有“看法”。在当地还没有发展民俗文化旅游之前，大家相互之间维持着一定的生产劳作和生活互帮习惯，但随着文化和经济等多重因素的介入，这种曾经的传统开始弱化甚至被一些年轻人遗忘。红头瑶族认为苗族服饰图纹简单，苗族认为红头瑶族不擅长制作银饰品。在他拼苗族村民家中访谈，很多苗族妇女（尤其是那些常到集市推销手工艺品的妇女）都喜欢说：“瑶族的东西不好，他们的衣服质量太差。”同样，到红头瑶族家中访谈时，红头瑶族妇女也喜欢指责说："苗族妇女太笨，她们不会绣东西，她们的衣服都只是一个颜色，要么黑，要么蓝，并没有什么新鲜东西，不好看。"

红头瑶族银器工匠掌握着一些技术，打制些耳环、项链、手镯、手链等。这些手工艺品在他拼村的一些固定的小卖店里都能见到。越南经历过很长一段时期的法国殖民统治，这些工艺品还融合了很多法国文化特质。苗族和红头瑶族都喜欢带银质耳坠。苗族戴的耳坠较大，并且上了年岁的老人还喜欢同时戴数个耳坠。而红头瑶族戴的耳坠在形式上相对小些，且妇女们还喜欢在手镯外侧刻上自己的姓名和出生年月，内侧则刻有自己丈夫的姓名及其出生年月。和戴耳坠有些不一样的是，他拼红头瑶族妇女喜戴多个手镯。由于旅游文化的相互影响，苗族和红头瑶族所戴的手镯基本上都没有太多差异。

第四节　民俗文化旅游："有"与"无"的逻辑视点

民俗文化旅游在他拼村已经有很长的一段时间。民俗文化旅游的萌生和历练使传统的红头瑶族村寨被移植进多种异文化要素，改造和创生了多样的红头瑶族文明。然而，在他拼这个红头瑶族小村，地域环境的边缘性以及因国家战争关系而普存的自然和社会条件的客观存在，使得作为财富增长力的旅游新元素并没有获得一个理想的发展环境。在民俗文化旅游发展过程中，虚张声势地挂贴的标签背后，地方乡村民俗文化旅游仍然显得十分"空无"。

一　不能富民的民俗文化旅游

越南老街沙巴一带的乡村民俗文化旅游始终未能得到有效发展。吸引外地游客"上山"（景区集中在高海拔山区）的关键要素，不是人们着迷于当地的民俗文化，而是想寻着法国殖民者曾经在沙巴留下的足迹进山，入住怡人且建筑又十分别致的法式小旅馆，充分消费山中独有的干净空气。

在沙巴，虽然山区居住着苗、瑶、壮、傣等少数民族，但由于当地旅游主管部门缺乏有效的规划，这些少数民族的核心文化元素并没有得到有效利用和合理开发。贫困的生境使进入沙巴小镇兜售小商品成为村民（主要是女性）最为理想的生活选择。核心旅游景区（沙巴小镇以及其他几个地方政府重点发展的少数民族村寨）呈现给游客的普遍观感是遍地尾追随游客兜售小商品的地方“游民”。外地游客本想着避开繁忙的都市，到大山里独享山中独有的静谧，闲散地感受一段真实的近乎“世外桃源”般的生活。然而，在越南沙巴，由于游人出门都免不了要遭受小商贩追随，人们的设想经常被山民这种似带野性的群体行为削减甚至扑灭。游人不但没有实现舒缓疲惫身体的目的，反而让在都市就已经十分困顿的肢体再度承受新一层的生活“尘压”。可以说，若不是像笔者等人一样，怀有调查研究地方民族文化的目的，是很少有游人愿意二度进山的。一些外地游客即便初次入山，也会因为烦恼于兜售小商品的妇女不断追随唠叨而选择缩短甚至取消旅游行程。

由于地方民俗文化没有得到充分发掘，越南北部边区优秀的少数民族文化要素也未能得到充分呈现，严重缺乏文化的经济生产功能，地方村民依靠乡村民俗文化旅游来实现致富的理想难以实现。在越南北部山区尤其是老街、河江、莱州接壤于中国云南边境一带，尽管越南重视边境民族地区的经济社会发展，但边民生活依然比较贫困，尤其是老年人，很多连基本的生活都很难得到保障。通常，苗、瑶族生活的地方多是高山地区，正常的生活，需要有强体力作为生活保障。随着年龄增长，老年人因缺乏劳动能力而逐渐退出生产劳作，晚年生活全部依赖家庭后辈（子女）。但是，由于越南北部山区较为特殊的生存环境，在经济增收较低的背景下，贫困始终是困扰少数民族的重要羁绊。这种贫困深层交织的社会环境经常使老年人丧失基本的生活依靠。一些老年人直到生命临终前，都还未能脱离山地农耕，靠着自身艰难的生产劳作所得以维持自己衰老的身躯。2010 年 4 月，笔者到老街他拼村调查，在从沙巴小镇进入他拼小村的路途中，一位年近 80 岁的苗族老人背着一个竹篓，步履艰难地行走在去往沙巴的汽车路上。虽然不知老人竹篓里装的是什么东西，但看得出来，竹篓在她身上显得十分沉重。老人歇歇走走，每次起步时都要歇停一会儿，方才有力气跨步。老人只是左脚穿着一只破旧布鞋，右脚由于没有鞋子，便包裹着一层厚厚的蓝色粗布。或许是由于路途遥远，右脚脚后跟早已经磨破。担当我们入村调查向导和翻译的瑶族姑娘主动上前搭讪老人，但老人耳鸣，“不理不睬”，很难交流。姑娘说：“不奇怪，这样的老人村里多着呢。集日，老人们都会拿点东西来卖，赚点手边钱。”

由于民俗文化旅游发展不理想，村寨便出现了各种“另类”现象。在积极发展民俗文化旅游的他拼村，与村中红头瑶族妇女人数相比，入村旅游的外地人比较少，游客与当地红头瑶族妇女之间的小商品买卖关系很少有成交的机会。红头瑶族妇女手中的小商品（香包、头巾、披肩，等等）质量都比较差，由于整天甚至多日拿在手中向外人推销，一些染色都已经失鲜。在村里调查的时候，一个做小买卖的红头瑶族妇女赖玲（Ly Lin）和我们攀谈得有些投缘，我们也善意地买了她的一些小工艺品。她向我们伸出手送来商品的时候，只见她的整个手掌都被染成了蓝靛色。由于她们用以招引游客的各种小商品质量差，没有太大的使用价值，尽管妇女们身穿整齐的民族服饰游荡在村里销售，但外地进村的游客根本无心购买。总体上看，在诸如积极发展旅游业的他拼村里，最大的旅游卖点只是身穿红头瑶族传统民族服饰、肩背竹篓追逐游客推销小商品的红头瑶族妇女。游客在村寨没有消费行为，旅游也就不可能达到富裕地方边民的目的。

乡村民俗文化旅游的核心在于原生性文化要素，民族地区本身拥有的野生性“元”文化本身构成了民俗旅游业发展的最大潜能。在当代社会背景下，民族本有的传统文化极易在人们物质理性迅猛发展的社会进程中失去其本有的特质。现代人的文化需求、当地政府的推广以及文化主体（村民）的积极参与，虽然使他拼民俗文化旅游获得一定程度的发展，但文化味过于缺乏，进村的游客在围追兜售小商品的红头瑶族妇女的影响下，早已经没有兴致放松观赏小村本有的生态景观。很多进村旅游的人自始至终就没有摆脱过妇女们的围追，村里强迫性的文化消费“冻结”了外来客人的消费心理，人们根本无心了解他拼红头瑶族村的“人文”文化，疲惫得只想早些离开小村。更为严重的是，由于旅游空间的地域区隔，相对于沙巴小镇来说，游客人数本身就很少。在村里，很多时候，追卖小商品的红头瑶族女性多于外地游人数倍。2010年4月，笔者第二次到村寨调查，或许是季节性因素的影响，到他拼村旅游的外地人寥寥无几。让人困顿、单调的旅游境况大大减少了进村的游客数量。追随游人卖东西是一项沉重的体力劳动，并且还要练就熟练的外语表达能力（主要是英语），上年岁的红头瑶族妇女被排斥在这个群体之外，只能在家帮助带养不懂事的孩子，或是帮着刺绣红头瑶族风格的手工艺品。旅游发展的困境，使外卖小商品的红头瑶族妇女更加缺少经济收入。一些红头瑶族妇女为了能够多卖出些东西，便起早步行数里到老街市通往沙巴小镇的公路主干道上兜售小商品，但很多时候，都难以有理想的买卖收入。

二 地方边民："有所作为"与"无所事事"

尽管不理想，但红头瑶族妇女借助当地旅游业发展仍然为家庭增加一点收入。由于经济贫困，即便是能够赚到一点点微薄的收入，瑶族妇女们也会争取这个十分难得的机会。这种家庭生活事项的出现，逐渐弱化了家庭生活中传统的男性主导地位。在现代，除正常的家庭农忙之外，红头瑶族妇女把更多的时间花费在制织传统服饰、腰带、帽子、桌布、手绢等手工艺品上。然而，红头瑶族男女身份角色发生转变之后，并没有完全获得合理的劳动安排。他拼红头瑶族妇女由“主内”的角色走出，转移到红头瑶族传统手工艺品的加工和买卖，使其传统的农耕生活嵌入进一层新的生产力要素。尽管这些红头瑶族妇女们游村出售小商品的生活具有一定的季节性，她们所从事的小商品推销行为并没有为家庭带来极为丰厚的经济利益，但从红头瑶族妇女这个角度上看，她们并没有因为生产工具的改进、农业生产劳作时间的缩短而被闲置起来。新生的家庭生活方式并没有破坏到家庭代续相传的农作生产，妇女们在生活居住地环境发生改变之后，主要是利用自己本有的传统文化知识，重新安排自己的生活内容。

在他拼村，即便是老年妇女，她们也因民俗文化旅游的发展赢得了一定的新“作为”。红头瑶族妇女兜售民族手工艺品是村庄最为标志性的情景。一些上了年岁、不能到村里追随进村旅游的外地游客推售各种工艺品的妇女，她们仍可以静心在家里刺绣。老年人也因有自己的生活内容而使晚年变得十分充实。在他拼村，家里是老人们群聚在一起绣织红头瑶族服饰工艺品的景象，而家外则是红头瑶族妇女群聚刺绣和售卖工艺品的场景。

在生活中，红头瑶族小姑娘们也会参与到母亲或是奶奶辈群体中，学习刺绣工艺或是跟着母亲到村里兜售小商品，间接性地与进村的“老外”学习语言。他拼瑶族女性因乡村民俗旅游而不同程度地得到动员。老年人因晚年有所“为”，至少不会像一些偏远山区的瑶族老人那样，每每进入老年，生活就慢慢变得孤独无助。在他拼红头瑶族村寨，很多上了年岁的老人，其工艺技术都比较好，加上她们有比较充分的闲暇时间，做出的手工艺品普遍都比较理想。很多红头瑶族文化传统元素能通过她们的技艺在服饰方面有效地传递出来，让人们有机会得以再次有效记忆。年轻妇女在绣织各种服饰的过程中，由于平时生活与其他民族（主要是苗族）有着十分频繁的交往，吸收了许多新的文化因素，通过她们刺绣的饰品反映出很多现代文明符号。

越南老街省沙巴县一带的瑶族男女青年，因受异族文化影响，其思想观念发生了很大改变。他们的人际交往空间扩大，社会流动遥远到越南中部、南部城市甚至海外其他国家。受外来文化影响，这些人对传统的家庭农耕生活方式的积极性并不高，他们的理想早已经不局限在父母辈那种依靠土地生存的方式。走出家门到异地寻找更具有财富积累机会的副业成为很多青年人的理性选择。

然而，由于民俗文化旅游的萌现及其所产生的一定的财富效应的影响，这种普遍性的生活景像并没有在他拼村红头瑶族青年尤其是中年男性身上得到充分验证。在他拼，农闲时外出打工或是在周边市镇寻找副业的人群仅局限在一部分年轻人。中青年红头瑶族男性虽然没有在文化旅游过程中得到合理安置，但由于家庭妇女把更多闲暇时间花费在了走村兜售小工艺品上，家庭生活事务不同程度地转移到男性身上。一般而言，山地农耕的生活方式决定了男性在家庭生活中要担当主要劳动力。越南北部边境民族地区的很多少数民族（红头瑶族便是其中重要的部分），本是从中国南部迁徙而来的游耕民族。中（滇）越两国陆地边境均是高山峡谷，特殊的地域环境加重了红头瑶族男性在家庭农业种植过程中的重要性。和红头瑶族妇女一样，他们也因乡村民俗旅游以及生产劳动工具的改进这个外置的文化背景而“被迫”做出“持家内”的新行为选择。但是，事实上，生产方式的改变——红头瑶族传统的牛耕、马驮方式已经被拖拉机、摩托替代，过去那种农忙耕种、农闲放养牲畜的主要家庭事务在很大程度上退出了村民的日常生活。家内的日常事务大为减少，并不需要更多甚至专门的劳动力来负责。并且，烧火、做饭、养猪等这些最基本的家庭事务仍由家庭妇女们承担着。因此，身份转换之后的红头瑶族男性在村里很少能够找到“有所作为”的空间。

相对来讲，中年男性在乡村民俗文化旅游中并不拥有红头瑶族妇女那种在村“有所作为”（刺绣并就地兜售手工艺品）的机会优势，虽然家庭生活模式的转换很大程度地整合了家庭成员的劳动力资源（比如采找猪食和喂养生猪的家庭劳务转移到了男性），但经济生活方式的改变，使他拼红头瑶族已基本告别山地农耕的传统农作方式。据奉恒高先生调查，“由于发展畜牧业，尤其是养猪，就得付出一定的劳动力，故必须有个打算及家庭分工。一般每户有一人养猪，饲养四五十头的则需两人（往往是妇女）专门照管并料理家务，如打扫卫生、舂米磨面，为家中务农者烧水煮饭。家中的人无论去务农或做工、赶街、走亲访友回家途中都要注意捡野菜、拾烧柴等”。[①] 和过去传统的生产劳作相比，拖拉机等工具的引入，大大缩减了正常的生产劳作时间，为村民创造了很多外地务工和走访亲友的时间。因此，红头瑶族男性并没有因家庭生活方式的改变而沉重地负荷着家庭负担。平时生活中，妇女外出推销小商品，男人则在家里照看孩子，打理一些家庭事务。多数红头瑶族男性留守家屋，喝着清茶，散谈些村里村外发生的乡民琐事。一些操持完家务、百无聊赖的红头瑶族男性便群聚在一起赌博、喝酒，寻找各种能够让自己开心的事情来消磨时间。2010 年 4 月，笔者到他拼红头瑶族村调查，一位乡政府干部（女性）热情地给笔者介绍了村寨的基本情况之后，便带领我们到村里入户走访，一个小木屋里，十几个人正围着一张大桌子赌博。见到乡干部，他们仍若无其事，继续玩着他们认为最开心的生活游戏。

当然，民俗文化旅游带来的角色的不同，不仅使红头瑶族家庭分工出现新的特点，而且还使红头瑶族男女的社会交往和个性发展也发生了

---

① 奉恒高主编：《瑶族通史》（下），民族出版社 2007 年版，第 969 页。

很大改变。与村寨中红头瑶族妇女不同，这些闲玩的红头瑶族男性基本上都不会讲英语。进门见到他们，我们就用不太熟练的英语试图与他们“打招呼”，但围桌的十几个人都没有太多反应（主要是不明白我们说什么），稍愣了一会儿，大家就又专心到桌子上的赌博了。若是红头瑶族女性，则肯定会与我们攀谈。

第五节　主体与客体角色同在

性别是一定社会关系及权力话语的表征物。随着时代的发展，地方性知识对国际化市场中的性别主体创造日益产生重大影响。在男权文化制约下的性别关系中，女性正在借助国际市场激活性别主体意识，重建性别文化，从而改变权力话语构成方式。当今的女性概念不仅是指身体的表达，更是指意身体的意义节点。越南老街省他拼村红头瑶族妇女凭借国际化际遇，能动性地打造性别主体角色，从而力图建构关系网络并获取权力话语的表述机制。

一　由地方性知识表征的他拼村红头瑶族妇女

进入21世纪，因独特的民族文化，他拼村被越南政府遴选为民俗文化旅游开发的一角。目前，该村民俗文化旅游已进入如火如荼的阶段，在境内外声誉鹊起。红头瑶族是一个具有独特文化色彩的民族。这不仅体现在外显的形制上，而且也饱藏于内蕴的结构中。浓郁的文化不仅是红头瑶族表征自我、模塑认同、区分他族的条件，而且还是市场经济条件下赚取利润、增加收入的筹码。

丰富多彩的文化是红头瑶族行为模式的基础。聚族而居的格局，使红头瑶族成为认同自身文化，以及生产和消费自己劳动成果的群落。作为瑶族的一个支系，因妇女头顶或裹红色头巾而获其名。这既是红头瑶族区别于其他民族的一个符号，也是红头瑶族妇女在当地社会中获得性别话语的一个物件。她们对外建构了身份，对内模塑了认同。

红头瑶族妇女之于苗族妇女的身份建构。他拼村除有红头瑶族外，还有苗族。她们头顶裹有红色头巾的装束，较易与同村邻寨的苗族妇女区分开来。苗族妇女着青衣蓝布，衣裤背带上无绣花。红头瑶族除红色头巾的鲜明特质外，在穿戴上还多密织的色彩繁多的绣花。红头瑶族妇女认为苗族之所以无绣花，是因为她们心不灵、手不巧。另外，在饰物上，红头瑶族和苗族妇女也存在着区别。苗族妇女的耳环和手镯是银质的，且数目有别。尤其耳环，苗族妇女所戴耳环不仅模样大且数量多，每只耳朵上戴一两个，多则七至八个，甚至十个以上，老年妇女尤为突出。而红头瑶族女性无论年老年少，一般只戴一个，最多的也只戴三四个（一只耳朵上戴一个，另一只上戴两个，或每只耳朵各戴两个），为铜质的。通过穿戴，红头瑶族妇女便同邻近苗族，甚至异域其他民族区别开，从而树立起“本我”形象。

红头瑶族妇女在同族中的认同建构。在他拼村红头瑶族社会中，所有女性尤其是成年女性都有戴红头巾的习俗。这是一个性别标志，也是权力话语的体现方式。无论在家，抑或田间劳作或赶集买卖，她们都以此装束出现。对于未婚女性，她们会戴着崭新的红头巾或穿上刺绣精细的衣裤，同时蓄眉，向异性青年做出未婚示意。这一方面彰显了自我状况，同时预示了一定的社会关系，既达到对传统既定社会关系的续接，同时又是一种超越既定关系而试图拓展新颖社会关系的构拟。已婚女性，则以不留眉、暗淡的绣花色调装束向外界透露其角色特质，从而维系了既定的家庭关系。

红头瑶族妇女在传统生活中的地位。在他拼村开展民俗文化旅游前，妇女们的生计活动仅限于家庭、族与族之间。相夫教子、照顾老人、织布制衣、料理家务、插秧收谷等是她们的主要活动内容。种植蔬菜稻谷、摘拾山货（如野生菌、鸡枞、竹笋等）则是她们补给家用的经济方式。基于传统的农耕性，红头瑶族妇女维持了既定的社会关系，即家庭是社会关系的基础；血缘是社会关系的半径；自给自足是生产目的。特定的行为模式决定了红头瑶族在传统社会中的权力关系。

总之，红头瑶族凭借与生俱来的文化形成了表征自我与彰显社会关系及权力话语的行为机制。维系红头瑶族社会的地方性知识，在展示其在国家、地域或部落中的属性的同时，也促动了权力话语的生成。进入新世纪后，因群体认同与国际环境的持续变迁，人们越来越面临着很难将红头瑶族化约为代表地方性知识的单一公式。民俗市场化或国际化正在改写着红头瑶族妇女表征地方性知识的角色。

二　作为民俗旅游景点的红头瑶族妇女：地方性知识与市场要素结合体

社会生产结构决定着文化模式。有什么样的社会生产结构就有什么样的文化模式。市场经济的作用，使维系传统社会的地方性知识获得了新的定义，创造出新的行为模式，并转换成新的经济增长点。

在传统意义上，他拼红头瑶族妇女的生产生活集中于农耕方面。当越南政府启动民俗文化旅游后，她们的社会角色由之转变。这不仅体现在生产方式上，而且还体现在行为内涵中。形式和内容造就了统一的现实。这是市场化下的身份再造，也是国际化中的角色开拓，更是有形与无形要素的动态交织。

民俗旅游的启动使红头瑶族女性被置换成社会主体。在村庄销售手工艺品的几乎都是红头瑶族妇女。借助特殊的文化环境与市场条件，她们的性别主体地位从传统的农业生产中被置换出来，最终不仅获得了特定身份，而且创造了新的关系结构。妇女集多重角色于一身，既是手工艺品的推销者、文化的沟通者，又是语言（她们操英语）的传承者；既是该村民俗旅游的主角，又是女性性别主体的代表，更是新时代跨国关系建构的民间行为体，并在工作场所、交际对象等方面获得表述。

工作场所。民俗文化旅游启动后，村里的红头瑶族妇女们几乎都参与进来，村头的寨子是她们的主要卖场，每天天一亮，本寨的红头瑶族或其他寨女性就会背上填满刺绣品的背篓来到村头等候游客。环村的水泥硬化路面圈定了她们的行动范围。当游客进入村子，妇女们便尾随游客，向游客不断推介产品。游客走动圈子的大小决定了她们活动场所的范围。与传统田间地头劳做比较而言，其工作环境得到新的界定。她们所面对的是一个流动性集市，推销手工艺品是本务，赢利是目标。

交际对象。在工作环境变迁的同时，妇女们的交际对象也产生变化。随着民俗文化旅游启动，红头瑶族面对的不再只是族际亲朋，而且包括自异域他乡的游客，所寻求的不再停留于对情感或认同的满足上，而是对产品销售、财富增多的终极期待上。显然，利润是其与游客互动的驱动力。由此，特定的交际模式决定了红头瑶族妇女社会行动的价值归属。

语言构成。他拼村民俗文化旅游不仅赢得了越南国内各族人民的欢迎，也同样受到了外国游客的关注。为向远道而来的游客推销产品，英语成了她们的工作语言。据了解，在此的红头瑶族女性几乎都会说英语。一些中年妇女十多年前就开始跟导游、游客学说英语，并用所学英语影响下一代。也有一些十多岁的女孩能操一口流利的英语。她们从小就跟母亲学。但是，即便是最为简单的字母或单词，她们却很少能写（尽管如此，并不妨碍她们推销手工艺品）。而对于红头瑶族男性，却几乎不能说英语。这是他们没有涉足民俗文化旅游之故，导致语言陌生而形成角色分化。另外，被动地以英语为媒介，长远来看，无形之中会造成红头瑶族民族知识发展的障碍。这是否会最终导致红头瑶族妇女无法以自己的语言思考问题，将变得扑朔迷离，这种对心理与精神潜在停滞的预示，暗蕴了言说媒介的现代性弊诟，但却展示了生活在打造语言的同时，语言亦在打造生活的互逆性机理。尽管语言是沟通经验的工具，也是定义经验的概念，但是却对红头瑶族的最初语言（汉语或越语）所建构的自我与个性形成挑战。

饰物产品。当红头瑶族女性到村头卖手工艺品时，在穿戴上比家居时讲究。这主要体现在穿绣花浓密、色彩艳丽的衣裤。此种服饰在制作时间上较长，通常需一年。据说，居家时她们穿的是一些简洁方便的衣服。当到村头推销产品时，便修饰数番。即便在手镯秩序上，她们也会照顾得错落有致、色泽有别。此番穿戴，极大增强了游客对红头瑶族民族文化的浓烈兴致，在文化特质尽情展示的同时，也做了无声的民族文化宣传，为将填满背篓的手工艺品销售殆尽开启了绿色通道，有形饰物打开了无形利润的潜在阀门。

行为特点。在民俗文化旅游中，红头瑶族的行为特点产生了新意。她们追求的不再是对认同、情感的满足，而是转向利益动机。能否让更多的游客买走产品，获取较多的经济利润则是期许焦点。在村头等候游客并非为表演或展示文化而来，而是为了利润价值。与传统农耕方式相较而言，其行为变得深富经济性。通过与外国游客互动，她们卷入小型的商贸交易中，使本土艺品的市场化成为不可逆之势。

认同建构。自启动民俗旅游始，妇女们都会聚集村头，一边刺绣一边静候游客。一进村子，就可看到三三两两的红头瑶族妇女或坐在廊檐下，或奔向游客，用英语向游客推销手工艺品。颇具特色的服饰，成为村里流动的文化符号，将他拼村民俗文化旅游特点映衬了出来。“给我买”（You buy for me）的英语问询，使她们的国际化经济行为瞬时活现，民族传统经济化由之被激发，更为重要的是民族认同在与游客的比照中由之被强化。此种认同建构，在向游客渲染强烈民族韵味的同时，也在游客心底无声地镂刻下了民族认同的印记。

总之，他拼村民俗文化旅游的启动，说明经济利益既需要有计划的组织者，同时也需要激活生产者的内在构成。红头瑶族民俗文化旅游的开展，一方面是通过对其他群体（比如同村苗族）的闭关自守，另一方面则是通过依附其他经济群体（主要指外来游客）来实现。在有形与无形要素的作用下，作为民俗旅游景点的红头瑶族妇女，在极大意义上成为地方性知识市场化与国际化开拓的产物，其行为较之传统意义而言，彰显出了极强的经济性特质。

三　作为文化身份与交际角色的红头瑶族妇女：社会关系与权力话语生产

民俗文化旅游在红头瑶族生活中创造了一个超越日常互动的特殊空间，以至于对传统的维持及创新也能发生其中，并最终使传统文化在经历社会化组织的生产和传播后，与不同的层级主体联系起来。作为民俗文化旅游村的他拼村，为红头瑶族个体间的联系创造了纽带，更为红头瑶族妇女创造了超越自我范围的参与体验。

（一）社会关系建构

民俗文化旅游村的启动，使红头瑶族妇女的交际圈不再限于传统的交际范围内，其关系网络得以延展。她们不仅推销了产品，传递了本土文化，还在市场化条件下凭借性别主体角色与身份而新建社会关系。其谋生方式的转变，以及外国游客的兴趣性光顾，建构出了一个简化的临时社会。这样一个由一定数目人员构成的“社会”，“不是因为在每一个人身上都存在着一种由物质所决定的或者推动的他个人的生活内容，而是只有当这些内容的活力赢得相互影响的形式时，当一个人对另一个人——直接或者通过第三者的媒介——产生影响时，才从人的单纯空间的并存或者也包括时间的先后，变成了一个社会”。[①] 其间，必然蕴含着一套关系机制。这既是妇女们与游客交涉的结果，也是红头瑶族妇女与同村互动的常态。而语言、手工艺品等则是能转换现实的决定性变量。

传统的家庭生活中，红头瑶族女性以越语为交流工具。而当她们到村头在推销产品时，英语变成主要的交流语言，成为建构交易圈的桥梁，也成为缔造买主与卖主、廓清市场与非市场局限、凝析物品与商品区分的工具。“这里”和“现在”成为主导的认同空间。

红头瑶族妇女与游客依靠相互支持行为而进入与对方产生联系的状态。在向对方施与影响的同时，由此顺应了对方的影响。互动中，妇女与外国游客，既明晰了身份，也整合了行动。双方之间无须太多的默契与情感，而更多以利益最大化为旨趣。作为整体性的女性群体，以近似或一致的价值取向，抱着从游客身上获得经济利益的目的，她们塑造了统一的临时共同体。平时生活中，红头瑶族妇女会是姐妹姑嫂、亲朋好友，而当面对外国游客时，她们成了平起平坐的竞争者。竞争与利益将她们并置，同时又将她们区隔开来（毕竟每个人最终所获利润大小是有别的）。同时，这一情景还将没有来推销手工艺品的红头瑶族女性置入另类的范畴内。推销产品的妇女用英语与来客交谈，超出习惯而扩展交际圈子。她们不仅比其他妇女更具经济优势，而且还将一些偶然的事件整合为符合某种理念或逻辑的活动，并最终将游客以情绪和兴趣释放的行为赋予深意，使得存于其间的社会关系涵括了丰富的创造性和解释力。

传统上，红头瑶族的社会关系网络只限于本村族人。民俗文化旅游的启动，使其交际对象变成了国内外游客。这样的临时关系，在本质上

---

① ［德］齐美尔：《社会史如何可能的：齐美尔社会学文选》，林荣远编译，广西师范大学出版社 2002 年版。

是异趣于红头瑶族的血亲网络的。对红头瑶族妇女来说，需争取的是更多的顾客和更多的利润。对于游客，则是以享受民族文化和民俗风情为主。游客作为一群参与趣味文化的趣味公众，以其独有的行动方式，非组织化地聚集在一起，并以“类别化”的社会定义，打破了文化主体的固定边界。由此，红头瑶族地方社会并非一切历史事件的累积，社会关系的建构也不是仅仅依赖于物理世界的翻版，生活中的旨意相反更耐人寻味。

红头瑶族妇女的生活经验是社会关系发生的前提。民俗文化旅游村的启动，给红头瑶族带来了获利的希望。但其本土知识由此受到冲击，外部权威产生被内化的可能，公共领域的边界也随之延伸。尽管如此，红头瑶族妇女还是以媒介的功能，促动消费主义意识形态与被动文化行为产生联系。因此，她们由表征民族文化的角色，转换成建构社会关系的介质，塑造出了“我们”与“他们”“我们”与“你们”的知识维度。借此，市场化原则转换成塑造非个人化的资源，并影响了妇女们的价值观、情感及对世界的理解。

从民俗文化市场化的拓展，却引出了一个理论意义上的疑点。民俗文化旅游的开启，使民俗文化被贴上价格标签，地方性知识的含义缩减得十分有限。人们叩问的是：当民俗文化被作为一个可谋利的资源开发时，其内涵能否保持原生味道？虽然妇女和游客通过面对面的互动和非正式的社会控制，表象上融为一体，但是红头瑶族民俗文化对红头瑶族自身和游客来说，在接触文化的共同象征物时却存在很大差异。鉴于任何社会或民族在当今世界都在不断地寻找与外界建立联系的契机，红头瑶族妇女同样难以免之。她们永远不是一个有明确边界的系统，而是在迎接世界洪流中模糊着边界，在与他人的互动中颠覆着身份本质。

（二）权力话语生产

文化与权力关系。他拼村民俗旅游是借助独特的民俗文化启动的。在民俗文化旅游中，红头瑶族妇女对文化产品的拥有，以及对市场范围的控制，涉及文化与权力之间的关系问题。这可从三方面理解：首先，民俗文化旅游村的运转，可从妇女们争取和释放文化权力得到解释。红头瑶族妇女在民俗文化旅游中的贡献彰显了文化是一套人工制品的生产机制。此举在展示妇女生活世界、改变妇女经验和生活方式的同时，亦推动了文化横向与历史纵向的有机结合及文化在价值上的分化和整合。其次，可从红头瑶族女性在本土与国际之间的沟通功能上来理解。作为传统文化与国际社会的沟通使者，妇女们既是符号象征及文化传人，也是国际关系中非国家行为角色的代表。红头瑶族妇女的作用，使女性的性别主体角色得以凸显。最后，推销产品是一种营销活动，也是一种权力角逐。在家中，红头瑶族妇女以超越丈夫的才能展示了对市场的驾驭能力。在市场上，每一个红头瑶族妇女都期待能比别人争取到更多顾客，获得更多利润，达到在彰显自我价值和自我价值的同时，推动意义的生产、传播和消费。

空间与权力的关系。他拼村从村头到村尾纵贯着一条水泥路。在路面两侧排列着寨子和水田。这是红头瑶族维护生存权力的空间。民俗文化旅游村基于此空间展开布局。市场化制造了旅游空间，规划化的发展安排了权力构成。女性主体权力由此被展演，静态形式与动态过程充斥其间。权力构成单元。他拼村民俗文化旅游中的权力关系主要由红头瑶族与乡政府、村庄与家庭、本土与国际，甚至旅游管理法规与红头瑶族行为秩序之间的互动而推演，并以国际化节奏确定着进度。这也使国际社会、越南地方和红头瑶族寨子之间成为一个临时的关系共同体、利益共同体，甚至命运共同体。

由上，民俗文化旅游的启动，使红头瑶族社会的性别话语发生转变，由地方性知识主导的生活模式转变成了由市场导向的话语模式。全球化的市场节律，一方面导致了地方性知识与国际社会的结合，另一方面也促进了妇女话语权的转变。红头瑶族女性在民俗文化旅游中的文化身份凸显，展示了女性性别主体意识在当代国际化进程中的突起。传统文化对女性性别主体的塑造是根植于农耕文明的，同时辅于地方性知识动力的长期推助，进而塑造了既定的权力关系。而当更多的红头瑶族妇女走向村头彰显性别主体时，虽然无法规避行为从众的可能，但是既定的权力关系已被悄然植入了危险的境地。

总之，红头瑶族民俗文化旅游的启动，对他拼红头瑶族社会变迁、民族文化发展以及村民的个性解放都具有十分深刻的意义。通过民俗文化旅游的发展，红头瑶族妇女越来越社会化。她们摆脱传统束缚，不断创造个性，并为自我争取更多发展空间，努力推动性别主体角色的再造以及社会关系与权力话语的新建。这既展示了自我，亦创造了新的生活世界。

结　语

一种可能的社会图谱

一　互动中的传统根植性

边境民族共同体常因国与国之间的关系而呈现出多重面向，国家关系经常建构或断裂着边民的认同心理和跨国交往行为。不可否认的是，边境民族与内地民族的心理认同意识存在很大的差异。内地民族是国家完整意义上的国民，而边境民族由于生活在国家边界地带，其作为某一个国家国民的意志并不一定坚定，决定他们选择并确定国民身份的主导因素更多体现在物质和精神利益需求及表达的满足上。当传统遭遇现代文明的时候，传统不可避免地会受到现代文明的影响和改造，进而异生出交融着传统和现代文明的新文化共同体。

从历史发展的短时段来看，红头瑶族传统文化会被不同程度地弱化。尤其在全球化背景下，工具理性深刻改变着越南北部山区红头瑶族与其他民族交往互动的价值取向，越北边境红头瑶族的单位或群体行动中显现出充分的工具理性意识。在越南他拼村，乡村民俗文化旅游发展以及经济全球化的影响，宽泛和改变了红头瑶族曾经的心理意识，其曾经理想沟通群体的文化取向渐而被稀释甚至被消解。文明化历程使市场经济和现代文明进入了越南北部边境红头瑶族原有的社会，红头瑶族群体内生的秩序嵌入工具意识，外生与内生秩序交织，改变着越南北部边境红头瑶族与异族交往互动的价值取向，人们的单位或群体行动的工具性显现，使红头瑶族边境生活异生出了多重文化意境。边民社会朝着更加多重意义并置的结构发展。尽管传统与现代并置的地方性社会有时也可能出现短暂性的传统复归面向，但总体上看，红头瑶族边民的社会互动充满工具理性却是不争事实。

然而，在红头瑶族族群内部发展的社会进程中，人们基于客观的自然生活环境以及主观的社会文化环境所创造出来的文化和文明（如记忆、物质遗产、传说、史诗等）却始终是主导红头瑶族群体创建和维持共同体生活最为重要的要素。并且，这些要素越是在文化主体（红头瑶族）遭遇不利的处境时越能生发出更具生命力的文化维系和再创造力量。作为一个迁徙流动较为频繁的跨国民族，“瑶族的民族认同是颇为强烈而又开放的，可以适应现代的世界。在与生活的斗争中，环境和生产工具的改换并没有给他们的传统文化带来任何重大改变，传统文化把他们结合在一起，同时也是刺激他们抵抗外来压力的强大力量”。[①] 同源于中国瑶族的越南北部边境红头瑶族，在久远的迁徙流动过程中，都试图通过《信歌》《盘王券牒》等记录民间社会生活事实的古籍来维护群体。越北边境红头瑶族深居山野，在其自在的“元”社会生活空间里，主动自我隔绝与外族交往，不仅有效庇护了族人，而且充分保留了许多同质性的“元”文化要素。现代文明因素进入红头瑶族的社会文化生活，并没有完全消解其传统价值观念，血缘和地域关系共同交织塑造的越北山区红头瑶族仍然有效保有着其在长期历史发展进程中创造性拥有的传统。尽管现代化浪潮使越北山区红头瑶族在跨越族群边界的交往互动中相当程度地采借和吸收了其他民族文化，但这个现代化进程并没有完全融合和遗失红头瑶族群体恒有的“根”文化。历史迁徙、故事传说、英雄史诗，等等，这些群体普遍记忆的红头瑶族文化元素始终有效发挥着凝聚族群内聚力的社会作用，越北边境红头瑶族仍然恒有传统文化特质。

二　边境社会的维系机制

边民共同体是基于群体意识基础上建构起来的聚合组织。但人们群

---

① ［法］雅克·勒穆瓦纳：《论瑶族文化及有关问题》，乔剑、谢剑、胡起望编：《瑶族研究论文集：1986 年瑶族研究国际研讨会》，民族出版社 1988 年版，第 200 页。

体意识的产生和消解需要有充分的社会基础才能成为现实。当民族国家创造条件，并较大程度地满足群体多重需求时，国家意志和边民群体意志共通，有序化的国家边疆就有可能成为现实。相反，如果边民共同体的需求不能够得到国家边疆制度或是边地建设实践的满足，那么边境民族群体就有可能异生出背离国家意志的集体意识，甚至产生出多种形式的群体性事件，这不但增加了国家边疆治边成本，而且还严重影响国家形象。

从久远的历史来看，受中国古代封建帝国统治者排挤而抗争失败后，瑶族被迫沿深山迁移，形成“南岭无山不成瑶”的分布格局。出于生存避险，瑶族在后来长期的迁徙流动过程中自觉选择其他民族并不愿意的滇越边境、桂越边境山区居留，并最终到达东南亚各国甚至欧美国家。在长期的迁流中，由于生活空间没有离开大山，因而居山游耕的贫困生活始终没有在瑶族社会消除。但是，跨过了中越两国边境的红河水到达越南北部边境的瑶族也没有获得十分理想的生活环境。他们曾亲历过中国封建统治者的“不友好”，越南封建统治者也因其国家统治需求，对越北边境瑶族过有极为强烈的歧视，包括瑶族在内的很多少数民族因此而受到“非正常”待遇。这些特定时期所特有的政治制度的客观存在，是不可能实现所谓的边境瑶族主动做出维护国家边疆利益的积极行动的。可喜的是，在历经多年战争和被殖民之后，越南政府富边惠民的国家意识逐渐得到强化。20世纪中期，越南开始在边境民族地区实施多种形式的区域帮扶政策，鼓励国民移居边境。国家安边守土的治国策略有效培养了边境民族的国家认同意识。当这种意识内在化地深入到越南北部边境民族群体时，无论是边民个体，还是边民群体，他（们）都会具有充分的积极维护国家边疆利益的心志并积极付诸相应的行动。

总之，边境地区正常社会秩序的创建，关键在于民族国家、地方政府以及边境民族三者之间要能够构织起一个有效通连的关系环境。也即，国家设计惠民护边的整体性边疆治理政策制度，地方政府积极配套相应的并接措施，使国家政策能够在边疆发挥良好作用，从而将国家整体意志有效地传达到遥远的边境民族地区。边疆民族在这种全国上下通达的社会环境中，由于充分执行国家整体意志及其整体实践行为，因而其高度认同国家的意识便能够得到培养，其主动维护国家边疆利益的集体行动便更能得到激发。这样，国与边、边与民，被国家相应的各种政策制度整合成一个精神共同体。国家建设有序化边疆社会的理想不仅能够成为现实，而且还能巩固性地恒久保持。

参考文献

一 译文著刊

[日] 后藤均平：《越南古代时期的村落社会》，《历史学研究》特集号，1977年版。

[越] 越南社会科学委员会：《越南历史》，北京大学东语系越南语教研室译，人民出版社1977年版。

[越] 范光欢、雄庭贵主编：《河江省瑶人传统文化》，民族文化出版社1999年版。

[英] 戴维·莫利、凯文·罗宾斯：《认同的空间》，司艳译，南京大学出版社2001年版。

[美] 克利福德·格尔茨：《文化的解释》，韩莉译，译林出版社2002年版。

[越] 孔演：《越南人口和民族人口》，河内社会科学出版社1995年版。

[越] 阮克颂：《越南北方的少数民族》，范宏贵等译，广西民族学院民族研究所1986年版。

[德] 弗里德里希·梅尼克：《世界主义与民族国家》，孟钟捷译，生活·读书·新知三联书店2007年版。

[英] T. H. 马歇尔、安东尼·吉登斯：《公民身份与社会阶级》，郭忠华、刘训练译，江苏人民出版社2008年版。

[越] 陈重金：《越南通史》，戴可来译，商务印书馆1992年版。

[日] 绫部恒雄：《东南亚的国家和民族：国家领域的类型和民族（Eth-

nicity）形态》，贺崇武译，《民族关系史译丛》1987 年第 4 期。
［美］维克多·特纳：《仪式过程结构与反结构》，黄剑波、柳博斌译，中国人民大学出版社 2006 年版。
［美］本尼迪克特·安德森：《想象的共同体》，吴叡人译，上海人民出版社 2003 年版。
［美］塞缪尔·亨廷顿：《文明的冲突与世界秩序的重建》，周琪等译，新华出版社 2002 年版。
［越］越南民族学研究所：《关于确定越南北方少数民族的成分问题》，河内社会科学出版社 1975 年版。
［越］阮克颂：《越南的瑶人》，梁红奋译，《民族研究参考资料》第 18 期，贵州民族研究所编印 1983 年版。
［美］詹姆斯·C. 斯科特：《农民的道义经济学：东南亚的反叛与生存》，程立显等译，译林出版社 2001 年版。
［日］竹村卓二：《反映过山瑶起源与发展的盘瓠神话和渡海神话》，《西南民族历史研究集刊》（6），云南大学西南边疆民族历史研究所编印 1985 年版。
［俄］索洛维约夫：《神权政治的历史和未来》，钱一鹏等译，华夏出版社 2001 年版。
［越］阮文辉：《越南民族关系发展的若干问题》，《民族学》（越）1982 年第 3 期。
［美］罗伯特·C. 埃里克森：《无需法律的秩序》，苏力译，中国政法大学出版社 2003 年版。
［美］约瑟夫·拉彼德、［德］弗里德里希·克拉托维尔主编：《文化和认同：国家关系回归理论》，金烨译，浙江人民出版社 2003 年版。
［美］曼纽尔·卡斯特：《认同的力量》，夏铸九、黄丽玲译，社会科学文献出版社 2003 年版。
［德］尤尔根·哈贝马斯：《包容他者》，曹卫东译，上海人民出版社 2002 年版。
［挪威］Gunnar Haaland：《跨国人口流动与族群认同：以东南亚的尼泊尔移民为例》，徐大慰译，《中南民族大学学报》2007 年第 2 期。
［美］菲利克斯·格罗斯：《公民与国家：民族、部族与族属身份》，新

华出版社 2003 年版。
［英］卡瓦拉罗：《文化理论关键词》，张卫东等译，江苏人民出版社 2006 年版。
［德］齐美尔：《社会史如何可能的：齐美尔社会学文选》，林荣远译，广西师范大学出版社 2002 年版。
［挪威］弗里德里克·巴斯：《族群与边界》，高崇译，周大鸣校，《广西民族学院学报》，1999 年第 1 期。

二　中文著作

尤中：《中国西南边疆变迁史》，云南大学西南边疆民族历史研究所印，1985 年 5 月。
尤中：《苗、瑶族古代史叙略》，云南大学西南边疆民族历史研究所印，1987 年 9 月。
方铁、方慧：《中国西南边疆开发史》，云南人民出版社 1997 年版。
邓群、盘福东：《瑶族文明发展历程》，广西人民出版社 2008 年版。
古小松：《越南国情报告（2008）》，社会科学文献出版社 2008 年版。
刘伯奎：《中法越南交涉史》，台湾学生书局 1981 年版。
孙宏年：《清代中越宗潘关系研究》，黑龙江教育出版社 2004 年版。
邵循正：《中法越南关系始末》，河北教育出版社 2000 年版。
范宏贵：《越南民族与民族问题》，广西民族出版社 1999 年版。
范宏贵、刘志强：《中越边境贸易研究》，民族出版社 2006 年版。
奉恒高：《瑶族通史》（下），民族出版社 2007 年版。
费孝通：《瑶族研究论文集》，广西民族出版社 1988 年版。
费孝通：《费孝通民族研究文集新编》（上），中央民族大学出版社 2006 年版。
胡起望：《瑶族游耕略述》，乔键等主编：《瑶族研究文集》，民族出版社 1988 年版。
宫哲兵：《千家峒运动与瑶族发祥地》，武汉出版社 2001 年版。
贺雪峰：《新乡土中国》，广西师范大学出版社 2003 年版。
莫金山：《瑶族石牌制》，广西民族出版社 2000 年版。

梁茂春：《跨越族群边界：社会学视野下的族群关系》，社会科学文献出版社 2007 年版。
黄钰、黄方平：《瑶族》，民族出版社 1990 年版。
葛公尚：《当代国际政治与跨界民族研究》，民族出版社 2006 年版。
塚田诚之、何明主编：《中国边境民族的迁徙流动与文化动态》，云南人民出版社 2009 年版。
王明珂：《华夏边缘：历史记忆与族群认同》，社会科学文献出版社 2006 年版。

三　中文期刊

王文光、龙晓燕：《中国西南民族关系研究散论之二》，《思想战线》2002 年第 1 期。
王荔、黄贵权：《论瑶族文化的“汉化”特质与教育特征：以云南省广南县那洪村的蓝靛瑶为例》，《文山师范高等专科学校学报》2001 年第 2 期。
邓福量：《浅析北太省瑶人的传统文化、风俗习惯和生产生活》，《瑶族文化和社会的发展：现在与将来》，河内：国家社会人文科学中心，1998 年。
玉时阶：《明清时期瑶族向西南边疆及越南、老挝的迁徙》，《中国边疆史地研究》2007 年第 3 期。
石泰：《篡改别国地名是越南当局侵略扩张的手法》，《印支研究》1985 年 1 月。
刘稚：《略论越南的封建土地所有制》，《东南亚》1984 年第 4 期。
李岳洪：《越军中的少数民族士兵倍受歧视》，《印支研究》1985 年 1 月。
李祥福：《族群性研究的相关概念与基本理论》，《广西民族学院学报》（哲学社会科学版）2000 年第 5 期。
张有隽：《瑶族向海外迁徙的原因、过程、方向和路线》，《广西民族学院学报》2003 年第 1 期。
张有隽：《瑶族远祖盘瓠传说再研究》，《广西民族研究》2004 年第

4 期。
张泽洪:《瑶族社会中道教文化的传播与衍变:以广西十万大山瑶族度戒为例》,《民族研究》2002 年第 1 期。
张振鹏:《近代中国的边患与边界问题:一个简要的回顾》,吕一然、马大正编:《中国边疆史地论集》,黑龙江教育出版社 1990 年版。
范宏贵:《中越两国的跨境民族》,《西南民族历史研究集刊》(5),云南大学西南边疆民族历史研究所编印,1984 年 9 月。
范宏贵:《游耕不定的越南瑶族》,《中国民族报》2004 年 4 月。
赵家旺:《瑶族迁移的三大因素》,《广西民族学院学报》1996 年第 3 期。
莫金山:《居山游耕:瑶族传统文化的基本特征》,《广西民族研究》2005 年第 2 期。
曹兴:《论跨界民族问题与跨境民族问题的区别》,《中南民族大学学报》2004 年第 2 期。
黄惠焜:《云南跨境民族研究》,《云南民族学院学报》1997 年第 1 期。